HINDI TEACHER FOR HINDU CHILDREN

with my <u>novel</u> scientific way of ***making 'your own'*** *Hindi sentences.*

Primary to **Intermediate**

Prof. Ratnakar Narale
Sunita Narale

Ratnakar
Pustak-Bharati
Books-India

Author :

Dr. Ratnakar Narale

B.Sc. (Nagpur Univ.), M.Sc. (Pune Univ.), Ph.D. (IIT), Ph.D. (Kalidas Sanskrit Univ.)
Prof. Hindi. Ryerson University, Toronto
web : www.books-india.com email : books.inidia.books@gmail.com

Sunita Narale

B.A. Hindi, Punjab University

Book Title : ***Hindi Teacher for Hindu Children***

Children are our precious wealth and our future. It is at this stage the lofty Hindu Values have to be imbibed on their mind in a fun filled manner. While teaching the Hindi language, the children must be enlightened in the glorious **Hindu Dharma**, our beloved **India**, its holy **Rivers** and great **Mountains**, the interesting Indian **Flora and Fauna**, the glorious **Hindu History**, the righteous **Hindu Ethics**, the sacred **Hindu scriptures**, the holy **Hindu Gods**, the noble **Hindu Forefathers**, the illustrious **Hindu Heroes**, the venerable **Hindu Saints**, the blissful **Hindu Prayers**, the grand **Hindu Festivals**, the peaceful **Hindu People**, the divine **Hindu Worship**, the celestial **Hindu Temples**, the classical **Hindu music**, the towering **Hindu Discoveries** in Science and Arts, the unique **Hindu Philosophies** of Yoga, Vegetarianism, Non-violence, and Universal brotherhood (वसुधैव कुटुम्बकम्). Every Hindu child, learning Hindi language, must **also** be taught Hindu Sanskriti, Deva-Vani Sanskrit and the immortal Sanskrit shlokas. This the sincere Dharmic Objective of this book.

This Methodical Colour Coded Edition is based on extensive **R&D**, Effective Techniques and Improved Ways beneficial to the Readers to give them proper return for their investment of Time and Money. The book begins with simple primary steps and moves forward with **Authentic Examples** coupled with **Progressive Exercises** suitable to each context to bring home the topic being discussed. The Vocabulary and Illustrations are selected carefully to offer a window to the topics, as used in Real Life Situations. This fully illustrated and aim oriented book is available at Ingram, www.amazon.com and many other international book distributors.

Wholesale and Retail Enquiry Contact :

Ingram, Amazon, Barnes and Noble, Books-India or any other International Book Distributor.

Published by :
PUSTAK BHARATI (Books-India)
Division of PC Plus Ltd.,

ISBN 978-1-897416-57-0
90000
9 781897 416570

FOR :
Sanskrit Hindi Research Institute, Toronto

ISBN 978-1-897416-57-0

Dedicated to

Our Loving Grandchildren
Samay, Sahas, Saanjh and Saaya Narale

April 14, 2014

शतानां जन्मनामन्ते नरयोनिं स प्राप्यते ।
शतानां नरजन्मान्ते हिन्दुजन्म च लभ्यते ।।
संस्कुर्वन्ति नरान्येषु धर्मास्ते कृत्रिमाः खलु ।
हिन्दुर्भगवता दत्तो धर्मो नैसर्गिको हि सः ।।

चौरासी लख भग फिरे, नर योनि का योग ।
लाखों नर योनि फिरे, हिन्दु जन्म का भोग ।।
कृत्रिम दीक्षा को लिये, अन्य धर्म में स्थान ।
हिन्दु धर्म ईश्वर दिया, जन्म जात है दान ।। ...रत्नाकर

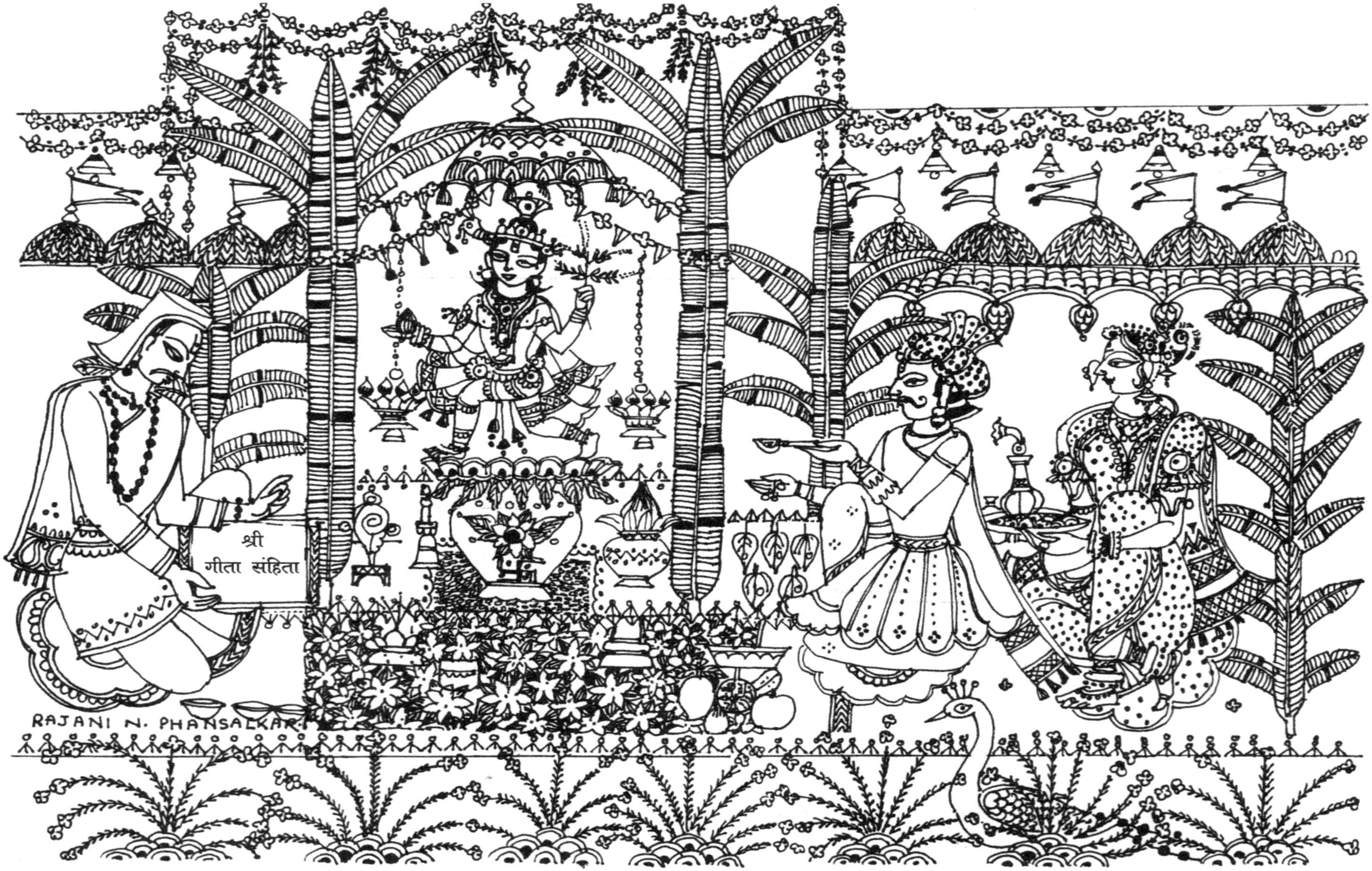
श्री
गीता संहिता
RAJANI N. PHANSALKAR

ॐ

Rashtriya Swayamsevak Sangh

राष्ट्रीय स्वयंसेवक संघ

Head office:- Dr. Hedgewar Bhawan, Mahal, Nagpur-440120

Tel:- (0712) 2723003, 2720150 Fax: 2721589

e-mail :hedgewarbhavan@rediffmail.com

Sarsanghachalak:- Mohan M. Bhagwat | Sar karyavaha:- Suresh (Bhayya) Joshi

Date- 18 May, 2015

Atmiya Prof Ratnakar ji

Sasneha Namaskar.

It is heartening note that you have published a book 'Hindi teacher for Hindu Children' , for the use of primary school children.

You have rightly stated in the preface that 'language is the key to Dharma'. It is a powerful medium to express and communicate one's rich cultural heritage. Growing up in a different country and culture, a Hindu pupil will rarely get a chance to learn Hindi or for that matter any Bharatiya language. Language is the carrier of cultural values and learning it will help him/her better understand our traditions and imbibe the samskaras.

I am sure this book will be an ideal source material for teaching Hindi in Canada as well as other countries. Its lucid teaching methodology and pleasant pictorial presentation makes it attractive for both teachers and students.

I heartily congratulate you for painstakingly working for the cause of Bhartiya languages and culture. I wish you all success in this endeavour. I pray that may Sri Parmeshwar bestow you with a long healthy life to continue in this pursuit.

Yours

Mohan Bhagwat

Book Review by John McLeod, Professor of History, University of Louisville, U.S.A.

One of the greatest challenges facing immigrant parents is the task of ensuring that their children grow up to be proud citizens of their new country, while simultaneously retaining the language, culture, and religion of their ancestors. In *Hindi Teacher for Hindu Children*, my friends Professor Ratnakar Narale and his wife Sunita Narale have provided Hindu parents around the world with a tool to accomplish just that task.

The book is scientifically structured and lavishly illustrated. The tone is set at the very beginning with a prayer to Sarasvati, composed by Professor Narale: on the linguistic level, the prayer is in Hindi (given in both Devnagri and English transliteration), which exposes the student to the language from the outset; on the cultural level, it is in a traditional musical form of an arti raag; and on the religious level, it teaches students something about the goddess of learning. Illustrated maps then introduce such diverse topics as the states of the Republic of India, "animal and bird life of India," and India's national heroes. In each case, the names are given in both English and Hindi.

Often, Hindi classes begin by requiring students to learn the entire Devnagri script, and then move on to grammar. Professor Narale's novel method, which he has perfected over many years of teaching Hindi in Canada, groups the letters into small bunches in which the characters are formed similarly (for example, va, ba, and ka). Directions are given on both the pronunciation and the formation of each letter , and then students practice words that use the characters they have just learned, many of them depicted in illustrations. Once the script has been mastered, more complex grammatical concepts are gradually introduced.

Throughout, examples from Indian history and culture, as well as from Hinduism and Sikhism, are used for practice and illustration. For example, in one exercise, students are given the opportunity to write paragraphs on a number of deities and people whose pictures appear, including such luminaries as Hedgewar and Golwalkar. The book's other features include a lengthy pictorial dictionary, and short rhyming children's songs in Hindi composed by Professor Narale, which tell something about animals and everyday objects, as well as Canada's symbol the maple leaf and the dangers of tobacco.

This book may be used by a student who is learning by himself or herself, by parents who are teaching their own children or grandchildren, or in a formal classroom setting. Along the way, there are frequent suggestions of individual and group activities that enhance the learning experience. Once again, Professor Narale has written a book that meets a need. He has performed an invaluable service for anyone who loves Hindi, India, or Hinduism, and particularly for parents who want their children to learn about such matters.

John McLeod
Professor of History, University of Louisville
Louisville, Kentucky 40292 (U.S.A.)
Telephone (502) 852-3702, Fax (502) 852-0770
Email john.mcleod@louisville.edu, Website louisville.edu/history/faculty/mcleod/mcleod

---

John McLeod is a tenured full Professor of History at the University of Louisville, Kentucky, USA. He has a PhD in Indian history from the University of Toronto. He has visited India many times, and has led two student tours of the country. He lived in New Delhi in 1993-1994 as a Postdoctoral Fellow of the Shastri Indo-Canadian Institute, and in Mumbai in 2004 as a Senior Research Fellow of the American Institute of Indian Studies He has published three books and numerous articles on the history of India. His research on the Royal Families of India was recognized when he was appointed Honorary Rajvanshi Genealogist of the Rajvara Heritage Institution at Rajkumar College, Rajkot, by His late Highness the Maharaja Sriraj of Dhrangadhra, the President of the College. In 2012, the Government of Canada recognized his contributions to scholarship when it awarded him the Queen Elizabeth II Diamond Jubilee Medal.

INDEX

	Vidya Devi Vandana (Hindi and English)	i
	India, at the center of the earth (World Hindu Population)	iii
	The Indian States and Hindu Population	iv
	The holy Rivers and Mountains of India	v
	Animal and Bird life of India	vi
	Holy places of India	vii
	Our Holy Forefathers	viii
	Our Great Heros	ix
Lesson 1	The Hindī Alphabet	5
Lesson 2	Common Hindī Consonants	7
Lesson 3	Speaking Hindī Characters-1	9
Lesson 4	Speaking Hindī Characters-2	22
Lesson 5	Speaking Hindī Characters-3	31
Lesson 6	Compound Consonants	43
	Ratnakar's Children songs	46
Lesson 7	Introduction to *Sandhi*	56
Lesson 8	Introduction to Hindī Numerals	57
Lesson 9	Making your own Hindī sentences	62
Lesson 10	The Pictorial Hindī Dictionary	69
Lesson 11	Using Action Words	83
Lesson 12	Making Sentences for Completed Actions	103
	Brain Surgery of the Hindī Grammar	116
	X-Ray Vision through the Hindī Syntax	118
Lesson 13	The Irregular Hindi Verbs	119
	Summary of Tenses	179
Lesson 14	Prepositions	142
Lesson 15	Pronouns	151
Lesson 16	Adjectives and Adverbs	171
Lesson 17	Conjunctions and Expressions	177
Lesson 18	General Knowledge	183
Lesson 19	General Dialogues	186
Lesson 20	HINGLISH for English Speaking People	203
	Ratnakar's Devotional Songs	205
	Old Popular Devotioal Songs	208
	The Diwali Festival	215
	Transliterated Hindi-English Dictionary	219-274

INTRODUCTION

Language is the key to teach DHARMA to the children. Hindi, or any other Indian languages, has Hindu culture integrated in it. The author of the Hindi learning book must be an *acharya* who uses each step of his teaching to incorporate Hindu expressions and vocabulary in the lessons, exercises and examples.

Children are our precious wealth and our future. It is at this stage the lofty Hindu Values have to be imbibed on their mind in a fun filled manner. While teaching the Hindi language, the children must be enlightened in the glorious **Hindu Dharma**, our beloved **India**, its holy **Rivers** and great **Mountains**, the interesting Indian **Flora and Fauna**, the glorious **Hindu History**, the righteous **Hindu Ethics**, the sacred **Hindu scriptures**, the holy **Hindu Gods**, the noble **Hindu Forefathers**, the illustrious **Hindu Heroes**, the venerable **Hindu Saints**, the blissful **Hindu Prayers**, the grand **Hindu Festivals**, the peaceful **Hindu People**, the divine **Hindu Worship**, the celestial **Hindu Temples**, the classical **Hindu music**, the towering **Hindu Discoveries** in Science and Arts, the unique **Hindu Philosophies** of Yoga, Vegetarianism, Non-violence, and Universal brotherhood (वसुधैव कुटुम्बकम्). Every Hindu child, learning Hindi language, must **also** be taught Hindu Sanskriti, Deva-Vani Sanskrit and the immortal Sanskrit Shlokas. And this the sincere Dharmic Objective of this book.

You are about to discover in this book a wholly novel methodology of learning and teaching Hindi, which you have never seen before, even if you already know or teach Hindi. Please give it a try. Please carefully follow the GUIDE TO USE THIS BOOK, to ensure your success.

Even if you JUST READ EVERY WORD of this book, patiently and thoughtfully, you will understand how to make your own Hindi sentences and speak Hindi with confidence and at the same time you will know the Hindu Dharma.

Hari Om

माधवी बोरीकर

विद्या देवी वंदना

राग : खमाज, कहरवा ताल, 8 मात्रा

(रत्नाकर रचित आरती)

स्थायी : मऽमऽ मममऽ गमपऽ । पधनीसां सांसारेंसां नीधरेऽ ।
पधपध नीनीनीध पधपध । पधपध नीनीनीध पधमम । पपपऽ धपमग रेऽ ।
पऽपप ऽपधप मगमऽ ।
जै जै स्वरदा माता । देवी! स्मरण तेरा भाता ।
चरणन तुमरे मंगल । दरशन तुमरे सुंदर । चाहे सब ध्याता ।
ॐ जै सरस्वती माता ।।

अंतरा : 1. पममग पममग पममऽ । सारेंसांनी धधपम पऽ । सांसांसारें सांनीधध पमपऽ ।
पधपध नीनीनीध पधमऽ । पधपध नीनीनीध पधमऽ । पऽपप धपमग रेऽ ।
पऽपप ऽपधप मगमऽ ।
जो आवे गुण पाने । ध्यान लगाने का । देवी! ज्ञान बढ़ाने का ।
तेरे दर वर पावे । झोली भर कर जावे । ध्येय सफल उसका । ॐ जै ...

2. जो आवे सुर पाने । गान बजाने का । देवी! तान सजाने का ।
संगित नृत्य सिखाने । नाट्य कला को दिखाने । मार्ग सरल उसका । ॐ जै ...

3. जो प्यासा है कला का । चित्राकारी का । देवी! शिल्पाकारी का ।
चौंसठ सारी कलाएँ । विद्या अष्ट लीलाएँ । साध्य सकल उसका । ॐ जै ...

4. जो कवि गायक लेखक । वाङ्मय विरचेता । देवी! सरगम रचयेता ।
साहित्य साधन पावे। बुद्धि का धन आवे । हेतु सबल उसका । ॐ जै ...

5. शुभ्र वसन नथ माला । काजल का तिल काला । देवी! हाथ कमल नीला ।
केयुर कंठी छल्ला । गजरा कुंदन ड़ाला । मुकुट है नग वाला । ॐ जै ...

6. नारद किन्नर शंकर । तुमरे गुण गाते । देवी! तुमरे ऋण ध्याते ।
भगत जो शरण में आता । भजन ये तुमरे गाता । मोक्ष अटल उसका । ॐ जै ...

A Prayer to Sarasvati the Goddess of Learning

Raaga : Khamaj,
Kaharva Taal, 8 Matra
(Aarti Composed by : Ratnakar Narale)

Sthayi : Ma--Ma-- MaMaMa-- GaMaPa-- I PaDhaNiSa SaSaReSa NiDhaRe-- I
PaDhaPaDha NiNiNiDha PaDhaPaDha I PaDhaPaDha NiNiNiDha PaDhaMaMa I
PaPaPa-- DhaPaMaGa Re-- I Pa--PaPa --PaDhaPa MaGaMa-- I

Jai Jai Svaradā Mātā, Devī! smaraṇa terā bhātā ,
Charaṇan tumare maṅgal, Daraṣhan tumare sundar,
Chāhe sab dhyātā, Om Jai Sarasvatī Mātā.

Antara : 1. PaMaMaGa PaMaMaGa PaMaMa-- I SaReSaNi DhaDhaPaMa Pa-- I
SaSaSaRe SaNiDhaDha PaMaPa-- I PaDhaPaDha NiNiNiDha PaDhaMa-- I
Pa--PaPa DhaPaMaGa Re-- I Pa--PaPa --PaDhaPa MaGaMa-- I

Jo āve guṇa pāne, Dhyān lagāne kā, Devī! gyān baḍhāne kā,
Tere dar var paavae, Jholī bhar kar jāve, Dhyeya safal us kā, Om Jai..

2. **Jo āve sur pāne, gāna bajāne ka, Devī! tān sajāne kā ,**
Sangīta nritya sikhāne, Naṭya kalā ko dikhāne, Mārga saral us kā, Om ...

3. **Jo pyāsā hai kalā kā, Chitrākārī kā, Devī! Shilpākārī kā,**
Chaũsaṭha sārī kalāẽ, Vidyā aṣhṭa līlāẽ, Sādhya sakal us kā I Om ...

4. **Jo kavi gāyak lekhak, vāṅgmaya virachetā, Devaī saragama rachayetā,**
Sāhitya sādhan pāve, Buddhi kā dhan āve, Hetu sabal us kā, Om ...

5. **Shubhra Vasan Nath Māla, Kajal kā til kālā, Devī! haath Kamal neelā,**
Keyūr Kanṭhī Chhallā, Gajarā, Kundan dāla, Mukuṭa hai nag vālā, Om ...

6. **Nārad Kinnar Shaṅkar, Tumare guṇ gāte, Devī! tumare riṇ Dhyāte,**
Bhagat jo sharaṇ me ātā, Bhajan ye tumarā gātā, Moksha aṭaa Us ka, Om.

हिंदु भूमि वंदना

नमस्ते सदा वत्सले मातृ भूमे! त्वया हिंदुभूमे! सुखं वर्धितोऽहम् ।
महामंगले पुण्यभूमे! त्वदर्थे, पतत्वेष कायो, नमस्ते! नमस्ते! ।। 1

प्रभो शक्तिमान् हिंदुराष्ट्रांगभूता, इमे सादरं त्वां नमामो वयम् ।
त्वदीयाय कार्याय बद्धा कटीयम्, शुभाशिषं देहि तत्पूर्तये ।।

अजय्यां च विश्वस्य देहीश शक्तिम्, सुशीलं जगद् येन नम्रं भवेत् ।
श्रुतं चैव यत् कण्टकाकीर्णमार्गम्, स्वयं स्वीकृतं नः सुगंकारयेत् ।। 2

समुत्कर्ष निःश्रेयसस्यैकमुग्रम्, परं साधनं नाम वीरव्रतम् ।
तदन्तः स्फुरत्वक्षया ध्येयनिष्ठा, हृदन्तः प्रजागर्तु तीव्राऽनिशम् ।।

विजेत्री च नः संहता कार्यशक्तिर्, विधायास्य धर्मस्य संरक्षणम् ।
परं वैभवं नेतुमेतत् स्वराष्ट्रम्, समर्था भवत्वाशिषा ते भृशम् ।। 3

भारत माता की जय । हिंदु भूमि की जय ।
हिंदु धर्म की जय ।।

भारत राष्ट्र गौरव गीत

(Composed by Ratnakar Narale)

राग भैरवी, दादरा ताल 12 मात्रा

स्थायी

कर्मभूमि ये भारत हमारा, सारी दुनिया में हमको है प्यारा ।
इसका इतिहास सुंदर नियारा, दिव्य भारत हमारा जियारा ।।

♫ म-गम-म म प-म- गम-प-, मप धधध- नि सां-नि- ध प-म- ।
म-प धधध-ध नि-ध- पम-प-, म-प ध-ध- सांनि-ध- धप-म- ।।

अंतरा-1

इसकी धरती है सोने की माटी, इसके सिर पर हिमालय की चोटी ।
इसकी नदियाँ हैं अमृत की धारा, इसके पग में समुंदर किनारा ।।

♫ सां-सां नि-सां- नि ध-नि- ध प-म-, सां-सां नि- सां- निध-नि- ध प-म-।
मग ममम- म ध-प- ग म-प-, ग-म पप प- पधनि- धप-म-।।

अंतरा-2

इसकी आभा है अंबर की ज्योति, चाँद सूरज हैं कुंडल के मोती ।
रम्य अनुपम है इसका दीदारा, विश्व का है ये उज्ज्वल सितारा ।।

अंतरा-3

इसकी वायु में सौरभ घनेरा, इसका मंगल है साँझ और सवेरा ।
इसमें आनंद है अद्भुत अपारा, ये है कुदरत का मनहर नज़ारा ।।

अंतरा-4

मोर कोयल पपीहे हैं गाते, टेर कुहू हैं मंजुल सुनाते ।
संग सावन का शीतल फुहारा, सारे वतनों में ये है दुलारा ।।

अंतरा-5

पर नारी यहाँ पर है माता, भाईचारे का सबमें है नाता ।
यहाँ इंसानियत का बसेरा, शुभ शांति अहिंसा का नारा ।।

अंतरा-6

इसकी संतानें हैं वीर ज्ञानी, संत योगी कलाकार दानी ।
स्नेह सेवा शराफत का डेरा, स्वर्ग से प्रिय है देश मेरा ।।
स्वर्ग से प्रिय है देश हमारा ।।

(कोरस)

जय हो जय हो तेरी जय हो जय हो, जय हो जय हो सदा जय हो जय हो ।
जय हो जय हो तेरी जय हो जय हो, जय हो जय हो सदा जय हो जय हो ।।

♫ सां- सां नि- सां- निध- नि- ध प- ध-, सां- सां नि- सां- निध- नि- ध प- म-।
म- ग म- म- मप- म- ग म- प-, ध- ध नि- नि- निसां- नि- ध प- म-।।

NOTE : कर्मभूमि ये भारत हमारा : Optionaly you can use कर्मभूमि, धर्मभूमि, हिंदुभूमि, मातृभूमि, स्वर्गभूमि, पुण्यभूमि, जन्मभूमि, etc.

वेद वाणी

वसुधैव कुटुंबकम् ।

(composed by Ratnakar Narale)

श्लोक:

सहचलेम सम्मिल्यागच्छत शांतिप्रेमिणः ।
सहजीवेम सर्वे च वर्धेमहि च वै वयम् ।।

♫ मममम-म ग-प-म-प-मग रे-गम-पम- ।
धधप-म-ग रे-ग म-, ध-प-मग- रे ग- रेसा- ।।

स्थायी

सब लोग जहाँ के भाई हैं, सब एक ही पथ के राही हैं,
"वसुधैव कुटुंब" सचाई है ।
सब एक जगत के वासी हैं, सब की ये वसुधा माई है,
सब एक ही कुल के सगाई हैं ।।

♫ सानि सा-ग रेसा- नि- सा-रेम ग-, गम मगप म गग रेसा सा-रेम ग -,
गग गरेसासा सारे-ग म गरेसानि सा- ।
सानि सा-ग रेसासानिसा सा-रेगसारे ग-, गम मग प मग-रेसा सा-रेम ग-,
गग गरेसासा सा सारे ग म गरेसानिसा- ।।

अंतरा-1

सब वेदों की ये वाणी है, सब शुभ वचनों की ये राणी है ।
बस एक हमारी भूमि है, अरु एक हमारा स्वामी है ।
बस एक सभी का साँई है ।।

♫ पप मरेम- प- पम पनिधप प-, पप मग गसासाग म प गरेसानि सा- ।
सानि सा-ग रेसा-नि- सा-रेम ग-, गम मग पमग-रेसा सा-रेम ग- ।
गग गरेसासा सारे-गम गरेसानि सा- ।।

अंतरा-2

सब जगत का एक ही ज्ञानी है, और एक ही अंतर्यामी है ।
बस एक हमारा दाता है, अरु एक हमारा विधाता है ।
बस एक सभी का सहाई है ।।

अंतरा-3

ऋषि मुनियों की ये बखानी है, और सबसे परम कहानी है ।
बस एक हमारा कर्ता है, जिसने जग रीत बनाई है ।
उसने भव प्रीत बसाई है ।।

भारत राष्ट्र गौरव गीत

(Composed by : Ratnakar Narale)

राग भैरवी, दादरा ताल 12 मात्रा

स्थायी

कर्मभूमि ये भारत हमारा, सारी दुनिया में हमको है प्यारा ।
इसका इतिहास सुंदर नियारा, दिव्य भारत हमारा जियारा ।।

♫ म–गम–म म प–म– गम–प–, मप धधध– नि सां–नि– ध प–म– ।
म–प धधध–ध नि–ध– पम–प–, म–प ध–ध– सांनि–ध– धप–म– ।।

अंतरा–1

इसकी धरती है सोने की माटी, इसके सिर पर हिमालय की चोटी ।
इसकी नदियाँ हैं अमृत की धारा, इसके पग में समुंदर किनारा ।।

♫ सां–सां नि–सां– नि ध–नि– ध प–म–, सां–सां नि– सां– निध–नि– ध प–म–।
मग मम्म– म ध–प– ग म–प–, ग–म पप प– पधनि– धप–म–।।

अंतरा–2

इसकी आभा है अंबर की ज्योति, चाँद सूरज हैं कुंडल के मोती ।
रम्य अनुपम है इसका दीदारा, विश्व का है ये उज्ज्वल सितारा ।।

अंतरा–3

इसकी वायु में सौरभ घनेरा, इसका मंगल है साँझ और सवेरा ।
इसमें आनंद है अद्भुत अपारा, ये है कुदरत का मनहर नज़ारा ।।

अंतरा–4

मोर कोयल पपीहे हैं गाते, टेर कुहू हैं मंजुल सुनाते ।
संग सावन का शीतल फुहारा, सारे वतनों में ये है दुलारा ।।

अंतरा–5

पर नारी यहाँ पर है माता, भाईचारे का सबमें है नाता ।
यहाँ इंसानियत का बसेरा, शुभ शांति अहिंसा का नारा ।।

अंतरा–6

इसकी संतानें हैं वीर ज्ञानी, संत योगी कलाकार दानी ।
स्नेह सेवा शराफत का डेरा, स्वर्ग से प्रिय है देश मेरा ।
स्वर्ग से प्रिय है देश हमारा ।।

(कोरस)

जय हो जय हो तेरी जय हो जय हो, जय हो जय हो सदा जय हो जय हो ।
जय हो जय हो तेरी जय हो जय हो, जय हो जय हो सदा जय हो जय हो ।।

♫ सां– सां नि– सां– निध– नि– ध प– ध–, सां– सां नि– सां– निध– नि– ध प– म–।
म– ग म– म– मप– म– ग म– प–, ध– ध नि– नि– निसां– नि– ध प– म–।।

वेद वाणी

वसुधैव कुटुंबकम् ।

(composed by Ratnakar Narale)

ॐ श्लोकः

सहचलेम सम्मिल्यागच्छत शांतिप्रेमिणः ।
सहजीवेम सर्वे च वर्धेमहि च वै वयम् ।।

♫ ममममम-म ग-प-म-प-मग रे-गम-पम- ।
धधप-म-ग रे-ग म-, ध-प-मग- रे ग- रेसा- ।।

स्थायी

सब लोग जहाँ के भाई हैं, सब एक ही पथ के राही हैं,
"वसुधैव कुटुंब" सचाई है ।
सब एक जगत के वासी हैं, सब की ये वसुधा माई है,
सब एक ही कुल के सगाई हैं ।।

♫ सानि सा-ग रेसा- नि- सा-रेम ग-, गम मगप म गग रेसा सा-रेम ग -,
गग गरेसासा सारे-ग म गरेसानि सा- ।
सानि सा-ग रेसासानिसा सा-रेगसारे ग-, गम मग प मग-रेसा सा-रेम ग-,
गग गरेसासा सा सारे ग म गरेसानिसा- ।।

अंतरा-1

सब वेदों की ये वाणी है, सब शुभ वचनों की ये राणी है ।
बस एक हमारी भूमि है, अरु एक हमारा स्वामी है ।
बस एक सभी का साँई है ।।

♫ पप मरेम- प- पम पनिधप प-, पप मग गसासाग म प गरेसानि सा- ।
सानि सा-ग रेसा-नि- सा-रेम ग-, गम मग पमग-रेसा सा-रेम ग- ।
गग गरेसासा सारे-गम गरेसानि सा- ।।

अंतरा-2

सब जगत का एक ही ज्ञानी है, और एक ही अंतर्यामी है ।
बस एक हमारा दाता है, अरु एक हमारा विधाता है ।
बस एक सभी का सहाई है ।।

अंतरा-3

ऋषि मुनियों की ये बखानी है, और सबसे परम कहानी है ।
बस एक हमारा कर्ता है, जिसने जग रीत बनाई है ।
उसने भव प्रीत बसाई है ।।

INDIA, THE CENTER OF THE EARTH
विश्वमध्य भारत

वामे च दक्षिणे यस्या रत्नाकरोऽस्ति पादयोः ।
हिमाद्रिर्मुकुटो शुभ्रो वन्दे भारतमातरम् ।।
शरणोऽस्मि गिरे तुभ्यं नतशीर्षः कृताञ्जलिः ।
त्वत्तः प्राप्तुं दिशं मार्गं रत्नाकरः पदे पदे ।।

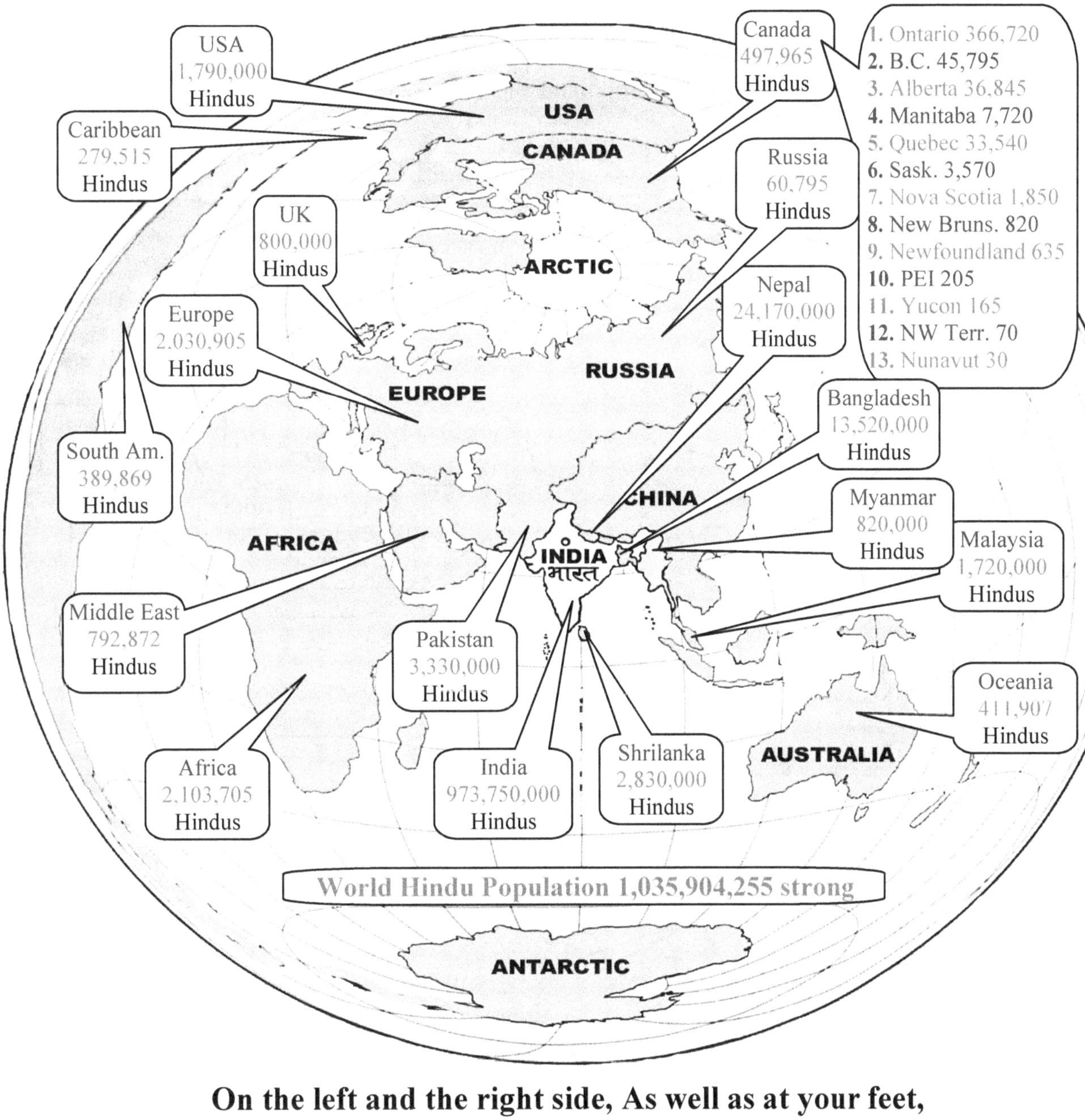

On the left and the right side, As well as at your feet,
There is an ocean and the Himalaya is your crown,
I pray to you at every step, With my folded hands,
I bow my head humbly at your feet, O Mother India!

The Indian States and Hindu their Population

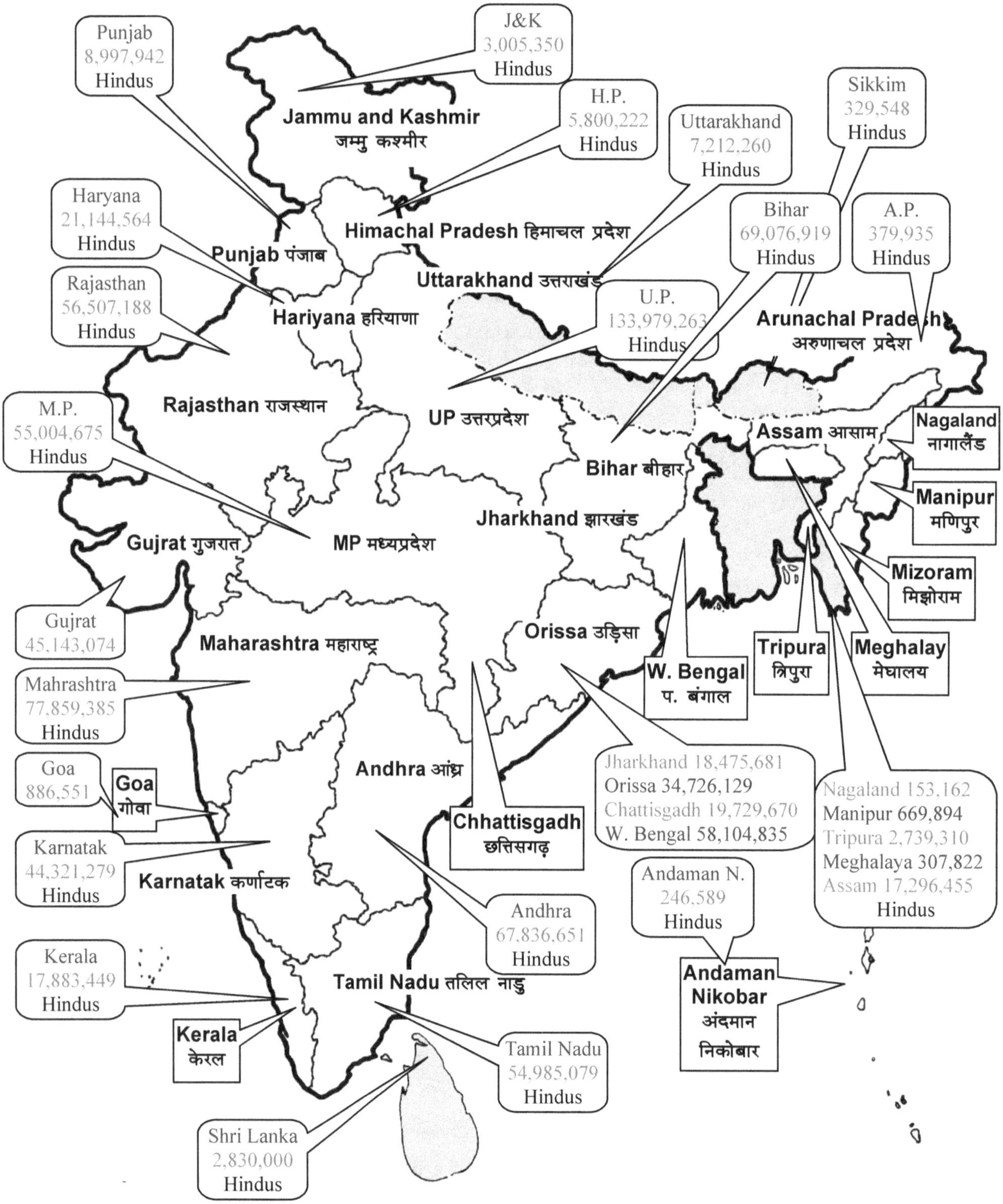

India's Hindu Population 973,750,000 peaceful

The Holy Rivers and Mountains of India भारत की पवित्र नदियाँ और पर्बत

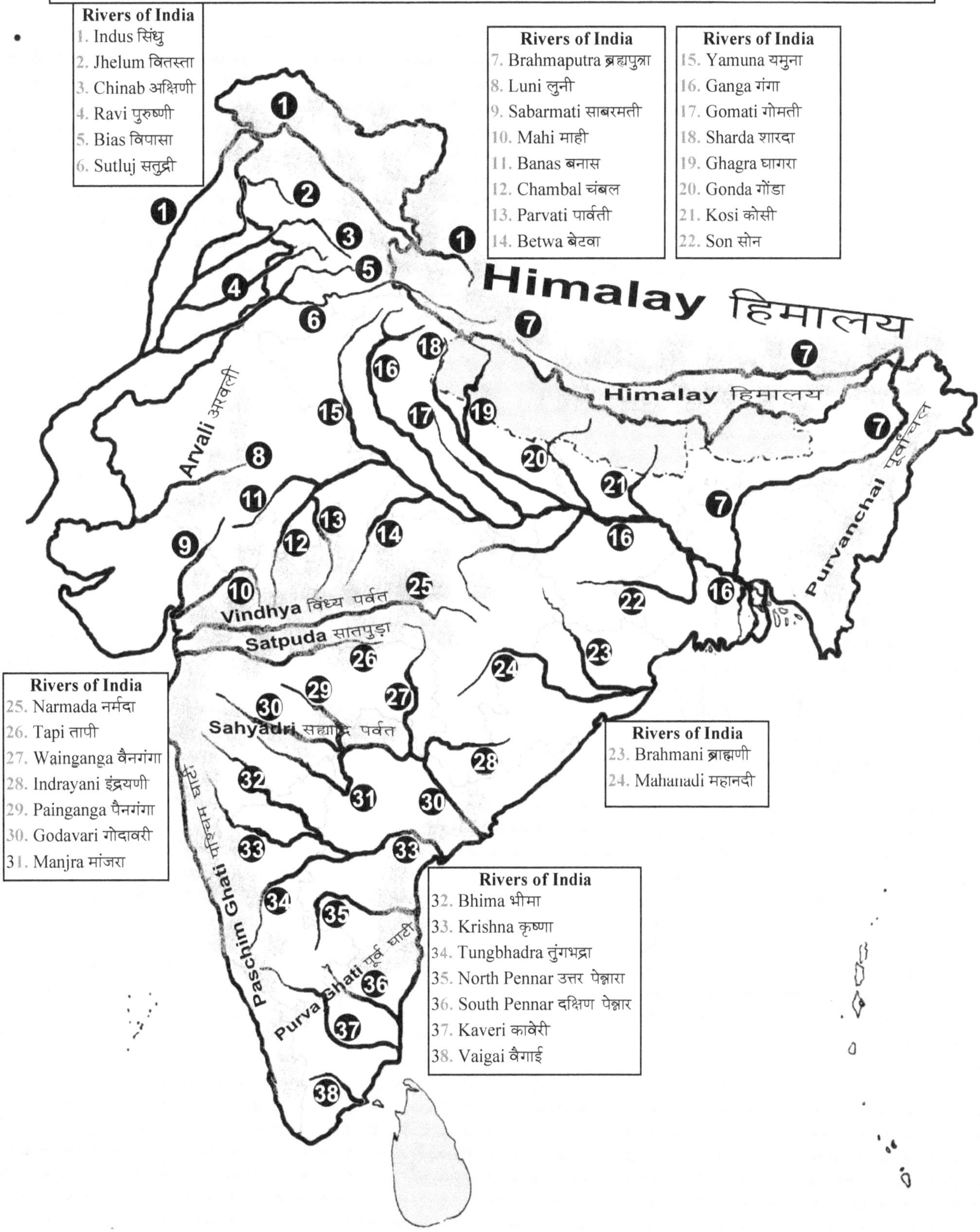

Animal and Bird Life of India भारत के पशुपक्षी

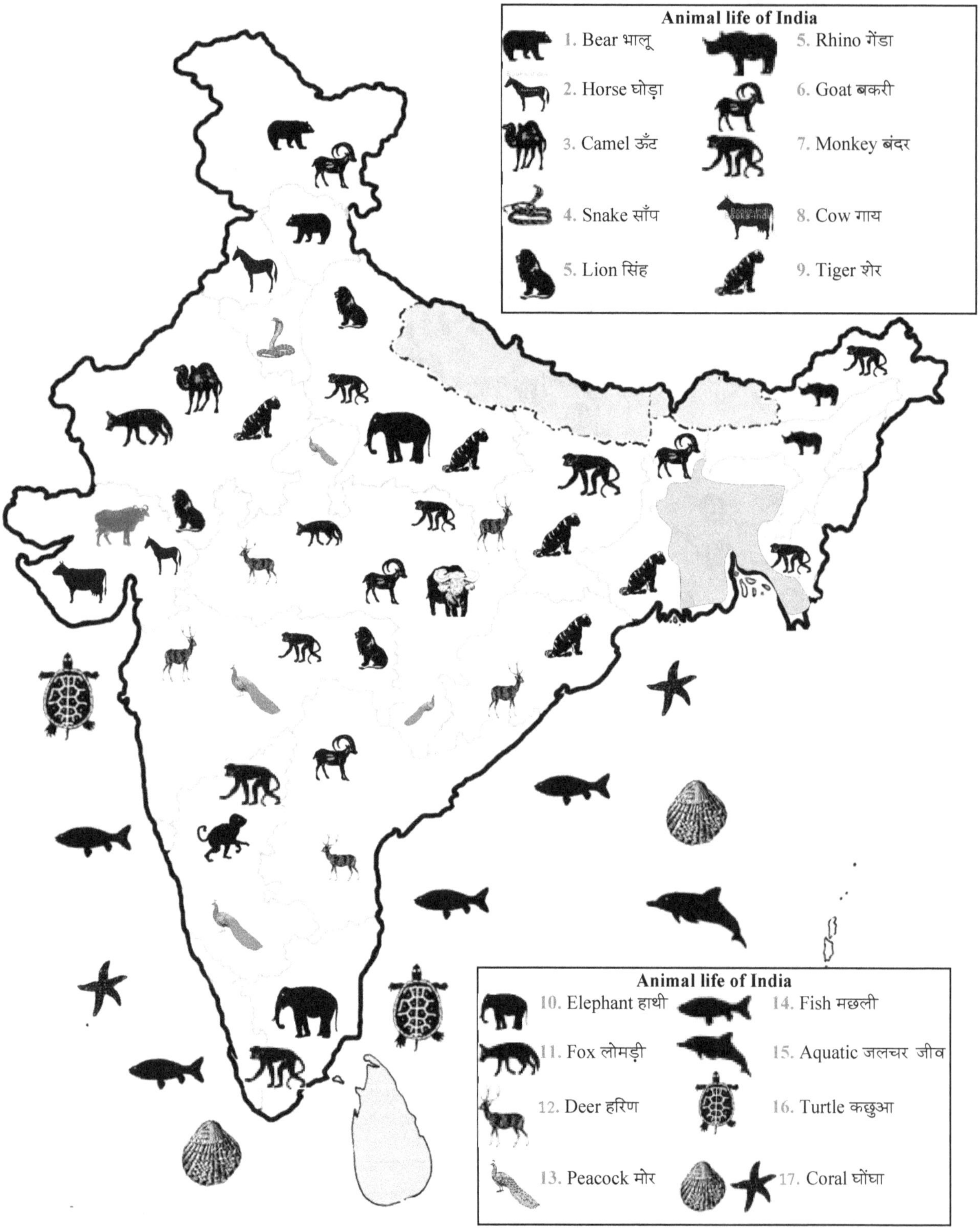

THE HOLY PLACES OF INDIA भारत के पवित्र धाम

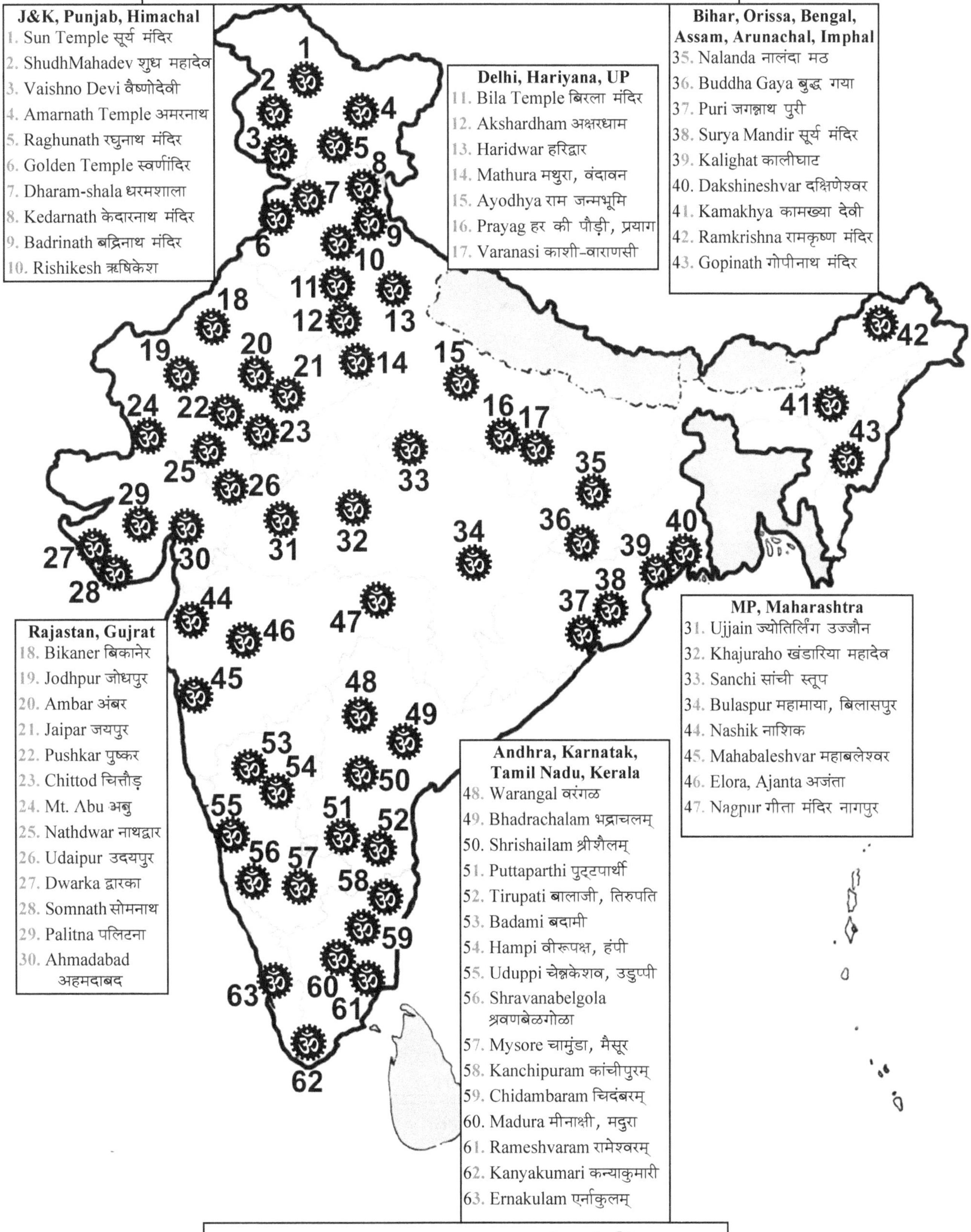

Places of Pilgrimage भारत के तीर्थक्षेत्र

HINDU FESTIVALS OF INDIA भारत के हिंदु त्यौहार

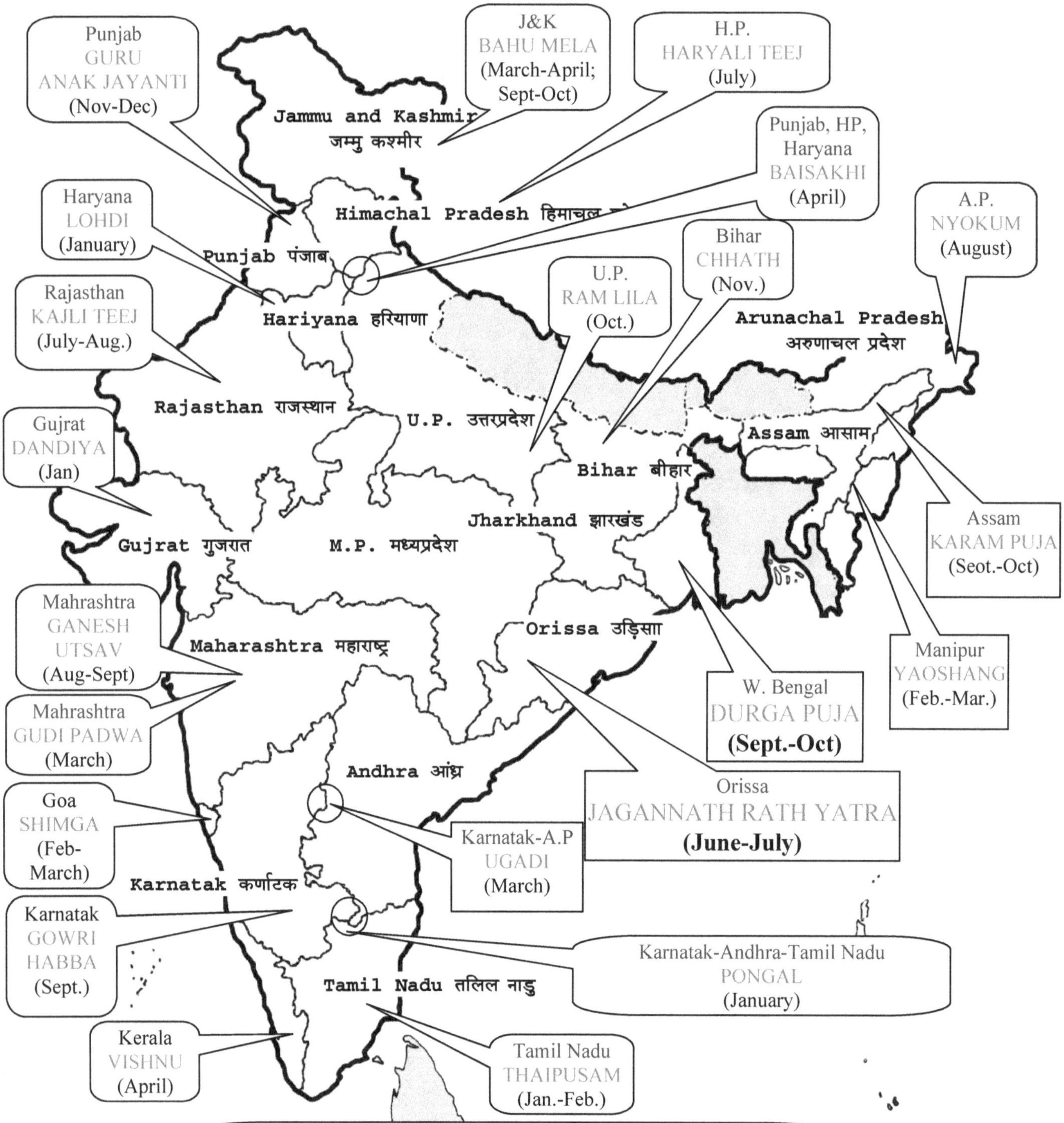

All India

1. VASANT PANCHAMI : (January)
2. HOLI : (March)
3. MAHA SHIV-RATRI : (March)
4. RANG PANCHAMI : (March)
5. HANUMAN JAYANTI : (March)
6. GURU PURNIMA : (July)
7. NAAG PANCHAMI (July)
8. RAKSHA BANDHAN (August)
9. RAKSHA BANDHAN : (August)
10. KRISHNA JANMASHTAMI : (Sept.)
11. VIJAYA DASHMI (October)
12. NAVARATRI (October)
13. DIWALI (October)
14. BHAIYA DOOJ : (Oct-Nov)

OUR HOLY FOREFATHERS हमारे पवित्र पुरखे

Vālmīki वाल्मीकि

Ved Vyās
वेद व्यास

Pāṇini पाणिनि

Patañjali पतञ्जलि

Kālidāsa कालिदास

Shankaracharya
शंकराचार्य

Rāmānujacharya
रामानुजाचार्य

Kaṇāda कणाद

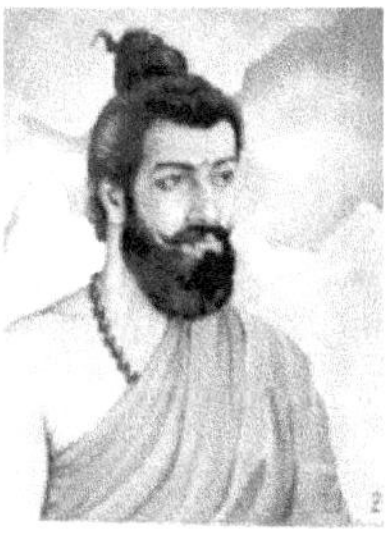

Kapila Muni
कपिल मुनि

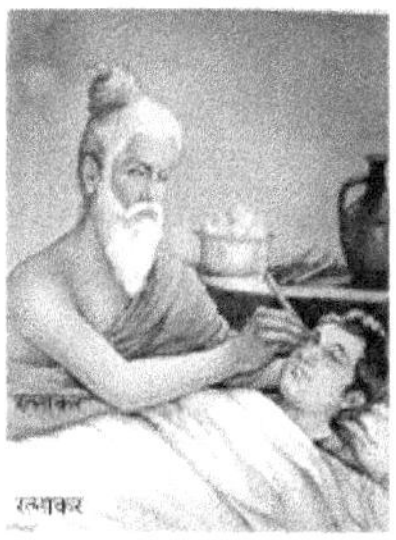

Sushruta सुश्रुत

Bhāskaracharya
भास्कराचार्य

Charaka चरक

Varāhamihira
वराहमिहिर

Nāgarjuna
नागार्जुन

Bharadwāja muni
भरद्वाज मुनि

Aryabhatta आर्यभट्ट:

स्वाभिमानी मनुष जो कहता, हिंदु अपने आपको है ।
कृतकृत्य वो सफलमनोरथ, करता अपने बाप को है ।।

... रत्नाकर

OUR GREAT HEROES हमारे वीर महापुरुष

(Honoured by Govt. of India. In chronological order)

Kabir	Mira	Rana Pratap	Tulsidasar	Shivaji	Ranjit Singh	Paramasamsa
संत कबीर	मीराबाई	राणा प्रताप	तुलसीदास	शिवाजी	रणजीत सिंह	रामकृष्ण परमहंस
1440-1518	1450-1547	1540-1597	1533-1624	1627-1680	1780-1839	1836-1866

Bharatendu	Vivekanand	Tilak	Ramabai	Asutosh Mookherji	C. Das	Lajpatrai
भारतेंदु	विवेकानंद	तिलक	रमाबाई रानडे	असुतोष मुकर्जी	चित्तरंजन दास	लजपतराय
1850-1885	1803-1902	1856-1920	1862-1924	1864-1924	1870-1925	1866-1928

Bhagat Singh	Mahavir Prasad Dwivedii	Dr. Hedgewar	Subhash Chandra Bose	M.M. Malviya
भगत सिंह	महावीर प्रसाद द्विवेदी	डा. हेडगेवार	सुभाष चंद्र बोस	मदन मोहन मालवीय
1907-1931	1864-1938	1889-1940	1897-1945	1861-1946

Gandhiji	Aurobindo	Sardar Patel	Shyamaprasad	Vir Savarkar	Dr. Prasad	Maithili Gupta
गांधीजी	अरविंद घोष	सरदार पटेल	श्यामाप्रसाद मुकर्जी	वीर वि. दा. सावरकर	राजेंद्र प्रसाद	मैथिलीशरण गुप्त
1869-1948	1872-1950	1875-1950	1901-1953	1883-1960	1884-1962	1886-1964

Jawaharlal Nehru	Ambedkar	Shastriji	Chaturvedi	Radhakrishnan	Indira Gandhi
जवाहर लाल नेहरु	आंबेडकर	लाल बहादुर शास्त्री	मा. चतुर्वेदी	राधाकृष्णन	इंदिरा गांधी
1889-1964	1891-1966	1904-1966	1889-1968	1888-1975	1917-1984

UNDERSTAND and REMEMBER THIS BEFORE YOU BEGIN

A unique, but important, aspect of this book is the upgraded and innovative Transliteration, which will produce the most authentic Hindi sounds through modified English letters. Study the comparative examples given below and learn our improved method for your benefit.

TABLE 1 : Use of letters a, ā, e, ī, u and ū

Letter	Sound	Hindi	In other books	In this book
a	A in Ahead	हम, तुम, सब, दस	hum, tum, sub, dus	ham, tum, sab, das
ā	Aa	मेरा, काका, गाना कल, काल, कला, काला	mera, kaka, gana kal, kal, kala, kala	merā, kākā, gānā kal, kāl, kalā, kālā
e	E, Ay	ले, दे, गाने	lay, dey, gane	le, de, gāne
ū	oo	दूर	dur, door	dūr
ī	ee	मीरा, मीना, वीणा	Meera, Mina, vina	mīrā, mīnā, vīṇā

TABLE 2 : Writing the **NASAL SOUND** with ँ sign, in Hindi and English

Rule : The ँ sign gives a NASAL SOUND to the letter under that ँ sign.

(e.g. आँ = ā̐, ईं = ī̐, ऊँ = ū̐, एँ = e̐, ओं = o̐)

Hindi	In other books	In this book
माँ, कहाँ? काँटा, कांता	maan, kahan? kanta, kanta	mā̐, kahā̐? kā̐ṭā, kāntā
ईंट, नहीं, कहीं, सिंह	int, nahin, kahin, sinha	ī̐ṭ, nahī̐, kahī̐, sī̐ha
हूँ, लूँ, दूँ, करूँ	hun, lun, dun, karun	hū̐, lū̐, dū̐, karū̐
रातें, दें, किताबें	raten, den, kitaben	rāte̐, de̐, kitābe̐
मैं, हैं, कैंची	Main, hain, kainchi	mai̐, hai̐, kai̐chī
बातों में	baton men	bāto̐ me̐
कल, काल, कला, काला	kal, kal, kala, kala	kal, kāl,kalā, kālā

Another unconventional but very effective way of learning to read write Hindi is by grouping the alphabet according to their shapes, such as **वबक, पषफ, तन, गमभण, चजल, घधछ, रसखश, यथ, टठढद, डझह,** etc. With this innovative technique, I have been teaching reading-writing 100% full Hindi in just 5 lessons, without exception, for last 20 years. Students are amazed and joyful with my simple technique. Same is true for my novel methodology of learning to make your own Hindi sentences. See it happening in my class or in your own class.

Let's learn Hindi now

आओ अब हिंदी सीखें

HINDI ALPHABET हिंदी वर्णमाला

अ a	आ ा aa	इ ि i	ई ी ee	उ ु u	ऊ ू oo	ऋ ृ ri
ए े e	ऐ ै ai	ओ ो o	औ ौ au	अं ं m̃	अँ ँ m̐	अः ः ḥ
	क ka	ख kha	ग ga	घ gha	ङ nga	
	च cha	छ chha	ज ja	झ jha	ञ nya	
	ट ṭa	ठ ṭha	ड ḍa	ढ ḍha	ण ṇa	
	त ta	थ tha	द da	ध dha	न na	
	प pa	फ pha	ब ba	भ bha	म ma	
	य ya	र ra	ल la	व va	श sha	
		ष ṣha	स sa	ह ha		
		क्ष kṣa	त्र tra	ज्ञ gya		

Designed by : Ratnakar Narale

PRONOUNCING HINDI CHARACTERS

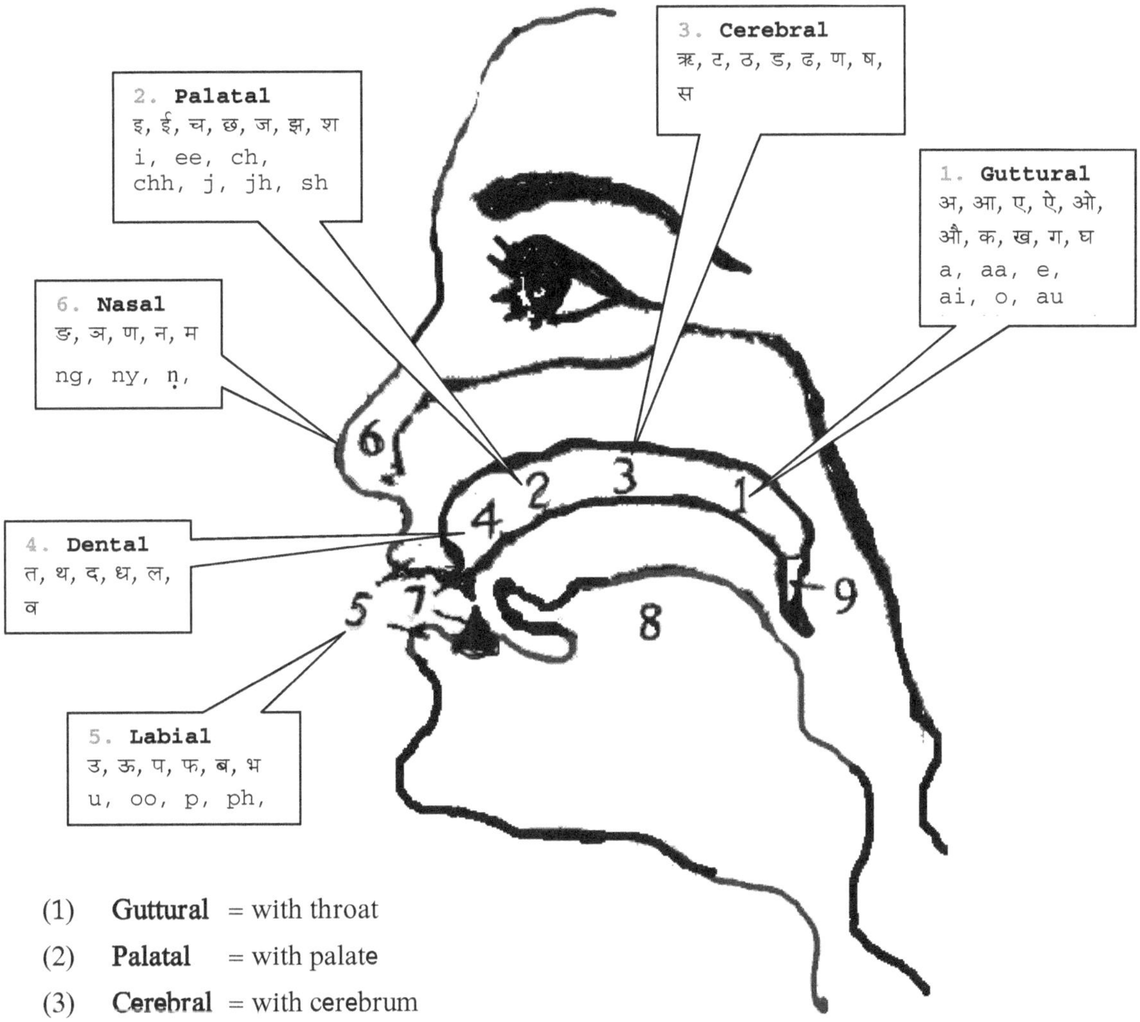

(1) **Guttural** = with throat

(2) **Palatal** = with palate

(3) **Cerebral** = with cerebrum

(4) **Dental** = with teeth

(5) **Labial** = with lips

(6) **Nasal** = with nose

(7) **Teeth,** (8) **Tongue** (9) **Uvula**

PLEASE NOTE : In any Hindi word, when written in English script, **the sound of letter 'e' (ए) is 'ay' as in Bay**, not like 'i' or 'ee' (इ, ई) as in English words Be or Bee. Therefore, the Hindi word 'meraa' (मेरा) sounds like '**mayraa,**' not miraa or meeraa. (e = ए). Also, please note that letters "aa" indicate long sound of letter "a" for example : Raam or Raama = राम not Raamaa रामा, here "Raa" has long "aa" sound and "ma" has short "a" sound.

āo Hindī sīkhē̐

Learning Hindi through PRE-MADE Pet Sentences,
<u>The conventional way</u>
<u>The Difficult way</u>

1. **Hello!**
   नमस्ते!
   namaste.

2. **How are you?**
   आप कैसे हैं । (तुम कैसे हो?)
   āp kaise haĩ? (tum kaise ho)
3. **I am alright.**
   मैं ठीक हूँ ।
   maĩ ṭhīk hū̃.

4. **What is your name?**
   आप का नाम क्या है?
   āp kā nām kyā hai?
5. **My name is Krishṇa.**
   मेरा नाम कृष्ण है ।
   merā nām krishṇa hai.
6. **They call me Kanha.**
   वे मुझे कान्हा कहते हैं ।
   ve mujhe Kānhā kahate haĩ.

7. **What is your name?**
   आप का नाम क्या है?
   āp kā nām kyā hai?
8. **My name is Rama.**
   मेरा नाम राम है ।
   merā nām Rām hai.

9. **Where were you born?**
   तुम्हारा जनम कहाँ हुआ था ?
   tumhārā janam kahā̃ huā thā.

10. **I was born in Mathura.**
    मेरा जनम मथुरा में हुआ था ।
    merā janam Mathurā mẽ huā thā.

11. **Where do you live?**
    तुम कहाँ रहते हो?
    tum kahā̃ rahate ho?
12. **I lived five years in Gokul.**
    मैं पाँच साल गोकुल में रहा था ।
    maĩ pā̃cha sāl Gokul mẽ rahā thā.
    Now I live in Vrindavan.
    अब मैं वृंदावन में रहता हूँ ।
    ab maĩ vrindāvan mẽ rahatā hū̃.

13. **How old are you?**
    आप कितने बड़े हो?
    āpa kitne baḍe ho?
14. **I am ten years old.**
    मैं दस साल का हूँ ।
    maĩ das sāl kā hū̃.

15. **Who is she?**
    वो कौन है?
    vo kaun hai?
16. **She is my friend Radha.**
    वो मेरी सखी राधा है ।
    Vo meri sakhī Rādhā hai.

17. **Who is he?**
    वो कौन है?
    vo kaun hai?

18. He is my friend Sudama.
वो मेरा दोस्त सुदामा है ।
vo merā dost Sudāmā hai.

19. What are you eating?
आप क्या खा रहे हो?
āp kyā khā rahe ho?

20. We are eating butter and roti.
हम माखन और रोटी खा रहे हैं ।
ham mākhan aur roṭī khā rahe haĩ.

21. What are you drinking?
तू क्या पी रहा है?
tū kyā pī rahā hai?

22. I am drinking milk.
मैं दूध पी रहा हूँ ।
maĩ dūdh pī rahā hũ.

23. What are you playing?
तुम क्या बजा रहे हो?
tum kyā bajā rahe ho?

24. I am playing a flute.
मैं मुरली बजा रहा हूँ ।
maĩ murlī bajā rahā hũ.

25. What is on you head?
तुम्हारे सिर पर क्या है?
tumhāre sir par kyā hai?

26. Peacock-feather crown is on my head.
मेरे सिर पर मोर मुकुट है ।
mere sir par mor mukuṭ hai.

27. What is your address?
तुम्हारा पता क्या है?
tumhārā patā kyā hai?

28. My address is : 108 Anand Marg, Svarg bhumi, Vrindavan, India.
मेरा पता है : 108 आनंद मार्ग, स्वर्ग भूमि, वृंदावन, भारत ।
merā patā hai : 108 Anand mārg, svarg bhūmi, Vrindāvan, bhārat.

29. What was your address in Gokul?
तुम्हारा गोकुल का पता क्या था?
tumhārā Gokul kā patā kyā thā?

30. My address was :
1 Shanti Path, Nand Bhavan, Gokul.
मेरा पता था : 1 शांति पथ, नंद भवन, गोकुल ।
merā patā thā :
1 Shanti path, Nand Bhavan, Gokul.

31. Who are in your house?
आपके घर में कौन कौन हैं?
āp ke ghar mẽ kaun kaun haĩ?

32. In my house my mother Yashoda is there,
मेरे घर में यशोदा मैया है,
mere ghar mẽ Yashodā maiyā hai,
my father Nana Baba,
मेरे पिताजी नंद बाबा,
mere pitājī Nand Bābā haĩ,
and my brother Balram is there.
और मेरा भाई बलराम है ।
Aur mera bhāī Balrām hai.
I have cows and calves also, at my house.
मेरे घर पर गायें और बछड़े भी हैं ।
mere ghar par gāyẽ aur bhaisẽ bī haĩ.

33. Where are you all going?
आप सब कहाँ जा रहे हो?
āp sab kahā̃ jā rahe ho?

34. We are going to Shivaji's temple.
हम शिवजी मंदिर जा रहे हैं ।
ham Shivajī mandir jā rahe haĩ.

35. **Whose beautiful statue is this?**
ये किसकी सुंदर मूर्ति है?
ye kiskī sundar mūrti hai?

36. **This is Shiv ji's image.**
यह शिवजी की मूर्ति है ।
yah Shivaji kī mūrti hai.

37. **What is in Shivji's hand?**
शिवजी के हाथ में क्या है?
Shivajī ke hāth mẽ kyā hai?

38. **Shivji has a trident in his hand.**
शिवजी के हाथ में त्रिशूल है ।
Shivaji ke hāth mẽ trishūl hai.

39. **What is hanging on the trident?**
त्रिशुल पर क्या लटक रहा है?
trishul par kyā laṭak rahā hai?

40. **It is Shivji's drum.**
यह शिवजी का डमरू है ।
yah Shivajī kā damdr̄ hai.

41. **What is around Shivji's neck?**
शिवजी के गले में क्या है?
Shivajī ke gale mẽ kyā hai?

42. **There is a snake around Shivji's neck.**
शिवजी के गले में साँप है ।
Shivajī ke gale mẽ sā̃pa hai.

43. **What is on Shivaji's head?**
शिवजी के शीष पर क्या है?
Shivajī ke shhiṣh par kyā hai?

44. **Ganga is flowing from Shivji's head.**
शिवजी के शिष से गंगा बह रही है ।
Shivajī ke shhīṣ se Gangā bah rahī hai.

45. **What is on Shivji's forehead?**
शिवजी के माथे पर क्या है?
Shivajī ke māthe par kyā hai?

46. **Moon is on Shivji's forehead.**
शिवजी के माथे पर चंदा है ।
Shivajī ke māthe par chandā hai.

47. **Who ia sitting next to Shivji?**
शिवजी के साथ कौन बैठी है?
Shivajī ke sāth kaun baiṭhī hai?

48. **She is Parvati ji.**
वह पार्वती जी है ।
vah Pārvatī jī hai.

49. **Who is in the lap of Parvati ji?**
पार्वती जी की गोद में कौन है?
Pārvatī jī kī god mẽ kaun hai?

50. **Ganesha ji is in the lap of Shivji?**
पार्वती जी की गोद में गणेश जी है?
Pārvatī jī kī god mẽ Gaṇesh jī hai?

51. **Why a bull is standing there?**
वहाँ बैल क्यों खड़ा है?
vahā̃ *bail kyõ khaḍā hai?*

52. **The Nandi bull is Shivji's vehicle.**
नंदी बैल शिवजी का वाहन है ।
Nandī bail Shivajī kā vāhan hai?

53. **Who are these people?**
ये लोग कौन हैं?
ye log kaun haĩ?

54. **These people are Shivji's devotees.**
ये लोग शिवजी के भगत हैं ।
ye log Shivajī ke bhagat haĩ.

55. **What are they singing?**
ये क्या गा रहे हैं?
ye kyā gā rahe haĩ?

56. **They are singing Shivji's prayers.**

ये शिवजी के भजन गा रहे हैं ।
ye shivahī ke bhajan gā rahe haĩ.

57. Who is doing the worship?
पूजा कौन कर रहा है?
pūjā kaun kar rahā hai?

58. The priest is doing the worship.
पूजा पंडित जी कर रहे हैं ।
pūjā paandit ji kar rahe haĩ.

59. What the priest is holding in his hands?
पंडित जी के हाथ में क्या है?
pandit ji ke hāth mẽ kyā hai?

60. In one hand of the priest is the Puja-plate,
पंडित जी के एक हाथ में पूजा थाली है,
pandit ji ke ek hāth mẽ pūjā thālī hai,
And in the other hand is a bell.
और दूसरे हाथ में घंटी है ।
aur dūsre hāth mẽ ghaṇṭī hai.

61. What that girl is giving out?
वह लड़की क्या दे रही है?
vah laḍkī kyā de rahi hai?

62. That girl is giving Prasad.
वह लड़की प्रसाद दे रही है ।
vah laḍkī prasād de rahi hai.

63. What will we do after the worship?
पूजा के बाद हम क्या करेंगे?
pūjā ke bād ham kyā karẽge?

64. We will go downstairs.
हम नीचे जाएँगे ।
ham nīche jāẽge?
And we will eat food.
और हम खाना खाएँगे ।
aur ham khāna khāẽge.
It is called Priti Bhoj.
इसको प्रीति भोज कहते हैं ।
is ko priti bhoj kahate haĩ.

65. The temple is very beautiful.
मंदिर बहुत सुंदर है ।
mandir bahut sundar hai.

66. This place is peaceful.
यहाँ शांति है ।
yahā̃ shānti hai.

67. I enjoyed it very much.
मुझे बहुत आनंद आया ।
mujhe bahut ānand āyā.

68. Thank you very much.
बहुत धन्यवाद !
bahut dhanyavād!

69. See you later.
फिर मिलेंगे ।
fit milẽge.

70. Bye!
नमस्ते!
namaste.

But, now, learning Hindi by Making Your Own Hindi Sentences, with my novel method↓
The easy way.

सरस्वती वंदना

(Composed by : Ratnakar Narale)

(चाल और संगीत स्वर लिपि के लिये देखिये हमारी "*नयी संगीत रोशनी*" का गीत 74)

रुपक ताल 7 मात्रा

आलाप

सां – रें सां – निध पम प – म ग –

गप निप रे – रे रे – ग प प – म म –

स्थायी

देवी सरस्वती ज्ञान दो, हमको परम स्वर गान दो ।

हमरा अमर अभिधान हो, माँ शारदे वरदान दो ।।

आलाप

मग सा.ग म म म म – धप मप नि नि नि नि – .

रें.गं सांनि ध – नि गं रें सां

अंतरा–1

तेरी करें हम आरती, तेरे ही सुत हम भारती ।

सब विश्व का कल्याण हो, माँ शारदे वरदान दो ।।

अंतरा–2

तुम ही हो बुद्धि दायिनी, तुम ही महा सुख कारिणी ।

तुम ही गुणों की खान हो, माँ शारदे वरदान दो ।।

अंतरा–3

तेरी कृपा से काम हो, जग में न हम नाकाम हों ।

हमको न कभी अभिमान हो, माँ शारदे वरदान दो ।।

अंतरा–4

तुम हो कला की देवता, देवी हमें दो योग्यता ।

हमको हुनर परिधान हो, माँ शारदे वरदान दो ।।

**माँ शारदे वरदान दो, माँ शारदे वरदान दो, माँ शारदे वरदान दो ।।

** **This line comes at the end of the last Antara only.**

Teachers' and Self-Learners'
Guide
to Learn Hindi from this Book

PLEASE FOLLOW THIS GUIDE TO MAKE BEST USE OF THIS UNIQUE BOOK

Make sure you complete Each Step properly, with its Examples and Exercises,
Before Moving to the Next Step. Do not skip any page.
Please follow this guide to assure your success.

STEP 1 :

i. Study of letters v b k, p ṣh ph, t n g, m bh ṇ (व ब क, प ष फ, त न ग, म भ ण) :

Lesson 1, 2 & **3.1-3.3**

ii. Study of letters a, ā, i, ī (अ, आ, इ ई) : Lesson **3.4**

STEP 2 :

Making your own sentences for Simple PRESENT and PAST Events (Lessons **9.1-**, **9.3**)

STEP 3 :

i. Study of letters ch j l, gh dh chh, r, s, kh, sh (च ज ल, घ ध छ, र स ख श) : Lesson **4.1-4.3**

ii. Study of letters u, ū, ri (उ, ऊ, ऋ) : Lesson **4.4**

STEP 4 :

i. Making your own sentences for SIMPLE Present and Past Actions (Lesson **11.1**)

i. Making your own sentences for CONTINUOUS Present and Past Actions (Lesson **11.2-11.3**)

i. Making your own sentences for ALREADY COMPLETED Present Actions (Lesson **11.3**)

STEP 5 :

i. Study of letters y, th, ṭ, ṭh, ḍd, d, ḍ, jh, h (य थ, ट ठ ढ द, ड झ ह) : Lesson **5.1-5.3**

ii. Study of letters a, i, o, au (ए, ऐ, ओ, औ) : Lesson **5.4**

STEP 6 :

i. Making your own sentences for Simple FUTURE Actions (Lesson **11.6**)

i. Making your own sentences for Making a REQUEST (Lesson **11.7**)

i. Study of Hindi NUMERALS (Lesson 8)

STEP 7 :

i. Study of letters ksh, tr, Gy (क्ष त्र ज्ञ) and Review of Hindi Vowels : Lesson **5.5-5.9**

STEP 8 :

Making your own sentences for COMPLETED ACTIONS (Lesson 12)

Irregular verbs and Review of Tenses (Lesson 13)

STEP 9 :

Study of COMPOUND LETTERS : Lesson 6

STEP 10 :

i. REVIEW of Step 8 : Lesson 13

ii. Review of Step 9 : Lesson 6

STEP 11 :

Making your own sentences with PREPOSITIONS : Lesson 14

STEP 12 :

Making your own sentences with PRONOUNS : Lesson 15

STEP 13 :

Making your own sentences with ADJECTIVES AND ADVERBS : Lesson 16

STEP 14 :

Making your own sentences using CONJUNCTIONS : Lesson 17

STEP 15 :

i. Hindi General knowledge : Lesson 18

ii. Study of INTRODUCTORY PAGES from the Maps of India to Our Great Heros.

STEP 16 :

Practicing the Hindi CONVERSATIONAL GENERAL DIALOGUES : Lesson 19

STEP 17 :

HINGLISH for English Speaking People : Lesson 18

STEP 18 :

Hindi MUSIC : Lesson 18

i. CHILDRENS SONGS : Lesson 6

ii. Hindi BHAJANS and Popular Songs at the End of the Book.

STEP 19 :

Study of the OPTIONAL WORDS : Lessons 1-5

STEP 20 :

i. Study of the PICTURES shown in the various pages of the book.

ii. Study the Picture Dictionary : Lesson **10.**

LESSON 1

THE HINDI ALPHABET

Hindī Vowels

अ	आ	इ	ई	उ	ऊ	ऋ	ए	ऐ	ओ	औ	अं	अः
a	ā	i	ī	u	ū	ṛ	e	ai	o	au	ṁ	ḥ

Hindī Consonants

क	ख	ग	घ	ङ
k	kh	g	gh	ṅ
च	छ	ज	झ	ञ
ch	chh	j	jh, z	ñ
ट	ठ	ड	ढ	ण
ṭ	ṭh	ḍ	ḍh	ṇ
त	थ	द	ध	न
t	th	d	dh	n
प	फ	ब	भ	म
p	ph, f	b	bh	m
य	र	ल	व	
y	r	l	v, w	
श	ष	स	ह	
ś, sh	ṣ, ṣh	s	h	

Special Compound Characterss :

क्ष	त्र	ज्ञ
kṣa	tra	gya, jña

(*gya* is popular in Hindī, Sanskrit pronounciation is *jña*)

HINDI ALPHABET हिंदी वर्णमाला

अ a	आ ा aa	इ ि i	ई ी ee	उ ु u	ऊ ू oo	ऋ ृ ri
ए े e	ऐ ै ai	ओ ो o	औ ौ au	अं ं m̃	अँ ँ m̐	अः ः ḥ
	क ka	ख kha	ग ga	घ gha	ङ nga	
	च cha	छ chha	ज ja	झ jha	ञ nya	
	ट ṭa	ठ ṭha	ड ḍa	ढ ḍha	ण ṇa	
	त ta	थ tha	द da	ध dha	न na	
	प pa	फ pha	ब ba	भ bha	म ma	
	य ya	र ra	ल la	व va	श sha	
		ष ṣha	स sa	ह ha		
		क्ष kṣa	त्र tra	ज्ञ gya		

Designed by : Ratnakar Narale

PRONOUNCING HINDI CHARACTERS

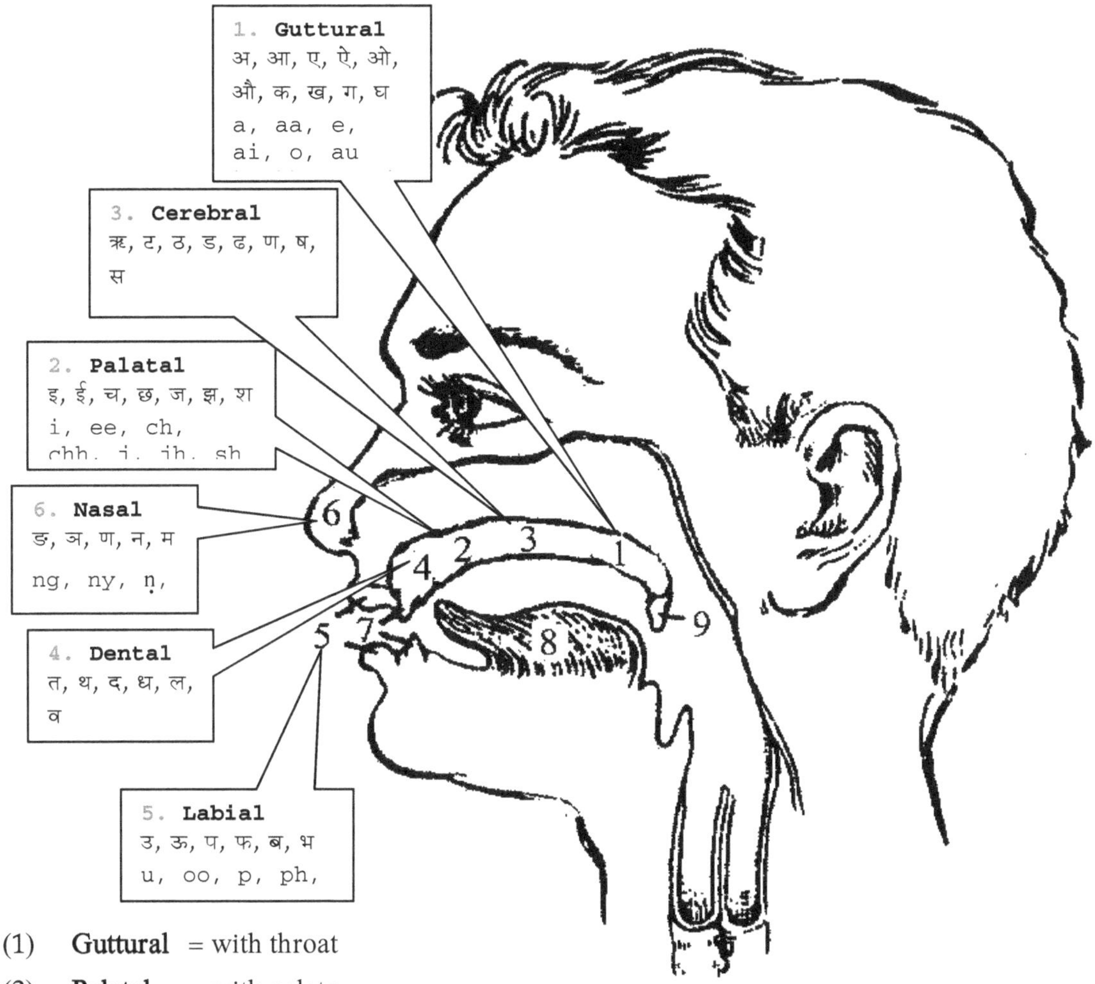

(1) **Guttural** = with throat

(2) **Palatal** = with palate

(3) **Cerebral** = with cerebrum

(4) **Dental** = with teeth

(5) **Labial** = with lips

(6) **Nasal** = with nose

(7) **Teeth,** (8) **Tongue** (9) **Uvula**

PLEASE NOTE :

(i) In any Hindi word, when written in English script, **the sound of letter 'e' (ए) is 'ay' as in Bay**, not like 'i' or 'ee' (इ, ई) as in English words Be or Bee. Therefore, the Hindi word 'merā' (मेरा) sounds like '**mayraa,**' not miraa or meeraa. (e = ए).

(ii) Also, please note that letter "ā" indicate long sound of letter "a" for example : Rām = Raam, Raama = राम not Raamaa रामा, here "Rā" has long "aa" sound and "ma" has short "a" sound.

LESSON 2

SPEAKING THE HINDI CHARACTERS

Alphabet	Hindī	Sounds like, as in		
a	(अ)	a	in	particular
ā	(आ)	a	in	pāpā
i	(इ)	I	in	pin
ī	(ई)	ee	in	peel
u	(उ)	u	in	pull, put
ū	(ऊ)	oo	in	pool
ṛ	(ऋ)	ri	in	print
e	(ए)	e, ay	in	pen, pay
ai	(ऐ)	i, ai	in	Spine,Saigaon
o	(ओ)	o	in	pole
au	(औ)	ow, au	in	powder, sauna
k	(क्)	k	in	pink
kh	(ख्)	kh	in	Khyber
g	(ग्)	g	in	peg
gh	(घ्)	gh	in	ghost
ṅ	(ङ्)	n	in	packing
ch	(च्)	ch	in	chop
chh	(छ्)	chh		witch-hunt
j	(ज्)	j	in	jump
jh, z	(झ्)	dgeh	in	hedgehop
ñ	(ञ्)	n	in	punch

Alphabet	Hindī	Sounds like, as in		
ṭ	(ट्)	t	in	pet
ṭh	(ठ्)	th	in	hot-house
ḍ	(ड्)	d	in	pod
ḍh	(ढ्)	dh	in	adhere
ṇ	(ण्)	n	in	pant
t	(त्)	t	in	Istanbul
th	(थ्)	th	in	panther
d	(द्)	th	in	other
dh	(ध्)	dh	in	Buddha
n	(न्)	n	in	pen
p	(प्)	p	in	pup
ph,f	(फ्)	ph, f	in	photo-frame
b	(ब्)	b	in	pub
bh	(भ्)	bh	in	abhore
m	(म्)	m	in	map
y	(य्)	y	in	yes, yelp
r	(र्)	r	in	rip
l	(ल्, ऌ)	l	in	lip
v,w	(व्)	v, w	in	Volkswagon
ś, sh	(श्)	sh	in	shop
ṣ	(ष्)	sh	in	push
s	(स्)	s	in	soap
h	(ह्)	h	in	hop

LESSON 3

READING AND WRITING HINDI LETTERS

व va, wa; ब ba, क ka, प pa, ष ṣa, फ pha, f

त ta, न na, ग ga, म ma, भ bha, ण ṇa

अ a, आ ā, इ i, ई ī

(3.1) Letters व va, wa; ब ba, क ka

va, wa

ba

ka

EXERCISE 1 : Read and Write the following in Hindī :

1. ka ba ka 2. ba va ka 3. va ba ka 4. kaba, baka

5. कब, बक **6.** कक, वब **7.** वब, वक **8.** कक, बव **9.** क, ब, व,

10. कक, कब, कव **11.** बब, बक, वव **12.** कबव, कवब, वबक, बकव

ANSWERS AND VOCABULARY: 1. *क ब क* ***2.*** *ब व क* ***3.*** *व ब क* ***4.*** *कब (when?), बक (a crane or duck)* ***5.*** *kab (when?), bak* ***6.*** *kaka, vaba* ***7.*** *vaba, vaka* ***8.*** *kaka, bava* ***9.*** *k, ba, va* ***10.*** *kaka, kaba, kava* ***11.*** *baba, baka, vava* ***12.*** *kabava, kavaba, vabaka, bakava.*

OPTIONAL : You may read the optional Hindi words in your second reading of the book.

V-Words to Remember (व) : Ved (वेद Hindu Holy Scripture), Vasudev (वसुदेव krishna's father), Vāsudev (वासुदेव krishna), Vishṇu (विष्णु), Vāyuputra (वायुपुत्र Hanuman), Vāman (वामन Vishnu), Vrikodar (वृकोदर Bhima), Vālmīki (वाल्मीकि author of Ramayana), Vyāsa (व्यास writer Mahabharat and Gita), Vasiṣhṭth (वसिष्ठ Rama's guru), Vishvāmitra (विश्वामित्र a guru of Rama), Vivasvān (विवस्वान the first of the 14 manus), Virāṭa (विराट a king), Vaishampāyana (वैशंपायन a disciple of Vyasa), Varāh (वराह Vishnu's avatar), Ved (वेद), Vedāṅg (वेदांग Upanishad), Vaikuṇṭha (वैकुंठ haeven), Vraj (व्रज

Krishna and Radha's village area), Varāṇasī (वाराणसी Banaras), Vrindāvan (वृंदावन), Videha (विदेह Mithila), Vaidehī (वैदेही Sita), Vibhīṣhaṇa (विभीषण Ravana's good brother), Vidura (विदुर Pandava's uncle), Viṣṇusharmā (विष्णुशर्मा author of Panchatantra), Viṭṭhala (विठ्ठ Vishnu), Vikramādytya (विक्रमादित्य a great king), Vishvakarmā (विश्वकर्मा architect of the world), Varuṇa (वरुण god of waters), Vindhya (विंध्य a holy mountain), Vidyā (विद्या education), Vigyāna (विज्ञान science), Vaidya (वैद्य doctor), Vairāgya (वैराग्य non-attachment), Vaiṣhṇava (वैष्णव Vishnu's devotee), Vidvān (विद्वान learned), Vīr (वीर brave), Vijaya (विजय victory), Vīṇā (वीणा), Vandan (वंदन salute), Vandanā (वंदना prayer), Vāyu (वायु wind), Varṣhā (वर्षा rain), Vrṣhṭi (वृष्टि rain), Vidyut (विद्युत electricity), Vajra (वज्र thunderbolt), Vishva (विश्व universe), Vang (वंग Bengal), Vaishya (वैश्य merchant), Vachan (वचन promise), Vasant (वसंत spring season), Van (वन forest), Viṣh (विष poison), Vaṁsha (वंश family), Vishvāsa (विश्वास faith), Vyāghra (व्याघ्र tiger), Vishāla (विशाल great), Vyuha (व्यूह array), Vaṭa (वट Banyan tree), Vānar (वानर monkey).

OPTIONAL :

B-Words to Remember (ब) : Brahma (ब्रह्म God), Brahmā (ब्रह्मा creator), Brāhmī (ब्राह्मी Sarasvati), Brahmaputrā (ब्रह्मपुत्रा a holy river), Balrāma (बलराम Krishna's brother), Balbhīma (बलभीम Hanuman), Bālabhadra (बालभद्र Balram), Bālī (बाली Sugriva's brother), Budha (बुध moon), Buddha (बुद्ध Gautam Buddha), Bal Gangādhar Tilak (बाल गंगाधर तिलक a great Hindu), Buddhī (बुद्धि intelligence, thinking), Brahmaṇa (ब्राह्मण priest), Banāras (बनारस a holy place), Bhūta (भूत a being, ghost), Bhuvana (भुवन world), Bansī (बंसी flute), Bānsurī (बांसुरी flute), Bāṇ (बाण arrow), Bāṇa (बाण a great poet), Beṭā (बेटा son), Beṭī (बेटी daughter), Bahut (बहुत very), Badal (बादल cloud), Bijlī (बिजली electricity), Bīja (बीज seed), Bindu (बिंदु drop), Bindī (बिंदी dot), Bargad (बरगद Banyan tree), Bandar (बंदर monkey)

OPTIONAL :

K-Words to Remember (क) : Krishṇa (कृष्ण), Keshav (केशव krishna), Kānhā (कान्हा), Kamlākar (कमलाकर Vishnu), Kamalanayana (कमलनयन Vishnu), Kamalā (कमला Lakshmi), Kesarī (केसरी Hanuman's fathe), Kesarīnandan (केसरीनंदन Hanuman), Kapīsh (कपीश Hanuman), Kush (कुश Rama's son), Kripāchārya (कृपाचार्य Arjun's guru), Kubera (कुबेर god of wealth), Kālindī (कालिंदी Yamuna), Krishṇā (कृष्णा a holy river), Kāverī (कावेरी a holy river), Kalinga (कलिंग Orissa), Kaṇva (कण्व a sage), Kapila (कपिल a sage), Kardama (कर्दम a sage), Kashyap (कश्यप a sage),

Kaṇād (कणाद a sage), Kaurava (कौरव Pandavas' brothers), Kāla (काल god of death), Kalī (काली Parvati), Kalidāsa (कालिदास greatest Sanskrit poet), Koshal (कोशल Ayodhya), Kaliyā (कालिया a snake), Ketu (केतु a comet), Kubjā (कुब्जा Manthara), Kaikeyī (कैकेयी Bharat's mother), Karṇa (कर्ण Arjun's brother), Kausalyā (कौसल्या Rama's mother), Kaṁsa (कंस Krishna's bad uncle), Kuntī (कुंती Arjun's mother), Kurukshetra (कुरुक्षेत्र a holy place), Kanyākumarī (कन्याकुमारी a holy place), Kashi (काशी a holy place), Kānyakubja (कान्यकुब्ज a holy place), Kaniṣka (कनिष्क a great king), Koṭi (कोटि ten million), Kavya (काव्य poetry), Karma (कर्म deed), Kurma (कुर्म turtle), Kāmadhenu (कामधेनु wish giving cow), Kamal (कमल lotus), Kesarī (केसरी lion), Kiraṇ (किरण ray), Kusum (कुसुम flower), Kanchan (कांचन gold), Kesh (केश hair), Kalā (कला art), Kripā (कृपा mercy), Kumār (कुमार bay), Kumārī (कुमारी girl), Kanyā (कन्या daughter), Kīrtan (कीर्तन), Kapi (कपि monkey).

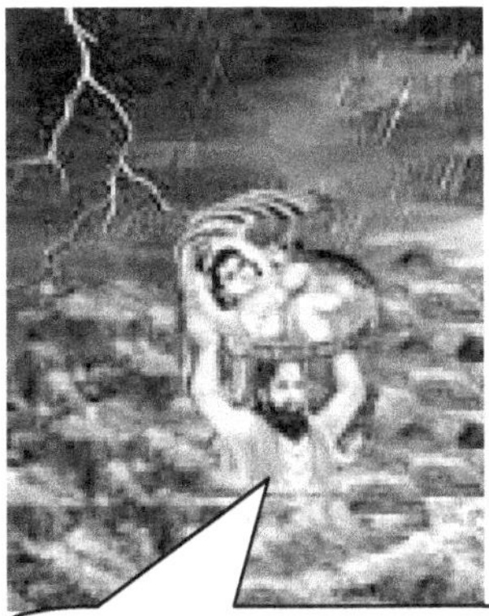

Vasudeva वसुदेव (vishnu)

Vāsudeva वासुदेव (krishna)

Viṣhṇu विष्णु

Vyāsa व्यास

Viṭṭhala विठ्ठल (vishnu)

Vidyadevi विद्यादेवी (sarasvati)

Brahmā ब्रह्मा

Buddha बुद्ध

Bānsurīvālā बांसुरीवाला (krishna)

Kānhā कान्हा (krishna)

Kamal कमल (lotus)

Kesarī केसरी (lion)

(3.2) Letters प pa, ष ṣa, फ pha, fa

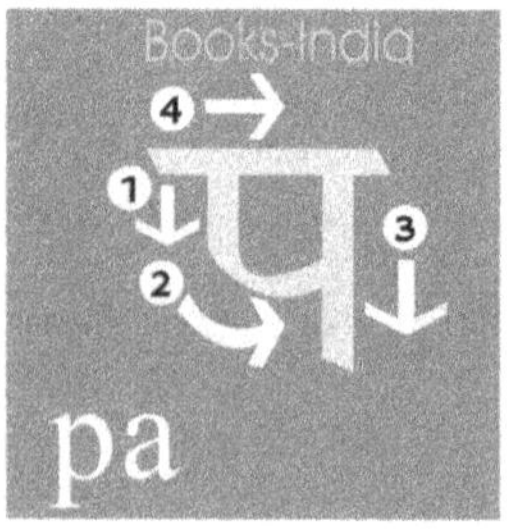

pa

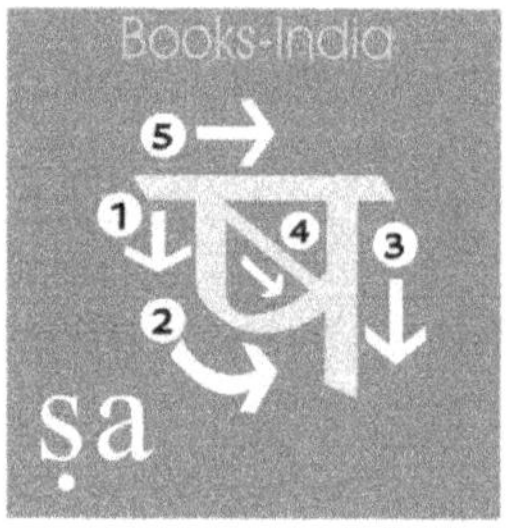

ṣa

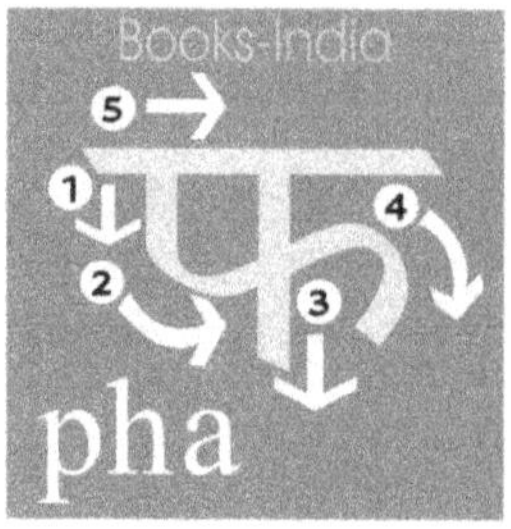

pha, fa

EXERCISE 2 : Read and Write the following in Hindī :

1. kapa, ka **2.** paṣa, kaṣa **3.** pha, ba, ka, ṣa, pa, pava **4.** bakabaka, kaba

5. पव, पफ **6.** कप, कब **7.** कष, पष, कफ **8.** वफ, वब, पफब

ANSWERS and VOCABULARY: ***1.*** *कप, क* ***2.*** *पष, कष* ***3.*** *फ, ब, क, ष, प, पव* ***4.*** *बकबक (chatter), कब (when?)* ***5.*** *pava, papha* ***6.*** *kap (cup), kab (when?)* ***7.*** *kaṣa, paṣa, kaph (cough)* ***8.*** *vapha, vaba, paphaba.*

OPTIONAL : You may read the optional Hindi words in your second reading of the book.

P-Words to Remember (प) : Pārvatī (पार्वती Shiva's wife), Padmanābh (पद्मनाभ Vishnu), Parshurām (परशुराम Vishnu's avatar), Pāṇdurang (पांडुरंग Krishna), Pāñchalī (पांचाली Draupadi), Pāṇḍava (पांडव Arjuna), Pāṇini (पाणिनि a Sanskrit grammarian), Pārtha (पार्थ Arjun), Partha-sārathi (पार्थसारथि Krishna), Pritha (पृथा Kunti), Pavan (पवन Hanuman's father), Pradyumna (प्रद्युम्न Krishna's son), Prahlād (प्रल्हाद a devetee boy), Parāshar (पराशर a saint), Parikṣhit (परीक्षित Arjun's grandson), Piṅgala (पिंगल chhand writer), Purandar (पुरंदर Indra), Parantap (परंतप Krishna, Arjun), Pūtanā (पूतना Kamsa's sister), Prajāpati (प्रजापति son of Brahma), Pratap (प्रताप Maharana Ptatap), Pāñchajanya (पांचजन्य Krishna's conch shell), Pauṇḍra (पौंड्र Bhima's conch shell), Prakriti (प्रकृति nature), Puruṣha (पुरुष person), Pañchatantra (पंचतंत्र our ancient storybook), Prayāg (प्रयाग a holy place), Pañchavaṭī (पंचवटी Rama's place in forest), Puṣhpak (पुष्पक a divine airplane), Purāṇa (पुराण ancient scripture), Purohit (पुरोहित doctor), Prabhākar (प्रभाकर sun), Pūjā (पूजा worship), Padma (पद्म lotus), Puṣhpa (पुष्प flower), Parvat (पर्वत mountain), Pātāl (पाताल hell), Pañchāṅg (पंचांग

calendar), Prem (प्रेम love), Prīt (प्रीत love), Prashna (प्रश्न question), Pañch (पंच five), Punarjanma (पुनर्जन्म rebirth), Prāṇa (प्राण life), Prāṇī (प्राणी living being), Pavitra (पवित्र holy), Pāvan (पावन holy), Paṅkaj (पंकज lotus), Pralay (प्रलय dissolution), Purṇa (पूर्ण full), Prajā (प्रजा people), Prabha (प्रभा light), Prabhāt (प्रभात morning), Prakāsh (प्रकाश light), Pik (पिक Koyal black bird), Pujārī (पुजारी priest), Pārā (पारा mercury), Pāṭhshālā (पाठशाला school), Prasād (प्रसाद blessing), Prāsād (प्रासाद palace), Puṇya (पुण्य merit), Pāp (पाप sin), Paisā (पैसा money), Parṇa (पर्ण leaf), Pramāṇa (प्रमाण a proof), Pānī (पानी water), Prīti (प्रीति love), Pitā (पिता father), Prabhu (प्रभु lord)

OPTIONAL :

Ṣh-Words to Remember (ष) : Ṣaṭ (षट् six), Ṣaṣṭha (षष्ठ 6th), Ṣoḍasha (षोडश 16)

OPTIONAL :

Ph,f-Words to Remember (फ) : Fālguna (फाल्गुन Arjun), Fālguna (फाल्गुन march month), Fulzaḍī (फुलझड़ी sparkler), Fulel (फुलेल scent), Fal (फल result, fruit)

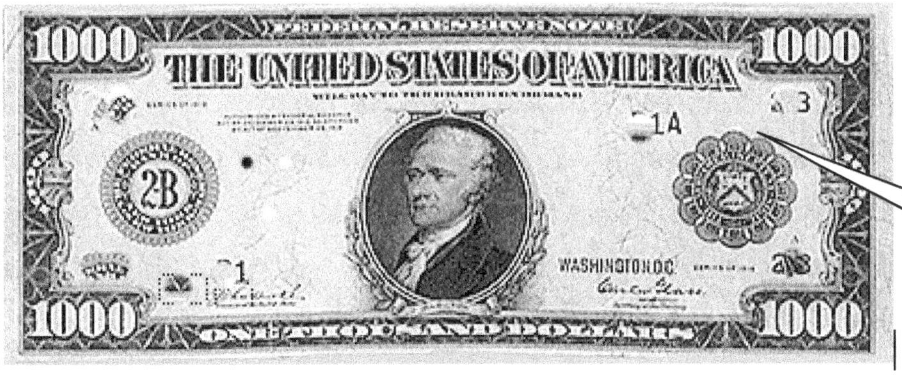

(3.3) Letters त ta, न na, ग ga, and म ma, भ bha, ण ṇa

(Shown with White Colour on the Back Cover)

ta

na

ga

ma

bha

ṇa

EXERCISE 3 : Read and Write the following in Hindī

1. क, ब, व, ब **2.** कक, कब, कव **3.** बब, बक **4.** वव, वक, वब **5.** कबव, कवब **6.** वबक, बकव **7.** म, न, त **8.** तत, तन **9.** कक, वब **10.** गबन, भव, मगन, वतन, वन, वमन, कम, नभ, नव, नमन, तब, बम, मनन **11.** ष, प, फ, म, भ, न, त, वतन, भगत, गमन, मनन, पवन।

ANSWERS AND VOCABULARY : ***1.*** *ka, ba, va, ba* ***2.*** *kaka, kaba (when?), kava* ***3.*** *baba, baka* ***4.*** *vava, vaka, vaba* ***5.*** *kabava, kavaba* ***6.*** *vabaka, bakava* ***7.*** *ma, na, ta* ***8.*** *tata, tan (body)* ***9.*** *kaka, vaba* ***10.*** *gaban (embezzlement), bhava, magan (engrosses), vatan (motherland), van (forest), vaman (vomit), kam (less), nabh (sky), nav (new), naman (salute), tab (then), bam (bomb), manan (meditation)* ***11.*** *Pa, pa, pha, ma, bha, na, ta, vatan (motherland), bhagat (devotee), gaman (going), manan (contemplation), pavan (wind).*

OPTIONAL : You may read the optional Hindi words in your second reading of the book.

T-Words to Remember (त) : Tulsīdās (तुलसीदास author of Ramacharit-manas), Tānājī (तानाजी a Shivaji's commander), Tārā (तारा Bali's wife), Tāḍikā (ताड़िका Subahu's mother), Tārkāsur (तारकासुर a demon), Tumbar (तुंबर a celestial musician), Tātyā Tope (तात्या टोपे a commander of Rani Jhansi), Tuṅgabhadrā (तुंदाभद्रा a holy river), Tāpi (तापी a holy river), Takṣhashilā (तक्षशिला a holy city), Tirupati (तिरुपति a holy place), Turang (तुरंग horse), Takṣhak (तक्षक snake), Trishūl (त्रिशूल trident), Tyāg (त्याग sacrifice), Tap (तप pinance), Trilok (त्रिलोक three worlds), Tulsī (तुलसी a sacred plant), Tāmra (ताम्र copper)

OPTIONAL :

N-Words to Remember (न) : Nārad (नारद celestial sage), Nakul (नकुल Arjun's brother), Narsimha (नरसिंह Vishnu's avatar), Nandkumār (नंदकुमार Krishna), Narmadā (नर्मदा a holy river), Nāthdwār (नाथद्वार a holy place), Niṣhṭhā (निष्ठा faith), Nīr (नीर water), Nayan (नयन eye), Nagarī (नगरी city), Nām (नाम name), Nāch (नाच dance), Nāṭak (नाटक drama), Navīn (नवीन new), Nūtan (नूतन new)

OPTIONAL :

G-Words to Remember (ग) : Ganesha (गणेश God of learning), Gaṇapati (गणपति Ganesha), Gajānana (गजानन Ganesha), Govind (गोविंद Krishna), Guru Govind Singh (गुरु गोविंद सिंह), Girishar (गिरिधर Krishna), Gāṅgeya (गांगेय Bhishma), Gaurī (गौरी Parvati), Godāvarī (गोदावरी a holy river), Govardhan (गोवर्धन a holy mountain), Gaṅgā (गंगा a holy river), Gaṅgādhar (गंगाधर shivaji), Girīsh (गिरीश Himalay), Gamatī (गोमती a holy river), Garuḍ (गरुड़ a holy bird), Gandharva (गंधर्व celestial musician), Giri (गिरि mountain), Gadā (गदा mace), Guru (गुरु teacher), Gīt (गीत song), Gāy (गाय cow)

OPTIONAL :

M-Words to Remember (म) : Mohan (मोहन Krishna), Mādhav (माधव Krishna), Murlidhar (मुरलीधर Krishna), Murāri (मुरारी Krishna), Madhusūdan (मधुसूदन Krishna), Māruti (मारुति Hanuman), Mahādev (महादेव Shiva), Mahādevī (महादेवी Parvati), Māyā (माया Lakshmi), Maithilī (मैथिली Sita), Māndhātā (मांधाता a holy king), Manu (मनु a Brahma's son), Mandākini (मंदाकिनी Ganga), Mīra (मीरा), Mathurā (मथुरा Krishna's birth-place), Mitra (मित्र sun, friend), Mātā (माता mother, goddess), Meru (मेरु mountain), Murlī (मुरली flute), Mor (मोर peacock), Mukuṭ (मुकुट crown), Mokṣha (मोक्ष liberation), Mukti (मुक्ति liberation), Mangal (मंगल auspicious), Mahān (महान great), Muni (मुनि sage), Mandir (मंदिर Temple)

OPTIONAL :

Bh-Words to Remember (भ) : Bhagvān (भगवान् God), Bhagvatī (भगवती Goddess, Parvati), Bharat (भरत Rama's brother), Bhārat (भारत India), Bhīṣhma (भीष्म Arjuna's guru), Bhagavatī (भगवती Parvati), Bhavānī (भवानी Parvati), Bhālachandra (भालचंद्र shivaji), Bhīma (भीम Arjun's brother), Bhāgīrathī (भागीरथी Ganga), Bharadvāj (भरद्वाज a sage), Bhrigu (भृगु a sage), Bhadrāchalam (भद्राचलम् a holy place), Bhagvā (भगवा a holy flag), Bhagat (भगत devotee), Bhāgya (भाग्य furtune), Bhānu (भानु sun), Bhagavadgītā (भगवद्गीता Gita), Bhakti (भक्ति devotion)

OPTIONAL : You may read the optional Hindi words in your second reading of the book.

Ṇ-Words to Remember (ण) : No word in Hindi begins with letter ṇ (ण), therefore, some words which have ṇ, (ण) in them are given for example. Kaṇād (कणाद a sage), Lakṣhmaṇ (लक्ष्मण Rama's brother), Pāṇini (पाणिनि Sanskrit grammarian), Aruṇī (आरुणी an obdient boy), Rāvaṇa (रावण king of Lanka), Prāṇa (प्राण life), Praṇī (प्राणी living being), Aruṇa (अरुण sun), Vīṇā (वीणा), Veṇu (वेणु flute), Kaṇ (कण particle), Pūrṇa (पूर्ण full), Parṇa (पर्ण leaf), Maṇi (मणि bead)

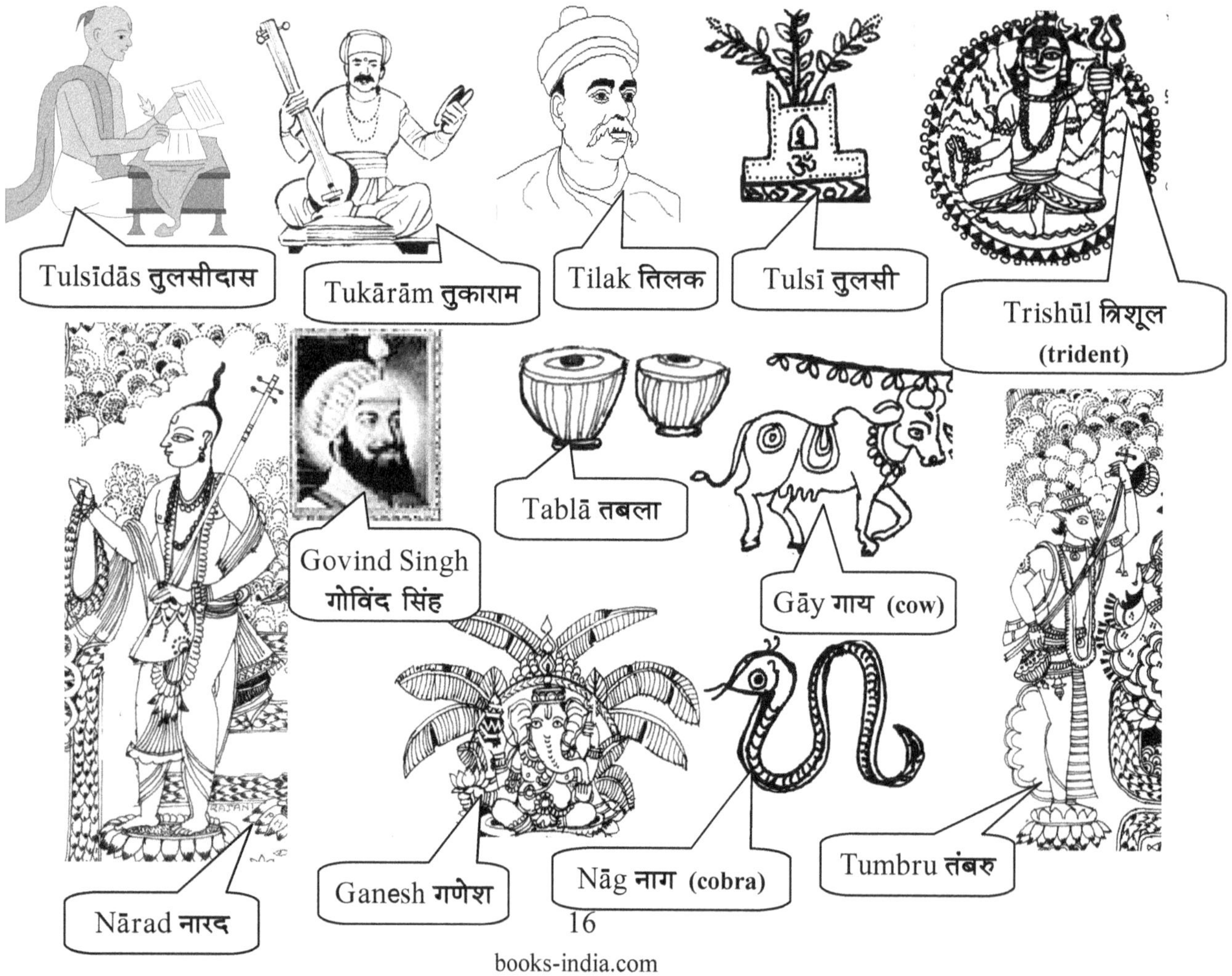

Mā̃ माँ (Mother)
Mātaa-pitā माता पिताँ (Mother-father)
Bhārat-Mātā भारत–माता
Bhārat भारत (India)
bāṇ बाण (arrow)
Mor मोर (Peacock)
Pūjā पूजा
Mīrā मीरा
Bandar बंदर (monkey)
Paṇḍit पंडित
Gaj गज (elephant)
Garūḍa गरूड़
Talwār तलवार (sword)
Gadā गदा (mace)
Bargad बरगद (Banyan Tree)

(3.4) vowels अ a, आ ā, इ i, ई ī

(Shown with yellow and white colours on the Back Cover)

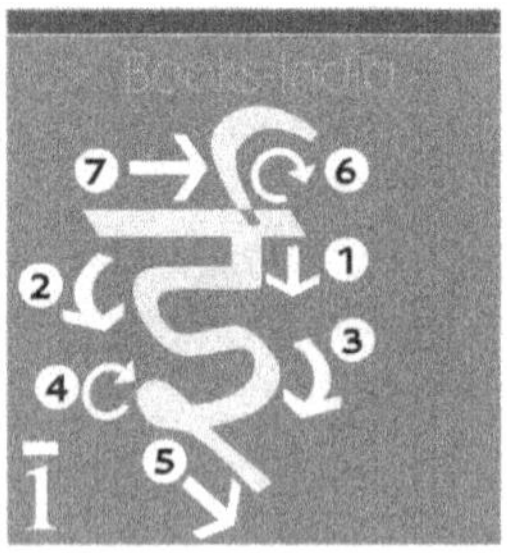

a

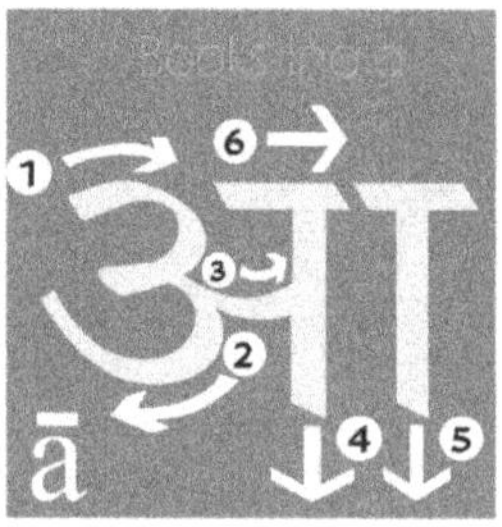

ā

i

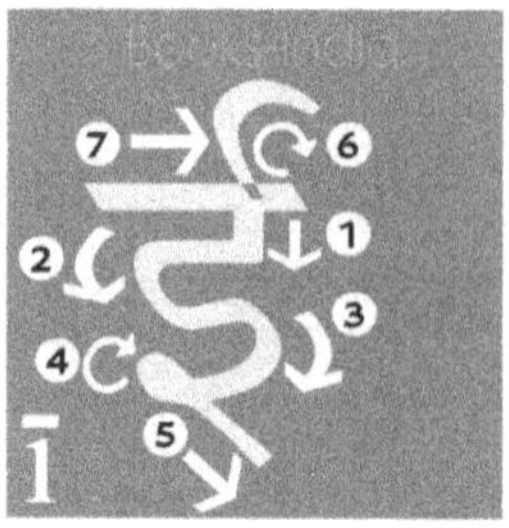

ī

Vowel Signs : ा ि ी

EXERCISE 4 : Read and Write the following in Hindī

अब, काका, कई, बाबा, इक, पाप, नाता, तीन, कवि, गीता, मीन, भाई, इतना, कितना? पानी, बाण, फणि ।

ANSWERS AND VOCABULARY: अब (*ab* now), काका (kākā uncle), कई (*kaī* many), बाबा (*bābā* father), इक (*ik* one), पाप (*pāp* sin), नाता (*nātā* relation), तीन (*tin* three), कवि (*kavi* poet), गीता (*Gītā* a holy book), मीन (*mīn* fish), भाई (*bhāī* brother), इतना (*itnā* this much), कितना? (*kitnā* how much?) पानी (*pānī* water), बाण (*bāṇ* arrow), फणि (*faṇi* cobra)

OPTIONAL : You may read the optional Hindi words in your second reading of the book.

A-Words to Remember (अ) : Atharva-ved (अथर्ववेद), Arjun (अर्जुन), Achyuta (अच्युत Krishna), bhimanyu (अभिमन्यु Arjuna's son), Ambā (अंबा Parvati), Añjanã (अंजना Hanuman's mother), Akrūr (अक्रूर Krishna's uncle), Ambarīsh (अंबरीश a king), Angīras (अंगीरस a sage), Agastya (अगस्त्य a sage), Ashvinikumar (अश्विनिकुमार two sons of Sun), Aṣṭāvakra (अष्टावक्र a philosopher), Atri (अत्रि a sage), Ashoka (अशोक a king), Ayodhyā (अयोध्या Rama's birth place), Alaknandā (अलकनंदा Ganga), Avatār (अवतार incarnation), Ahimsā (अहिंसा non-violence), Agni (अग्नि fire), Ashva (अश्व horse), Arvind (अरविंद lotus), Amrit (अमृत nectar), Anna (अन्न food), Agha (अघ sin), Amar (अमर immortal)

OPTIONAL :

Ā-Words to Remember (आ) : ātmā (आत्मा soul), āditya (आदित्य sun), ārtī (आरती prayer), ārādhanā (आराधना worship), ānand (आनंद joy), āj (आज today), ārya (आर्य noble), āsana (आसन seat), ākāsh (आकाश sky), ākriti (आकृति figure), ādar (आदर respect), āg (आग fire), āgneya (अग्नेय South/East), āshā (आशा hope), āgyā (आज्ञा order), Aarya-Samāj (आर्य-समाज)

OPTIONAL :

i-Words to Remember (इ) : Indra (इन्द्र king of gods), Indirā (इंदिरा Lakshmi), Indrajīta (इंद्रजीत Ravana's son), Irāvan (इरावन Arjun's son), Indraprastha (इंद्रप्रस्थ Pandavas' capital, ancient Delhi), Indu (इंदु moon)

OPTIONAL :

I-Words to Remember (ई) : īshvara (ईश्वर God), īsha (ईश God), īshvara (ईश्वर Dod), īshān (ईशान North/East), īndhan (ईंधन fuel), īrshā (ईर्षा jelousy), īhā (ईहा desire)

ūparwālā ऊपरवाला (God)

Umā उमा (Parvati

Riṣhi ऋषि (Sage)

Achyuta अच्युत (krishna)

Omkar ओंकार (Om)

īsh ईश (God)

RULES for writing VOWELS

(i) When a word begins with a vowel, that vowel must be written in its letter form.

(ii) When a vowel comes after a consonant, the vowel is attached to the consonant in its sign (*mātrā* मात्रा) form.

(iii) When two vowels come in a row, the second vowel is written in its letter form.

EXAPLES for the three Vowel Rules :

Rule **(i)** Now = ab अब, You = āp आप, Here = idhar इधर, There = udhar उधर

Rule **(ii)** Mother = māta माता, Father = pitā पिता, Poet = kavi कवि, Three = tīn तीन

Rule **(iii)** Mirror = āīnā आईना (two vowels आ and ई came in a row, Rule (i) for vowel आ and Rule (iii) for vowel ई)

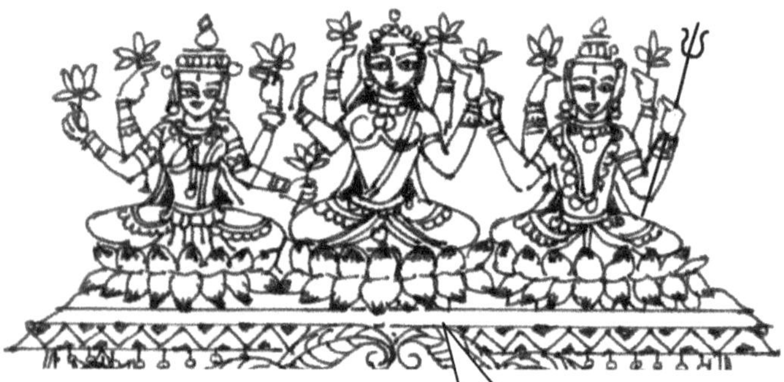

LESSON 3 : ASSIGNMENTS

Individual Student Assignment :

1. Each student should be able to recognize, read and write the words given in Exercises 1, 2 and 3.
2. Write at least two words each beginning with the letters व, ब, क, प, त, न, ग, म, अ, आ, इ
3. Each student should be able to read any word written with letters व, ब, क, प, ष, फ, त, न, ग, म, भ, ण, अ, आ, इ, ई

Music Activity :

1. Learn and sing the Sarasvati Prayer : Half of the prayer for junior students in junior group; and full prayer for senior students in senior group.
2. Learn to play the Sarasvarti prayer on Harmonium and Tablā (with your teacher).
3. Practice it after each lesson to learn it properly. Half prayer for Junior Students and full prayer for Senior students.

Class Group Activity :

Make groups of 3 to 5 students in each group. Students in each group make a poster on the life of any person given in the OPTIONAL : V-words, B-words, K-words, P- words, T-words, N-words, G-words or M-words and Pictures. The poster should have Colours, Pictures and Text arranged in an artistic manner.

Home Work :

Write a one page essay (in English or Hindi-English) on any person/object given in the OPTIONAL : V-words, B-words, K-words, P- words, T-words, N-words, G-words or M-words

Research Activity :

Research and find out which of the OPTIONAL : व, ब, क, प, ष, फ, त, न, ग, म, भ, ण, अ, आ, इ, ई-words given above are related to the Temple activities or Hindu culture.

LESSON 4

READING AND WRITING HINDI LETTERS

च cha, ज ja, ञ ña, ल la

घ gha, ध dha, छ chha

र ra, स sa, ख kha, श sha

उ u, ऊ ū, ऋ ri

(4.1) Lerrter : च cha, ज ja, ञ ña, ल la

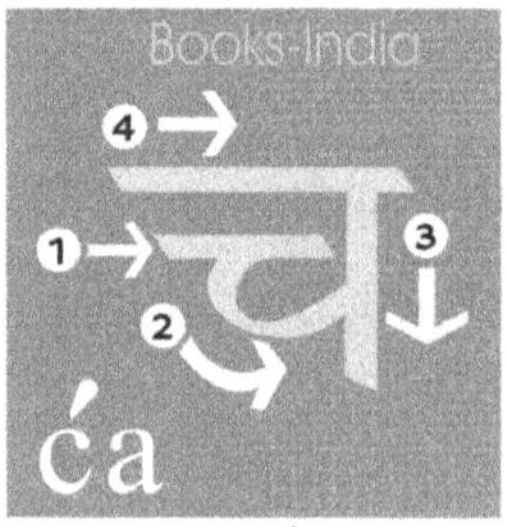

cha

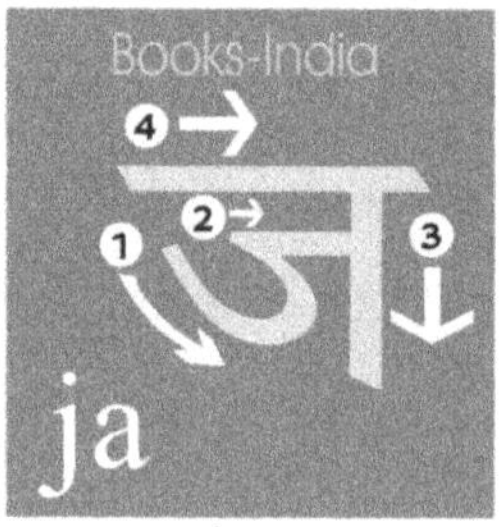

ja

ña

la

NOTE : Character ñ (ञ्) is rarely used in Hindī. It is used in Sanskrit language.

EXERCISE 5 : Read and Write the following in Hindī :

1. कप, चमचम
2. तन, मन, गगन
3. भगत, पतन, मनन
4. भव, गण, गणक
5. नल, लगन
6. पलक, बन, पग, गम
7. जल, चल, मल
8. कण, कल, पल
9. मत, तम

ANSWERS AND VOCABULARY : 1. *kap (cup), chamcham (a sweet)* ***2.*** *tan (body), man (mind), gagan (sky)* ***3.*** *bhagat (devotee), patan (downfall), manan (contemplation)* ***4.*** *bhav (world), gaṇ (class), gaṇak (computer)* ***5.*** *nal (water tap), lagan (devotion)* ***6.*** *palak (wink), ban (forest), pag (step), gam (sorrow)* ***7.*** *jal (water), chal (let us go), mal (dirt)* ***8.*** *kaṇ (particle), kal (tomorrow, yesterday), pal (moment)* ***9.*** *mat (don't!), tam (darkness).*

OPTIONAL : You may read the optional Hindi words in your second reading of the book.

Ch-Words to Remember (च) : Charak (चरक a doctor sage), Chaṇḍikā (चंडिका Parvati), Chāṇūra (चाणूर Kamsa's wrestler), Chyavana (च्यवन a saint), Chandra (चंद्र moon), Chandan (चंदन sandlewood), (चक्र wheel), Chetnā (चेतना awakening), Chintā (चिंता worry), Chamelī (चमेलकि Jasmine)

OPTIONAL :

J-Words to Remember (ज) : Janak (जनक Sita's father), Jānakī (जानकी Sita), Jāhnavī (जाह्नवी Sita), Jaṭādhar (जटाधर Shiva), Jagannāth (जगन्नाथ Krishna), Jagadīsh (जगदीश God), Janārdan (जनार्दन Krishna), Jāmbuvān (जांबुवान Hanuman's friend), Janmejay (जन्मेजय Abhimanyu's grandson), Jaṭāyu (जटायु Rama's devotee bird), Jayadrath (जयद्रथ Duryodhan's brother-in-law), Jābāli (जाबाली a sage), Jāmini (जामिनि a sage), Janhu (जन्हु a king), Jarāsandh (जरासंध a wicket king), Jal (जल water), Jay (जय victory), Jīt (जीत victory), Jwāla (ज्वाला flame), Jambūk (जंबूक bear), Jambula (जंबूल plum), Jīvan (जीवन life), Jagat (जगत world), Jyoti (ज्योति flame), Jyotish (ज्योतिष fortune), Jap (जप chant), Jan (जन person), Jaṭā (जटा hair), Jaṭādhar (जटाधर Shiva), Janama (जन्म birth), Jananī (जननी mother)

OPTIONAL :

L-Words to Remember (ल) : Lakshmī (लक्ष्मी goddess of wealth), Lakshmaṇ (लक्ष्मण Rama's brother), Lav (लव Rama's son), Lankesha (लंकेश Ravana), Lipī (लिपी script), Lakshaṇa (लक्षण a sign), Līlā (लीला magic), Lochan (लोचन eye), Lāl (लाल son; red colour), Lok (लोक world)

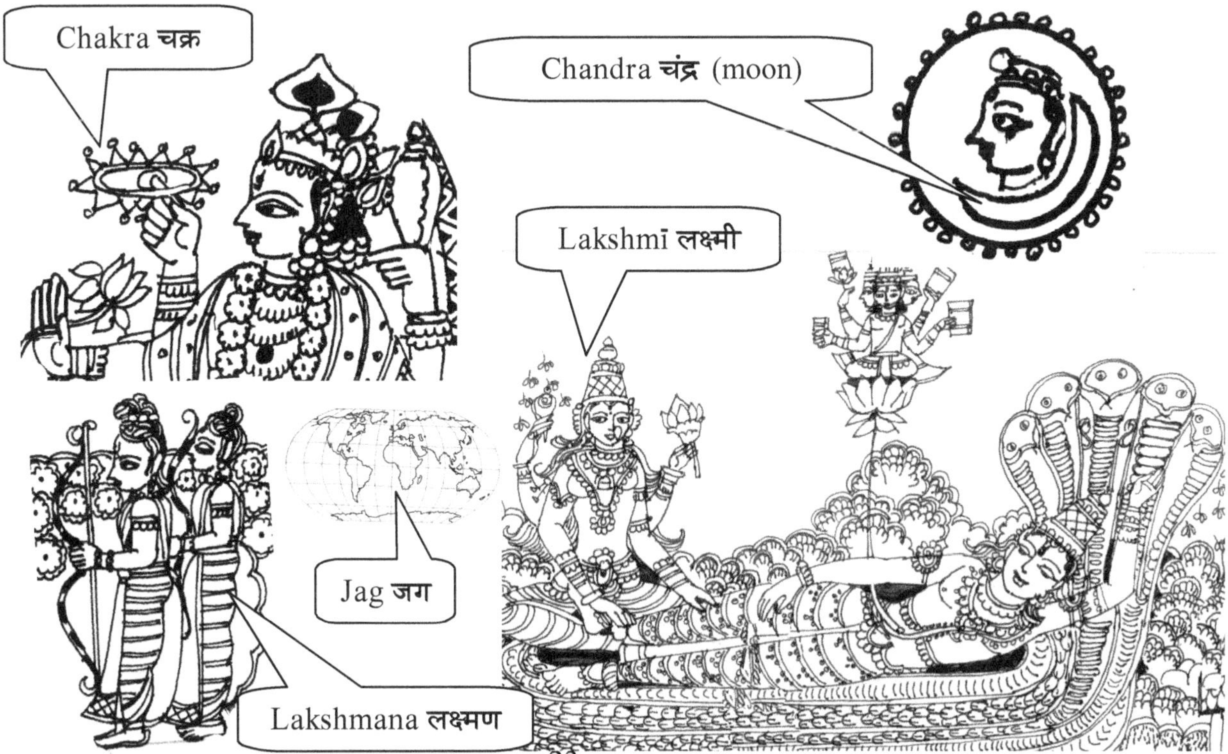

(4.2) Letters : घ gha, ध dha, छ chha

gha

dha

chha

EXERCISE 6 : Read and Write the following characters.

1. ज, च, ञ **2.** ल, ज, च **3.** क, ल **4.** गणक, जलज

5. च, ज, ल, **6.** र, स, ख, श **7.** रस, शर, रख, सच

8. सन, फल **9.** कमल, सरल **10.** शतक, फरक, परख, भरत, चमन, शकल

11. लगन, वजन, सब, सच **12.** बम, बरफ, चपल

13. मगज, जल, खल, नर, पर, सम **14.** चमक, चल, चख

15. जज, छल, जग, घर **16.** धन, कब, वध, शक, मगज

ANSWERS AND VOCABULARY :

1. *ja, ca, ña* ***2.*** *la, ja, cha* ***3.*** *ka, la* ***4.*** *gaṇak (counter), jalaj (aquatic)* ***5.*** *cha, ja, la* ***6.*** *ra, sa, kha, śa* ***7.*** *ras (juice), shar (arrow), rakh (keep), sach (true)* ***8.*** *san (year), fal (fruit)* ***9.*** *kamal (lotus), saral (easy)*

10. *śatak (century), farak (difference), parakh (assay), bharat (Bharat), chaman (garden), shakal (face)* ***11.*** *lagan (devotion), vajan (weight), sab (all), sach (truth)* ***12.*** *bam (bomb), baraf (ice), chapal (quick)* ***13.*** *magaj (brain), jal (water), khal (enemy), nar (man), par (other), sam (equal)* ***14.*** *chamak (shine), chal (let us go), chakha (taste)*

15. *jaj (judge), chhal (deception), jag (world), ghar (house)* ***16.*** *dhan (wealth), kab (when?), vadh (murder), shak (doubt), magaj (brain).*

(NOTE : The words like *shakal, baraf, farak* are in their distorted but popular forms, actually the proper forms are *shakl, barf, fark,* with compound characters which are covered in lesson 6).

<u>OPTIONAL</u> : **You may read the optional Hindi words in your second reading of the book.**

<u>Gh-Words to Remember</u> (घ) : Ghanashyām (घनश्याम Krishna), Ghaṭotkach (घटोत्कच Bhima's son), Ghī (घी clarified butter), Ghaṭ (घट jug), Ghoḍā (घोड़ा horse), Ghaṇṭī (घंटी bell), Ghor (घोर terrible)

<u>OPTIONAL</u> :

<u>Dh-Words to Remember</u> (ध) : Dhandevī (धनदेवी Lakshmi), Dhanañjay (धनंजय Arjuna), Dharma (धर्म Rightousness), Dharmarāj (धर्मराज Yudhishthir), Dharmaputra (धर्मपुत्र Yudhishthir), Dhrishṭadyumna (धृष्टद्युम्न Draupadi's brother), Dhruva (ध्रुव a boy devotee), Dhritarāṣhṭra (धृतराष्ट्र Kaurav king), Dhanuṣh (धनुष a bow), Dhenu (धेनु cow), Dhūpabattī (धूपबत्ती stick of incense), Dhvaja (ध्वज flag), Dhām (धाम place), Dhvani (ध्वनि sound), Dharti (धरती earth), Dhyāna (ध्यान focus)

<u>OPTIONAL</u> :

<u>Chh-Words to Remember</u> (छ) : Chhatra (छत्र umbrella), Chhātra (छात्र student), Chhanda (छंद meter), Chhāyā (छाया shelter), Chhavi (छवि image), Chhal (छल deceit), Chhah (छह six), Chhoṭā (छोटा small), Churī (छुरी knife), Chhadma (छद्म deceit)

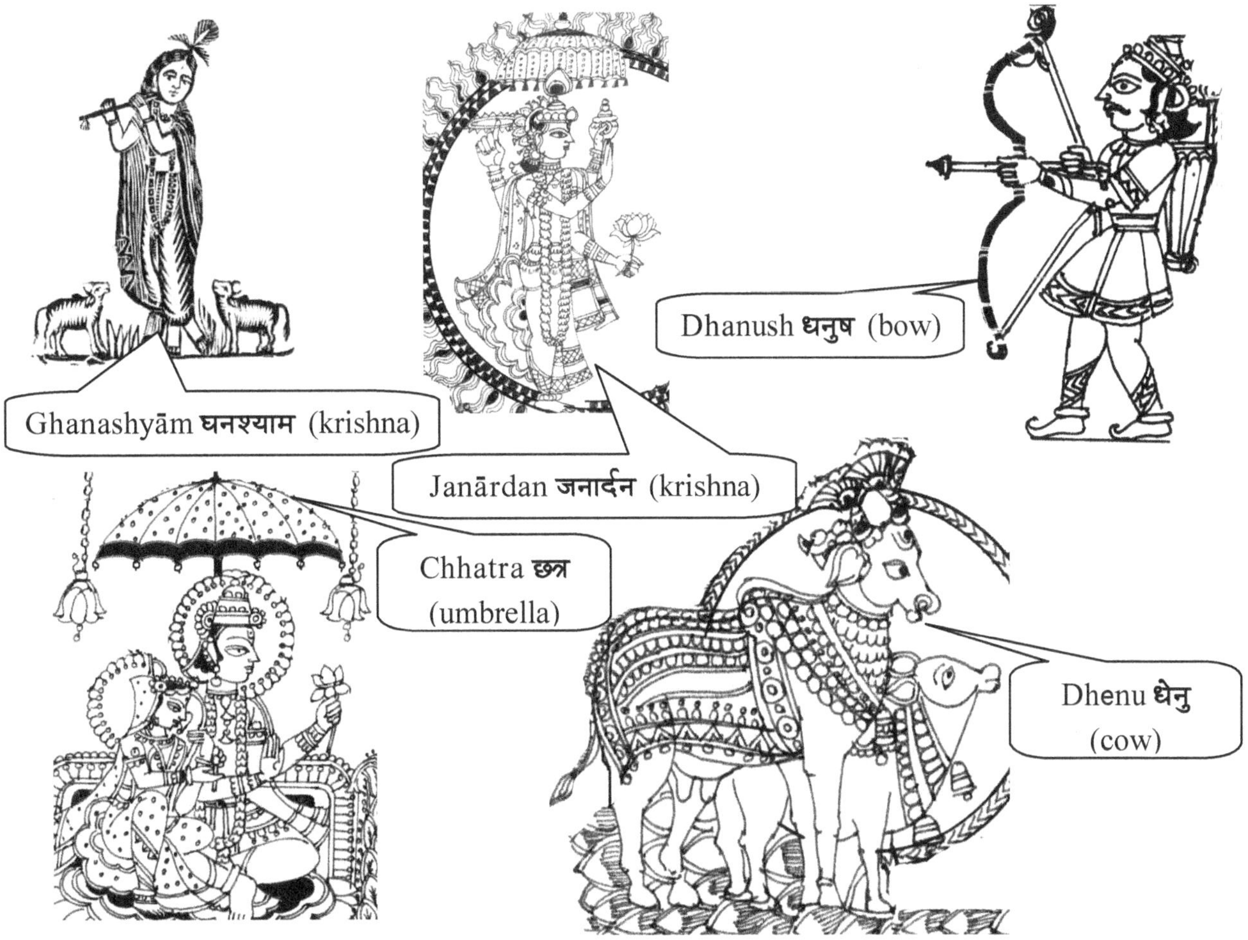

(4.3) Letters : र ra, स sa, ख kha, श sha

ra

sa

kha

sha

OPTIONAL : You may read the optional Hindi words in your second reading of the book.

R-Words to Remember (र) : Rādhā (राधा), Rādheshyām (राधेश्याम), Rām (राम), Ratnākar (रत्नाकर Krishna), Rāmāyaṇ (रामायण), Ramesh (रमेश Vishnu), Rukmiṇī (रुक्मिणी Krishna's wife), Ramā (रमा Lakshmi), Rumā (रुमा Sugriv's wife), Rāvaṇ (रावण), Rohiṇī (रोहिणी Balram's mother), Rudra (रुद्र Shiva), Rāhu (राहु a comet), Ravi (रवि sun), Rāshi (राशि zodiac), Rākṣhas (राक्षस demon), Rājā (राजा king), Rath (रथ chariot), Raṇ (रण battlefield), Rājpūt (राजपूत warrior), Rās (रास a dance)

OPTIONAL :

S-Words to Remember (स) : Sāmaveda (सामवेद), Sitā (सीता), Sarasvatī (सरस्वती), Subhadrā (सुभद्रा Krishna's sister), Sudāmā (सुदामा Krishna's friend), Sumitrā (सुमित्रा Lakshman's mother), Swāmī-Nārāyaṇ (स्वामी–नारायण), Sadāshiiva (सदाशिव Shiva), Suresh (सुरेश Indra), Skand (स्कंद Shiva's son), Surendra (सुरेंद्र Indra), Subramanya (सुब्रमण्य Skand), Satyavatī (सत्यवती Vyasa's mother), Sāvitrī (सावित्री Gayatri's sister), Sūta (सूत Vyasa's disciple), Satyavān (सत्यवान Savitri's husband), Sahadev (सहदेव Arjuna's brother), Satyanārāyaṇ (सत्यनारायण Vishnu), Sañjay (संजय Dhritarashtra's secretary), Sugrīva (सुग्रीव Bali's brother), Satya (सत्य truth), Sūrya (सूर्य sun), Sur (सुर God), Suman (सुमन flower), Swāmī (स्वामी master), Sukh (सुख happiness), Samay (समय time), Sundar (सुंदर beautiful), Strī (स्त्री woman), Sanātan Dharna (सनातन धर्म Ancient Hinduism)

OPTIONAL :

Kh-Words to Remember (ख) : Khar (खर Ravana's friend), Khaḍga (खड्ग sword), Khag (खग bird), Khagendra (खगेंद्र Garuda, eagle), Khaṭmal (खटमल bedbug), Khal (खल villain), Khīr (खीर

porridge), Khādī (खादी a handmade cotton cloth)

OPTIONAL : You may read the optional Hindi words in your second reading of the book.

Śh-Words to Remember (श) : Shrī (श्री Lakshmi), Shiva (शिव), Shankar (शंकर Shiva), Shyām (श्याम Krishna), Shankarāchārya (शंकराचार्य a great Hindu scholar), Shalagrām (शालग्राम Shiva), Shatrughna (शत्रुघ्न Rama's brother), Shivāji (शिवाजी a great Hindu king), Shūrpaṇkhā (शूर्पणखा Ravana's sister), Shūrsen (शूरसेन Kunti's father), Shuka (शुक Vyasa's son), Shakuntalā (शकुंतला Vishvamitra's daudhter), Shalya (शल्य Madri's brother), Shantanu (शंतनु Bhishma's father), Shabarī (शबरी Rama's devotee woman), Shrāvaṇa (श्रावण a faithful boy), Subhāsh Chandra Bose (सुभाष चंद्र बोस a great Hindu), Shirḍī (शिरडी a holy place), Shani (शनि a god), Shrīraṅgam (श्रीरंगम a holy place), Shankha (शंख conch shell), Shraddhā (श्रद्धा faith), Shubha (शुभ auspicious), Shakti (शक्ति power), Shri-yantra (श्री-यंत्र)

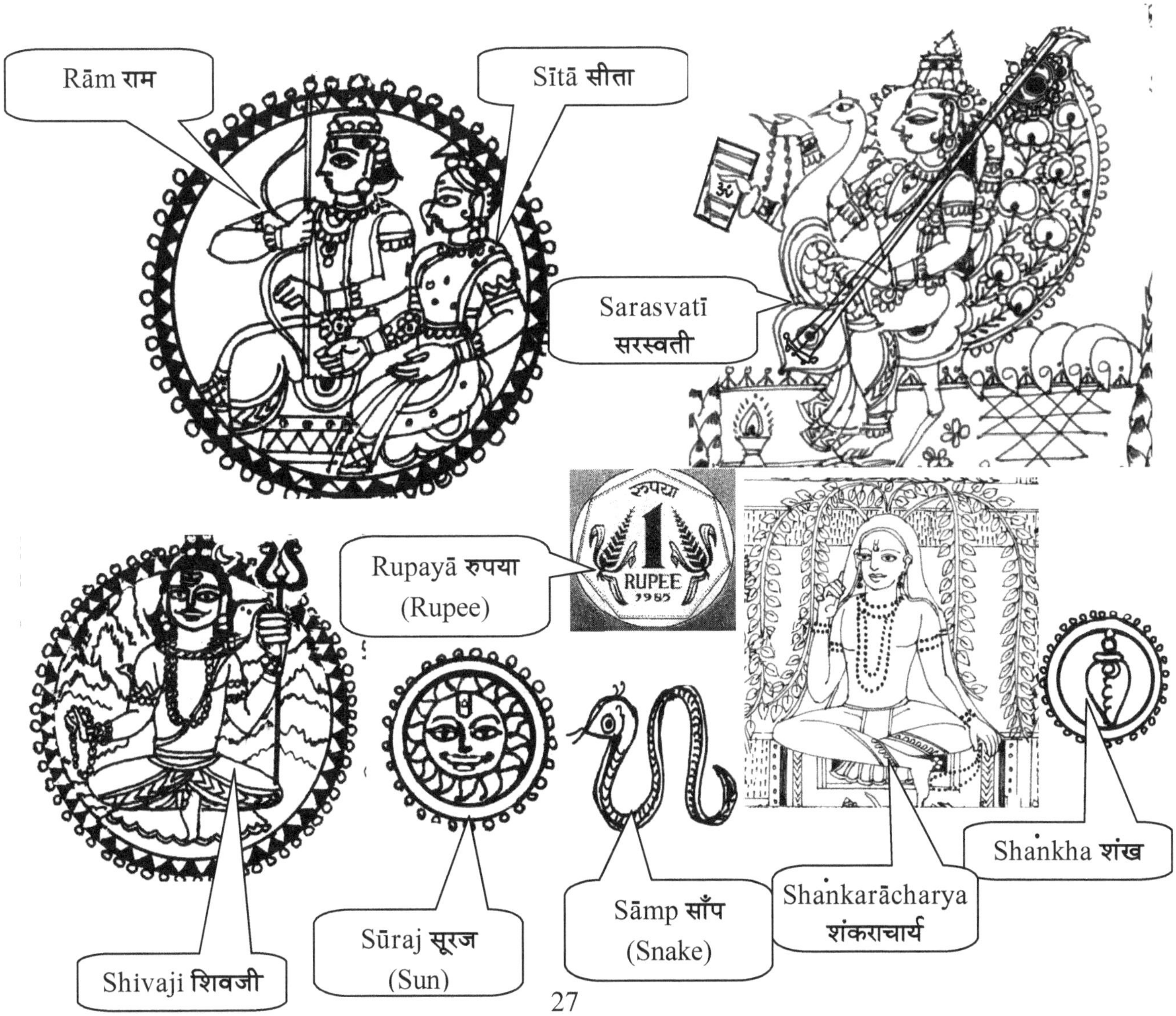

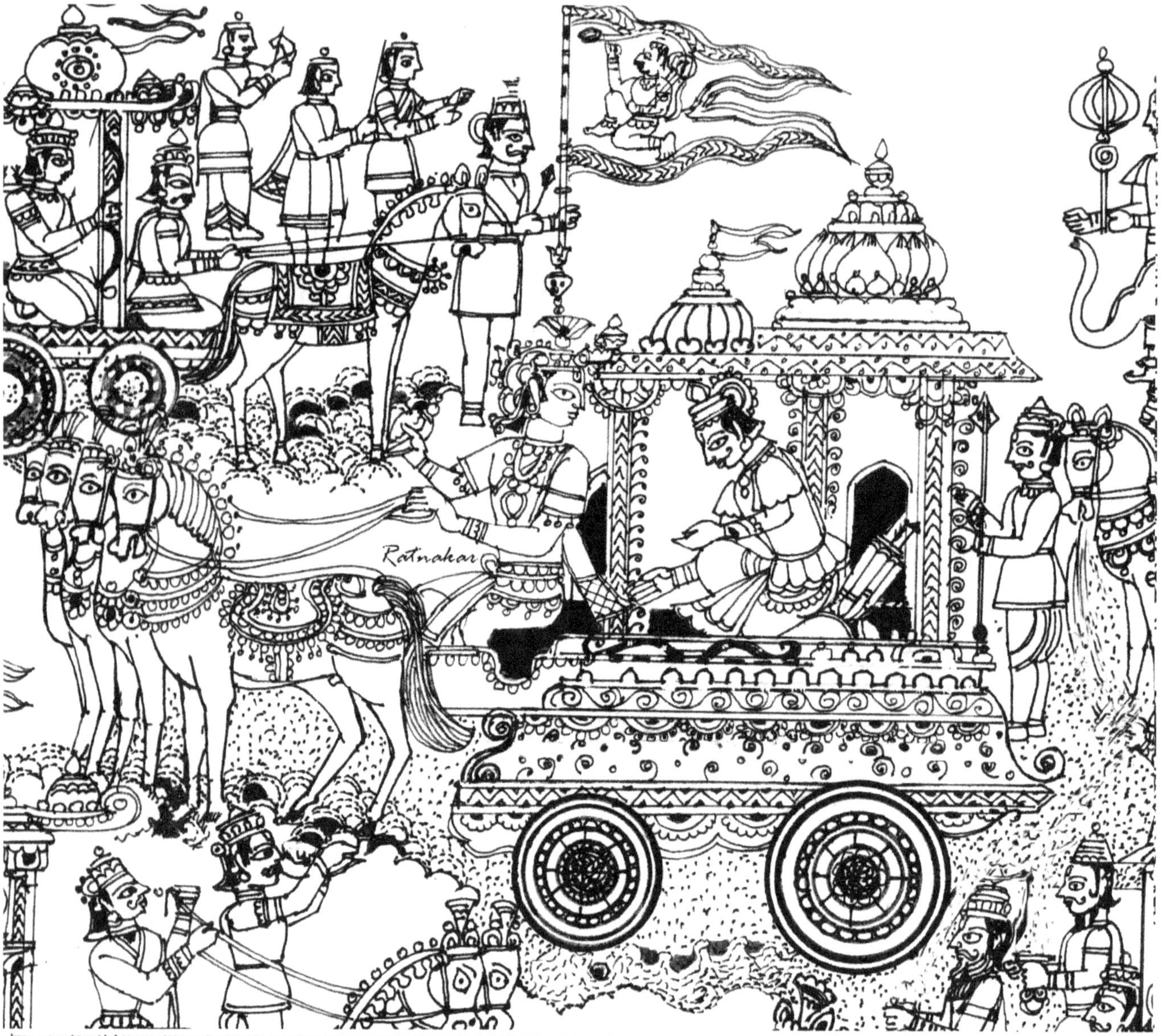
Ratnakar

(4.4) Letters : उ u, ऊ ū, ऋ ri

u

ū

ri

Vowel Signs : ु ू ृ

EXERCISE 7 : Read and Write the following in Hindī

उजाला, ऋषि, बुलबुल, भूल, कृष्ण, छू, चलना, राम, सीता, खेत, ईश, शीशा, खीरा, छिलका, राधा, धेनु

ANSWERS AND VOCABULARY: उजाला (*ujālā* light), ऋषि (*rishi* saint), बुलबुल (*bulbul* nightangle), भूल (*bhūl* mistake), कृष्ण (*krishṇa*), छू (*chū* touch), चलना (*chalnā* to walk, walking), राम (*Rām*), सीता (*Sītā*), खेत (*khet* farm field), ईश (*īsh* God), शीशा (*shīshā* glass), खीरा (*khīrā* cucumber), छिलका (*chhilkā* peel), राधा (*Rādhā*), धेनु (*dhenu* cow).

OPTIONAL : You may read the optional Hindi words in your second reading of the book.

u-Words to Remember (उ) : Umā (उमा Parvati), Umesh (उमेश Shiva), Urmilā (उर्मिला Lakshman's wife), Ugrasen (उग्रसेन Kamsa's father), Ujjain (उज्जैन a sacred city), Upanishad (उपनिषद् holy scriptures), Uttānapād (उत्तानपाद Dhruva's father), Uttara Ramayan (उत्तर रामायण Part of Ramayan after Rama comes from forest), Uttar (उत्तर North direction), Unā (उना minus), Uṣhā (उषा dawn), Udak (उदक water), Upāsanā (उपासना worship)

OPTIONAL :

ū-Words to Remember (ऊ) : ūrdhva (ऊर्ध्व up), ūpar (ऊपर above), ūparwālā (ऊपरवाला God), ū̐ṭ (ऊँट camel), ūchā (ऊँचा high, tall)

OPTIONAL :

Ri-Words to Remember (ऋ) : Rishi (ऋषि saint), Rigved (ऋग्वेद), Ritu (ऋतु season), Rit (ऋत true), Riju (ऋजु straight), Riṇ (ऋण loan), Riddhi (ऋद्धि prosperity)

LESSON 4 : ASSIGNMENTS

Individual Student Assignment :

1. Each student should be able to recognize, read and write the words given in Exercises 6 and 7.
2. Write at least two words each beginning with the letters **च cha, ज ja, ल la, घ gha, ध dha, छ chha, र ra, स sa, ख kha, श sha, उ u, ऊ ū, ऋ ri**
3. Each student should be able to read any word written with letters **च, ज, ल, घ, ध, छ, र, स, ख, श, उ, ऊ, ऋ**

Music Activity :

1. Learn and sing the Sarasvati Prayer : Half of the prayer for junior students in junior group; and full prayer for senior students in senior group.
2. Learn to play the Sarasvarti prayer on Harmonium and Tablā (with your teacher).
3. Practice it after each lesson to learn it properly. Half prayer for Junior Students and full prayer for Senior students.

Class Group Activity :

Make groups of 3 to 5 students in each group. Students in each group make a poster on the life of any person given in the **OPTIONAL :** Ch-words, J-words, L-words, Gh- words, Dh-words, Chh-words, R-words, Kh-words, Sh-words, S-words, U-words, or Ri-words. The poster should have Colours, Pictures and Text arranged in an artistic manner.

Home Work :

Write a one page essay (in English or Hindi-English) on any person/object given in the **OPTIONAL :** Ch-words, J-words, L-words, Gh- words, Dh-words, Chh-words, R-words, Kh-words, Sh-words, S-words, U-words, or Ri-words.

Research Activity :

Research and find out which of the **OPTIONAL : च, ज, ल, घ, ध, छ, र, स, ख, श, उ, ऊ, ऋ**-words given above are related to the Temple activities and Hindu culture.

LESSON 5

READING AND WRITING HINDI LETTERS

य ya, थ tha,

ट ṭa, ठ ḍa, ढ ḍha, द da,

ड ḍa, ङ nga, झ jha, ह ha,

क्ष kṣha, त्र tra, ज्ञ gya,

ए e, ऐ ai, ओ o, औ au, अं mँ,

(5.1) Letters : य ya, थ tha

y a

tha

EXERCISE 8 : Read and Write the following in Hindī :

1. घर, मत, रथ, धन 2. घन, फल, कल, वश, कर, सम, नरम
3. सब, हम, जय 4. भय, शयन, चलन, रण, फसल, सरल
5. धर, जल

ANSWERS AND VOCABULARY : 1. *ghar (house), mat (do not), rath (chariot), dhan (wealth)* ***2.*** *ghan (dense), fal (fruit), kal (yesterday, tomorrow), vash (in control), kar (do), sam (same), naram (soft)* ***3.*** *sab (all), ham (we), jay (victory)* ***4.*** *bhay (fear), shayan (sleep), chalan (behaviour), raṇ (battlefield), fasal (crop), saral (straight)* ***5.*** *dhar (hold), jal (water)*

Yagya यज्ञ

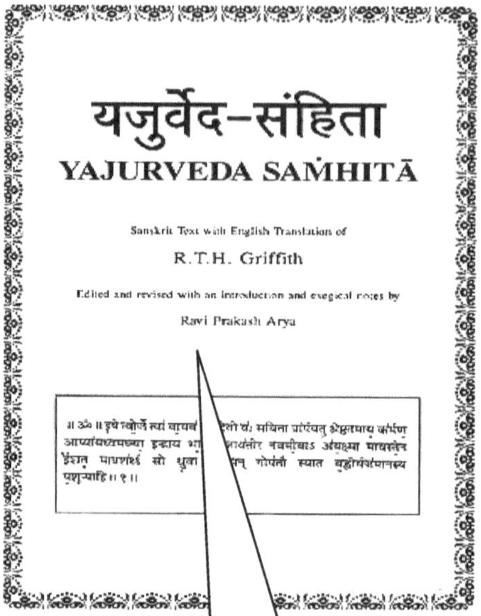

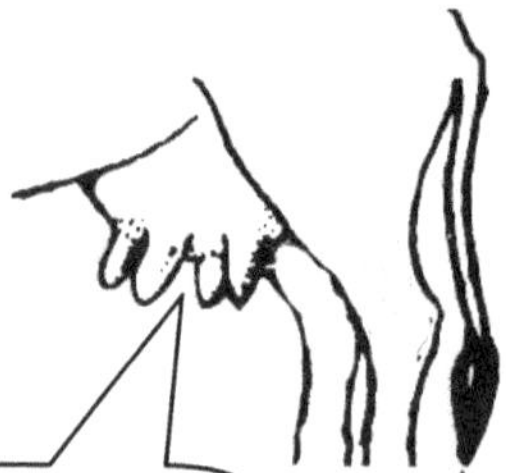

Than थन

Yajurveda यजुर्वेद

Yashodā यशोदा

Rath रथ **(chariot)**

Thiruvalluvar
तिरुवाल्लुवार

दोहा॰ गीतामृत श्रीकृष्ण का, अमृत से भी श्रेष्ठ ।
गीतामृत से विश्व में, कौन भला है ज्येष्ठ ।।

रत्नाकर

<u>OPTIONAL</u> : You may read the optional Hindi words in your second reading of the book.

<u>Y-Words to Remember</u> **(य)** : Yajurveda (यजुर्वेद), Yudhiṣṭhir (युधिष्ठिर), Yama (यम God of Death), Ykṣha (यक्ष Kubera), Yagya, Yajña (यज्ञ), Yatrā (यात्रा pilgrimage), Yuddha (युद्ध war)

<u>OPTIONAL</u> :

<u>Th-Words to Remember</u> **(थ)** : Than (थन udder), Rath (रथ chariot), Dasharatha (दशरथ Rama's father), Raghunāth (रघुनाथ Rama), Hathī (हाथी elephent)

(5.2) Letters : ṭa ट, ṭha ठ, ḍha ढ, da द

ṭa

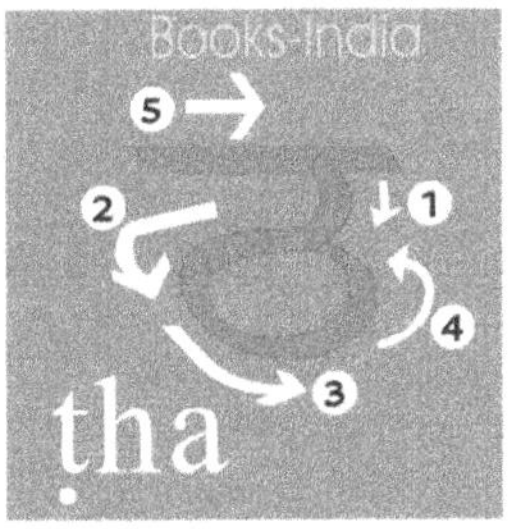

ṭha

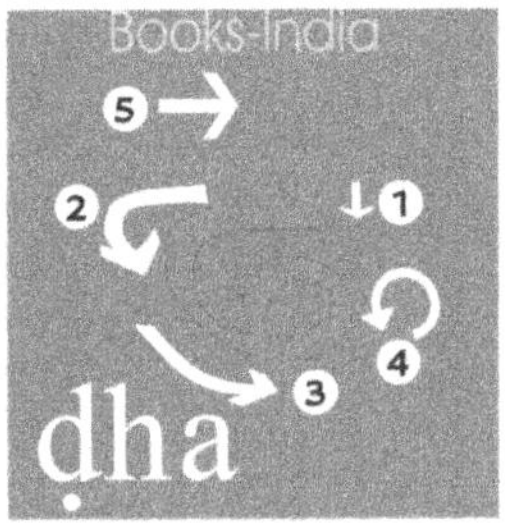

ḍha

da

(5.3) Letters : ḍa ड, ṅa ङ, jha झ, ha ह

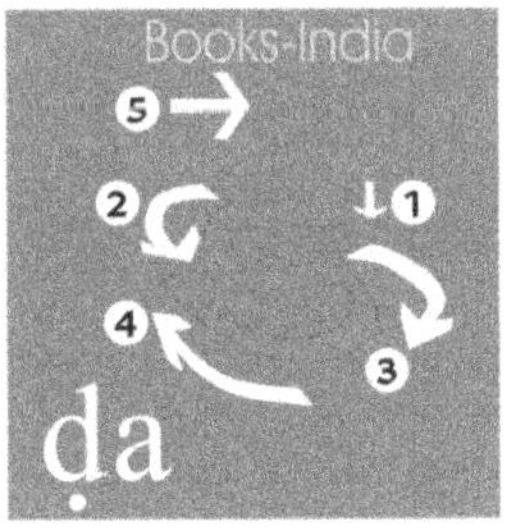

ḍa

ṅa

jha

ha

EXERCISE 9 :

Read and Write the following in Hindī :

1. ट, ठ, ढ, ढ़, द **2.** ड, ड़, ङ, झ **3.** झ, ह, झ

4. दल, टब, ढल, बन **5.** डबल, डर **6.** दहन, कदम

7. बदन, बदल, मठ **8.** हठ, मत **9.** कम, तट, बरगद **10.** सब, हम, गम

ANSWERS AND VOCABULARY : ***1.*** *ṭa, ṭha, ḍha, ḍha, da* ***2.*** *ḍa, ḍa, ṅa, jha* ***3.*** *jha, ha, jha* ***4.*** *dal (group), ṭab (tub), ḍhal (pass away), ban (forest)* ***5.*** *ḍabal (double), ḍar (fear)* ***6.*** *dhan (wealth), kadam (step)* ***7.*** *badan (body), badal (change) maṭh (ashram, abode)* ***8.*** *haṭh (stubborn-ness), mat (vote)* ***9.*** *kam (less), taṭ (rampart), baragad (Banyan tree)* ***10.*** *sab (all), ham (we), gam (sorrow)*

OPTIONAL : You may read the optional Hindi words in your second reading of the book.

ṭ-Words to Remember (ट) : Ghaṇṭī (घंटी bell), Ghaṭ (घंट water pot), Bhaṭ (भट warrior)

OPTIONAL :

ṭh-Words to Remember (ठ) : Maṭh (मठ ashram), āṭh (आठ eight), sāṭh (साठ sixty)

OPTIONAL :

ḍh-Words to Remember (ढ) : Paḍhnā (पढ़ना read, study), Baḍhnā (बढ़ना progress)

OPTIONAL :

d-Words to Remember (द) : Dev (देव God), Devī (देवी Goddess), Dasharath (दशरथ Rama's father), Datta (दत्त a three headed god), Dīnānāth (दीनानाथ Krishna), Draupadī (द्रौपदी Pandava wide), Dān (दान charity), Dūdh (दूध milk), Dakṣhaṇā (दक्षणा gift), Dakṣhiṇa (दक्षिण South), Diwālī, Dīpāvalī (दिवाली, दीपावली), Dayā (दया mercy)

OPTIONAL :

ḍ-Words to Remember (ड) : Ḍamrū (डमरू Shiva's drum)

OPTIONAL :

ng-Words to Remember (ङ) : Gaṅgā (गङ्गा, गंगा), Angad (अङ्गद, अंगद Bali's son)

OPTIONAL :

Jh, z-Words to Remember (झ) : Jhā̃saī kI Rānī (झाँसी की रानी Queen of Jhansi), Jhaṇḍā (झंडा flag), Jharnā (झरना spring, waterfall)

OPTIONAL :

H-Words to Remember (ह) : Hindu (हिंदु), Hindī (हिंदी), Hanumān (हनुमान), Hastināpur (हस्तिनापुर Delhi), Hiraṇyakashapu (हिरण्यकश्यपु Pralha's farthe), Heramb (हेरंब Bhima), Hari Om Sharaṇ (हरि ओम् शरण), Himālay (हिमालय), Hriday (हृदय heart), Hathī (हाथी elephant), Haṁsa (हंस swan), Hīrā (हीरा diamond)

(5.4) Letters : e ए, ai ऐ, o ओ, au औ

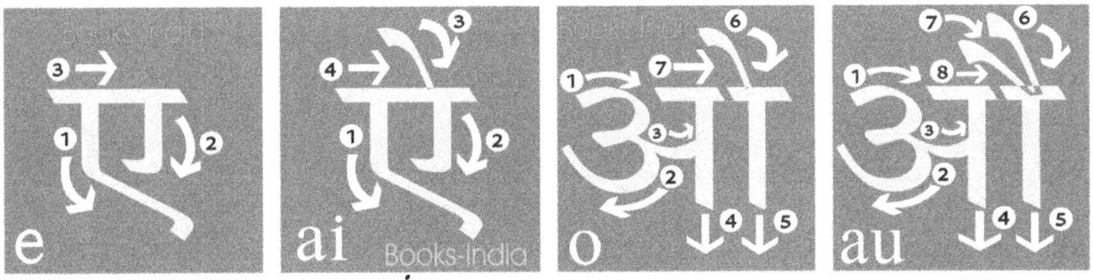

e *ai* *o* *au*

Vowel Signs : े ै ो ौ

EXERCISE 10 : Read and Write the following in Hindī
दूध, देव, दैव, दो, औरत, दौलत, ऐसा, पैसा, मेरा, कौन, और, बेर, एक

ANSWERS AND VOCABULARY: दूध (*dūdh* milk), देव (*dev* God), दैव (*daiva* fortune), दो (*do* two), औरत (*aurat* woman), दौलत (*daulat* wealth), ऐसा (*aisā* like this), पैसा (*paisā* money), मेरा (*merā* my), कौन (*kaun* who), और (*aur* and), बेर (*ber* plum), एक (*ek* one).

OPTIONAL : You may read the optional Hindi words in your second reading of the book.

E-Words to Remember (ए) : Ekliṅg (एकलिंग Shiva), Eklavya (एकलव्य)

OPTIONAL :

Ai-Words to Remember (ऐ) : Airāvat (ऐरावत Indra's elephant)

OPTIONAL :

O-Words to Remember (ओ) : Om (ॐ, ओम्)

OPTIONAL :

Au-Words to Remember (औ) : Auṣhadh (औषध medicine)

Hanuman **हनुमान**

Diwālī **दिवीली**

Ekling **एकलिंग**

Om **ओम्, ॐ**

(5.5) Letters : क्ष kṣha , त्र tr, ज्ञ gya

(4.9) The Compound Consonants : क्ष kṣa, त्र tra, ज्ञ gya (jña)

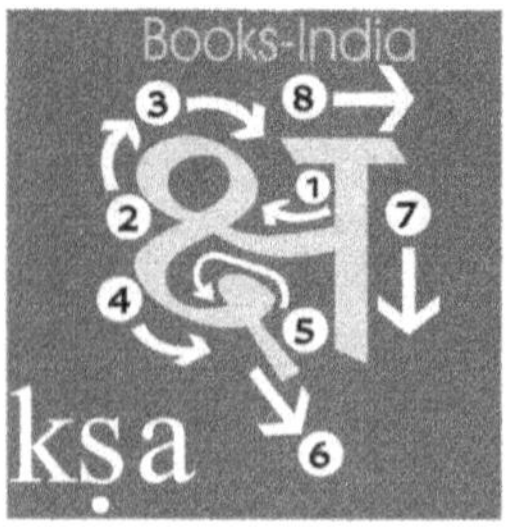

kṣa

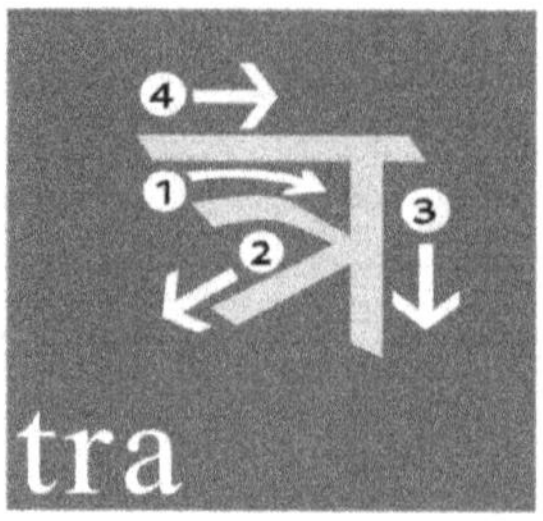

tra

jña

NOTE : क्ष, त्र and ज्ञ *(kṣa, tra, and jña)* are compound characters.

OPTIONAL : You may read the optional Hindi words in your second reading of the book.

Kṣh-Words to Remember (क्ष) : Kṣhatriya (क्षत्रिय warrior), Kṣhatra (क्षत्र umbrella), Kṣhamā (क्षमा forgiveness), Kṣhātra (क्षात्र warrior, student)

OPTIONAL :

Tr-Words to Remember (त्र) : Trishūl (त्रिशूल trident), Trilok, tribhuvan (त्रिलोक, त्रिभुवन three worlds)

OPTIONAL :

Gy-Words to Remember (ज्ञ) : Gyāna (ज्ञान knowledge), Gyānī (ज्ञानी knowledgable)

(5.6) Letters : अं ṁ, अँ m̐,

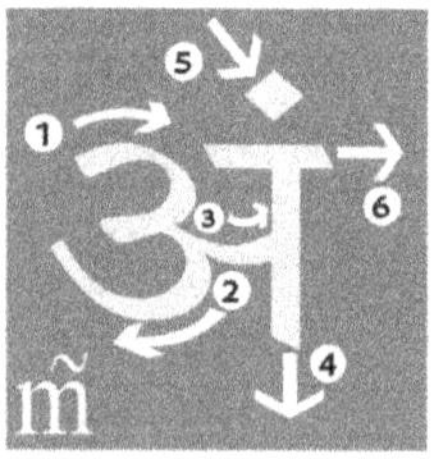

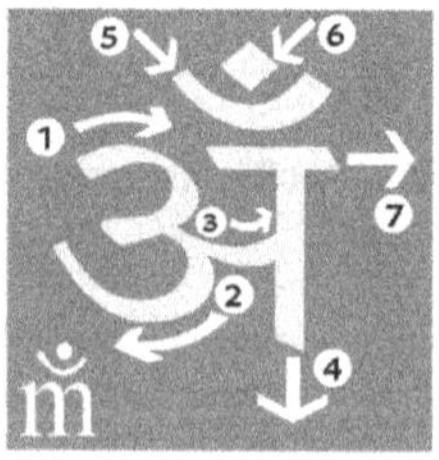

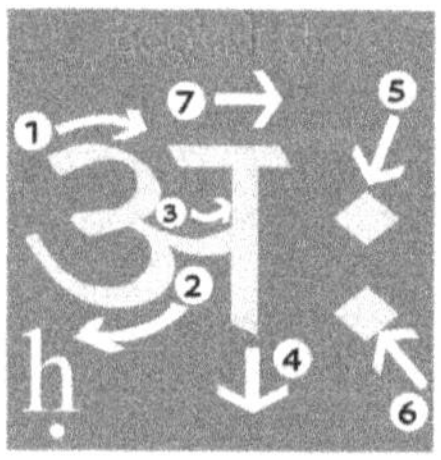

aṁ   *a̐*   *ḥ*

Vowel Signs : ं   ँ   ः

EXERCISE 11 : Read and Write the following Hindī words : with अं, अँ, अ:

कंबल (*kambal* blanket) बंदर (*bandar* monkey) वंश (*vaṁsh* linage) पंकज (*pañkaj* lotus), अंग (*aṅg* body), अनंत (*anant* endless), कंठ (*kaṇṭh* throat), मंतर (*mantar* a spell), दंड (*daṇd* stick), रंग (*raṅg* colour), संग (*saṅg* union), संशय (*saṁshay* doubt), हंस (*haṁsa* swan), अंतर (*antar* distance), स्वत: (*svataḥ* oneself), चंदन (*chandan* sandlewood), कंप (*kamp* tremor), पतंग (*pataṅg* kite), खंदक (*khandak* moat), खंजर (*khañjar* dagger), मंजन (*mañjan* dentifrice), कंगन (*kaṅgan* bracelet), गंधक (*gandhak* sulphur), ठंढक (*ṭhanḍhak* cold), डंठल (*ḍanṭhal* stem), ढंग (*ḍhaṅg* mode), तरंग (*taraṅg* wave), शंख (*shaṅkh* conch), संचय (*sañchay* accumulation), छ: (*chaḥ* six), अंब (*amb* mother), मंच (*mañch* dias), अंबर (*ambar* sky), अंदर (*andar* inside), छंद (*chand* meter), बंद (*band* closed), वंदन (*vandan* salute), मंद (*mand* slow) संघ (*sangh* group), स: (*saḥ* he),

ँ
a̐ ड़ *ḍa* ढ़ *ḍha*

(A) CHARACTERS WITH CHANDRABINDI : कहाँ (*kahā̐* where), काँपना (*kā̐panā* to tremble), खाँसना (*khā̐sanā* to cough), गाँव (*gā̐v* village), चाँद (*chā̐d* moon), छाँव (*chā̐v* shadow), जहाँ (*jahā̐* where), कहाँ (*kahā̐* where?), यहाँ (*yahā̐* here), वहाँ (*vahā̐* there), दाँत (*dā̐t* tooth), पाँच (*pā̐ch* five), बाँह (*bā̐ha* forearm), भाँजा (*bhā̐ñjā* nephew), माँ (*mā̐* mother), हँसना (*ha̐sanā* to laugh),

(B) THE FLAPS : उड़ना (*uḍanā* to fly), कीड़ा (*kīḍā* worm), खड़ा (*khaḍā* standing), पीड़ा (*pīḍā* pain), लड़ना (*laḍanā* to fight), सड़ना (*saḍanā* to rot),

(5.7) REVISION OF LEARNING THE HINDI VOWELS

अ a आ ā ओ o औ au इ i ई ī

Vowel Signs : ा ो ौ ि ी

EXERCISE 12 : Read and then Write the following in Hindī:

1. आ, ओ, औ, आप 2. आ, अ, औ, आन 3. ओ, औ, ओट 4. अब, आँख, अक्षर
5. ओर, और, औंधा 6. ओझल, ओम्, अज्ञ 7. अघ, औरस, आम, आस, आह, आज, औरत, अंबर, अजः, अंशः, ओघः 8. इ, ई, ईख 9. कई, नई, इधर 10. अंक, ईंधन, अंदाज, चौराह

ANSWERS AND VOCABULARY : ***1.*** *ā, o, au, āp* ***2.*** *ā, a, au, ān (swear)* ***3.*** *o, au, oṭ (shelter)* ***4.*** *ab (now), ā̐kh (eye), akṣhar (alphabet)* ***5.*** *or (towards), aur (and), aundha (face down)* ***6.*** *ojhal (disappear), om (Om), Ajña (ignorant)* ***7.*** *agha (sin), auras (legitimate), ām (mango), ās (longing), āh (sorrow), āj (today), aurat (woman), ambar (sky), ajḥ (unborn), am̃shaḥ (fraction), oghaḥ (flow),* ***8.*** *i, ī, īkh (sugarcane),* ***9.*** *kaī (many), naī (new) idhar (on this side)* ***10.*** *aṅk (number), Indhan (fuel), andāz (estimate), chaurāh (intersection).*

(5.2) **उ u, ऊ ū, ऋ ṛ; ए e, ऐ ai** | **(रु ru, रू rū)**

उ	ऊ	ऋ	ए	ऐ	रु	रू
u	ū	ṛ	e	ai	ru	rū

EXERCISE 13 : Read and Write the following in Hindī :

1. उ, ऊ, ऋ 2. उधर, उछल 3. उमर, ऊपर 4. उगम, ऊन
5. ऊँट, उठ 6. उतर, इधर 7. ए, ऐ, ऋ 8. गए, नए
9. उछल, उभर 10. एक, ऐनक, अतः 11. रूप, तरु

ANSWERS AND VOCABULARY : ***1.*** *u, ū, ṛ* ***2.*** *udhar (on that side), uchhal (jump)* ***3.*** *umar (age), ūpar (above)* ***4.*** *ugam (source), ūn (wool)* ***5.*** *ū̐ṭ (camel), uṭh (get up)* ***6.*** *utar (get down), idhar (here),* ***7.*** *e, at, ṛ* ***8.*** *gae (gone), nae (new)* ***9.*** *uchhal (bounce), ubhar (grow)* ***10.*** *ek (one), ainak (spectacles), ataḥ (therefore).* ***11.*** *rūp (form), taru (tree).*

VOWELS AND THE VOWEL SIGNS REVIEW

Vowels	अ	आ	इ	ई	उ	ऊ	ऋ	ए	ऐ	ओ	औ
Signs		ा	ि	ी	ु	ू	ृ	े	ै	ो	ौ
Sound	a	ā	i	ī	u	ū	ṛ	e	ai	o	au
		aa		ee		oo	ri	é			

ा	ि	ी	ु	ू	ृ	े	ै	ो	ौ
ā	i	ī	u	ū	ṛ	é	ai	o	au

पा	पि	पी	पु	पू	पृ	पे	पै	पो	पौ
pā, paa	pi	pī, pee	pu	pū, poo	pṛ	pé	pai	po	pau

EXERCISE 14 : Read and write the Hindī words :
जितना, जीतना, मृत, चिंता, जूता, कुछ, वैसा, औंधा, दिया, दीया, बेकारी, सूखा, सुखी, भेद, मैं, भिक्षा, ज्ञानी, सुंदरता, कोका कोला, महानता, सुख, दुःख, चूहा, ज्ञानयोग, भारतीय, अमरीकन, पौराणिक।

ANSWERS AND VOCABULARY : jitnā (as much), jītnā (to win), mrit (dead), chintā (worry), jūtā (shoe), kuchh (some), vaisā (like that), aundhā (face down), diyā (gave), dīyā (lamp), bekārī (unemployment), sūkhā (dry), sukhi (happy), bhed (difference), maĩ (I), bhikshā (alms), jñānī (knowledgable), sundartā (beauty), kokā kolā (coke), mahānatā (greatness), sukh duḥkh (happyness and sorrow), chūhā (mouse), jñānayoga (yoga of knowledge), bhāratiya (Indian), amarīkan (American), paurāṇik (ancient).

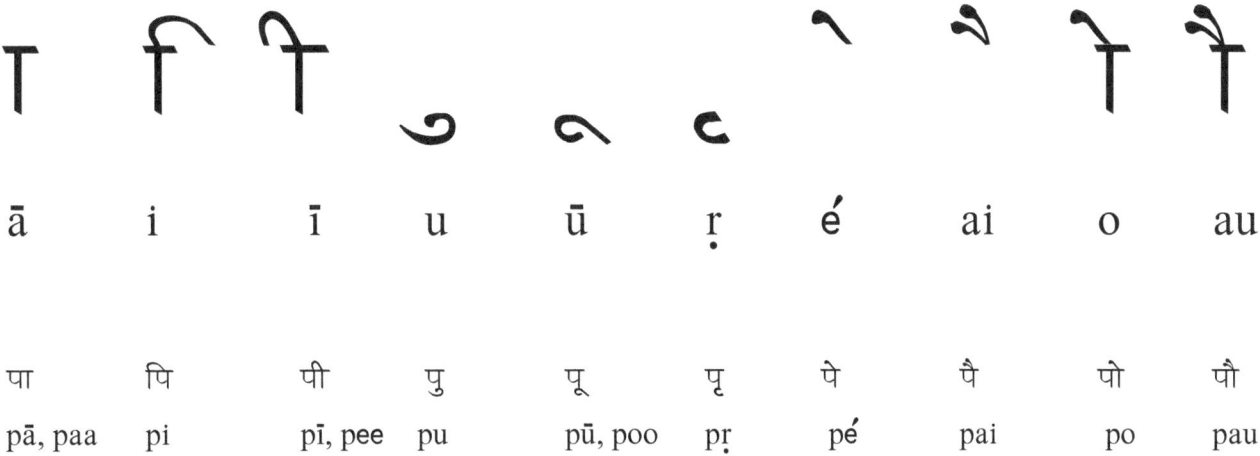

5.8 CHART OF ALPHABET WITH VOWEL SIGNS

अ	आ	इ	ई	उ	ऊ	ऋ	ए	ऐ	ओ	औ	अं	अः
	ा	ि	ी	ु	ू	ृ	े	ै	ो	ौ	ं	:
	(क्= ा)	(क्+ ि)	(क्+ ी)	(क्+ ु)	(क्+ ू)	(क्+ ृ)	(क्+ े)	(क्+ ै)	(क्+ ो)	(क्+ ौ)	(क्+ ं)	(क्+ :)
क	का	कि	की	कु	कू	कृ	के	कै	को	कौ	कं	कः
ख	खा	खि	खी	खु	खू	खृ	खे	खै	खो	खौ	खं	खः
ग	गा	गि	गी	गु	गू	गृ	गे	गै	गो	गौ	गं	गः
घ	घा	घि	घी	घु	घू	घृ	घे	घै	घो	घौ	घं	घः
ङ	ङा	ङि	ङी	ङु	ङू	–	ङे	ङै	ङो	ङौ	ङं	ङः
च	चा	चि	ची	चु	चू	चृ	चे	चै	चो	चौ	चं	चः
छ	छा	छि	छी	छु	छू	छृ	छे	छै	छो	छौ	छं	छः
ज	जा	जि	जी	जु	जू	जृ	जे	जै	जो	जौ	जं	जः
झ	झा	झि	झी	झु	झू	झृ	झे	झै	झो	झौ	झं	झः
ञ	ञा	ञि	ञी	ञु	ञू	–	ञे	ञै	ञो	ञौ	ञं	ञः
ट	टा	टि	टी	टु	टू	टृ	टे	टै	टो	टौ	टं	टः
ठ	ठा	ठि	ठी	ठु	ठू	ठृ	ठे	ठै	ठो	ठौ	ठं	ठः
ड	डा	डि	डी	डु	डू	डृ	डे	डै	डो	डौ	डं	डः
ढ	ढा	ढि	ढी	ढु	ढू	ढृ	ढे	ढै	ढो	ढौ	ढं	ढः
ण	णा	णि	णी	णु	णू	णृ	णे	णै	णो	णौ	णं	णः
त	ता	ति	ती	तु	तू	तृ	ते	तै	तो	तौ	तं	तः
थ	था	थि	थी	थु	थू	थृ	थे	थै	थो	थौ	थं	थः
द	दा	दि	दी	दु	दू	दृ	दे	दै	दो	दौ	दं	दः
ध	धा	धि	धी	धु	धू	धृ	धे	धै	धो	धौ	धं	धः
न	ना	नि	नी	नु	नू	नृ	ने	नै	नो	नौ	नं	नः
प	पा	पि	पी	पु	पू	पृ	पे	पै	पो	पौ	पं	पः
फ	फा	फि	फी	फु	फू	फृ	फे	फै	फो	फौ	फं	फः
ब	बा	बि	बी	बु	बू	बृ	बे	बै	बो	बौ	बं	बः
भ	भा	भि	भी	भु	भू	भृ	भे	भै	भो	भौ	भं	भः
म	मा	मि	मी	मु	मू	मृ	मे	मै	मो	मौ	मं	मः
य	या	यि	यी	यु	यू	यृ	ये	यै	यो	यौ	यं	यः
र	रा	रि	री	रु	रू	ऋ	रे	रै	रो	रौ	रं	रः
ल	ला	लि	ली	लु	लू	लृ	ले	लै	लो	लौ	लं	लः
व	वा	वि	वी	वु	वू	वृ	वे	वै	वो	वौ	वं	वः
श	शा	शि	शी	शु	शू	शृ	शे	शै	शो	शौ	शं	शः
ष	षा	षि	षी	षु	षू	षृ	षे	षै	षो	षौ	षं	षः
स	सा	सि	सी	सु	सू	सृ	से	सै	सो	सौ	सं	सः
ह	हा	हि	ही	हु	हू	हृ	हे	है	हो	हौ	हं	हः

DIVINITY IN DEVANAGARI CHARACTERS

ॐ प्रणव, मंगल, ब्रह्म

अ अमृत, ब्रह्मा, विष्णु, वैश्वानर, शिव

आ महादेव, लक्ष्मी

इ कामदेव

ई कामदेव

उ ब्रह्मा, शिव, चंद्रबिंब

ऊ चंद्रमा, शिव

ऋ अदिति, देवमाता

ॠ दानव माता, देवमाता, भैरव

ऌ देवमाता, पर्वत, भूमि

ॡ देवमाता, नारी आत्मा, कामधेनु, शिव

ए विष्णु, दया, स्मरण

ऐ शिव

ओ ब्रह्म

औ संकल्प

क ब्रह्म, विष्णु, कामदेव, अग्नि, पवन, यम, सूर्य, मयूर, मेघ, मन, समय, यम, राजा, पक्षी, स्वर, हर्ष, जल, शिर

क्ष विष्णु, विद्युत, क्षेत्र, किसान

ख आकाश, स्वर्ग, सूर्य, शून्य, अनुस्वार, ज्ञान, इन्द्रिय, आनंद, अबरक, ब्राह्मण

ग गणेश, गंधर्व, गीत, गुरु

घ घंटी

ङ भैरव

च चंद्र

छ स्वच्छ, अंश

ज जनक, जन्म, विष, विष्णु, मोक्ष, कान्ति

ज्ञ ब्रह्मा, आत्मा, बुध, मंगल, बुद्धि

झ बृहस्पति, झंझावात

ञ शुक्र, संगीत

ट पृथ्वी, वीणा

ठ शून्य, शिव, देव, मूर्ति, आकाश मंडल

ड शिव, मृदंग, वाडवाग्नि

ढ परमेश्वर, ध्वनि, साँप, ढोल, कुत्ता

ण शिव, बुद्ध, दान, ज्ञान, गहना

त अमृत, रत्न, येद्धा, छाती, गर्भाशय

थ पर्वत, मंगल, रक्षा

द दाँत, दाता, पर्वत, पत्नी

ध धन, ब्रह्मा, कुबेर, धर्म

न गणेश, मोती, धन, युद्ध

प वायु, पत्र, अंडा, रक्षक, राजा

फ उष्णता, फूँक, फुत्कार

ब वरुण, समुद्र, जल, योनि,

भ सूर्य, राशिचक्र

म ब्रह्म, विष्णु, शिव, यम, चंद्र, जल, काल, विष, सुख

य वायु, योग, त्याग, प्रकाश, कीर्ति, संयम

र देवता, अग्नि, प्रेम, स्वर्ण, वेग

ल लघु, दस काल लकार

व पवन, समुद्र, राहु, वृक्ष, मदिरा, वस्त्र

श शिव, हर्ष

ष मुक्ति, मोक्ष, सर्वोत्तम

स विष्णु, शिव, चंद्र, साँप, पवन, पक्षी, आत्मा, ज्ञान, चिंतन

ह ब्रह्म, जल, आकाश, रक्त, शून्य, स्वर्ग शुभ, गर्व, वैद्य, अश्व, युद्ध, अस्त्र, आनंद पापहरण, कारण, प्रसिद्धि

EXERCISE 15 : What we learned so far, the 'cumulative learning'

5.9 A PRELIMINARY VOCABULARY OF KEY HINDI WORDS

READ the Hindī words and WRITE them. Understand and remember as many as possible.

मैं (*maĩ*; I),	हूँ (*hū̃*; am),	हम (*ham*; we),
आप (*āp*; you),	तुम (*tum*; you),	वह (*vah*; he-she),
वो (*vo*; he, she),	वे (*ve*; they),	हमें (*hamẽ*; to us),
आपको (*āp ko*; to you),	उसको (*us ko*; to him-her),	उनको (*un ko*; to them),
मैंने (*maĩ ne* ; I),	आपने (*āp ne*; you),	तूने (*tū ne*; you),
तुमने (*tum ne*; you),	उसने (*us ne*; he, she),	मुझे (*mujhe*; to me),
आपसे (*āp se*; from you),	मुझसे (*mujh se*; from me),	तुझसे (*tujh se*; from you)
तुमसे (*tum se*; from you),	उससे (*us se*; from him-her),	उनसे (*un se*; from them),
मेरे पास (*mere pās*; near me),	मेरे लिये (*mere liye*; for me),	आपके लिये (*āpke liye*; for you),
हमारे लिये (*hamāre liye*; for us),	उनके लिये (*unke liye*; for them),	मेरा (*merā*; my m◦),
मेरी (*merī*; my f◦),	मेरे (*mere*; my plural◦),	हमारा (*hamārā*; our m◦),
हमारी (*hamārī*; our f◦),	हमारे (*hamāre*; our pl◦),	आपका (*āp kā*; your),
आपकी (*āp kī*; your f◦),	आपके (*āp ke*; your),	मुझमें (*mujh mẽ*; in me),
तुझमें (*tujh mẽ*; in you),	आपमें (*āp mẽ*; in you),	उसमें (*us mẽ*; in him, her),
उनमें (*un mẽ*; in them),	मुझ पर (*mujh par*; on me),	तुम पर (*tum par*; on you),
तुझ पर (*tujh par*; on you),	आप पर (*āp par*; on you),	उस पर (*us par*; on him, her),
उन पर (*un par*; on them),	मैं हूँ (*maĩ hū̃*; I am),	तुम हो (*tum ho*; you are),
आप हैं (*āp haĩ*; you are),	हूँ (*hū̃*; am),	है (*hai*; is, has),
हैं (*haĩ*; are), -	था (*thā*; was, had, used to),	क्या (*kyā*; what),
कैसा, कैसी, कैसे (m◦ *kaisā*, f◦ *kaisī*, plural◦ *kaise*; how),		ठीक (*ṭhīk*; ok, alright),
नाम (*nām*; name),	लड़का (*laḍkā*; Boy),	लड़की (*laḍkī*; Girl),
कुत्ता (*kuttā*; Dog),	बिल्ली (*billī*; Cat),	घर (*ghar*; House, home),
चाय (*chāy*; Tea).	पी (*pī*; to Drink).	गरम (*garam*; Hot).

LESSON 5 : ASSIGNMENTS

Individual Student Assignment :

1. Each student should be able to recognize, read and write the words given in Exercises 7-14.
2. Write at least two words each beginning with the letters य ya, थ tha, ṭa ट, ṭha ठ, ḍha ढ, da द, ḍa ड, ṅa ङ, jha झ, ha ह, क्ष kṣha , त्र tr, ज्ञ gya, e ए, ai ऐ, o ओ, au औ, अं ṁ, अँ m̐
3. Each student should be able to read any word written with letters य, थ, ट, ठ, ढ, द, ड, ङ, झ, ह, क्ष, त्र, ज्ञ, ए, ऐ, ओ, औ, अं, अँ

Music Activity :

1. Learn and sing Ratnakar's Diwālī Bhajan given at the end of the book. Half of the song for junior students in junior group; and full song for senior students in senior group.
2. Learn to play the Popular old Bhajans given at the end of the book.
3. Practice it after each lesson to learn it properly. Half prayer for Junior Students and full prayer for Senior students.

Class Group Activity :

Make groups of 3 to 5 students in each group. Students in each group make a poster on the life of any person given in the OPTIONAL : Y-words, Th-words, Ṭ-words, Ṭh- words, Ḍh-words, D-words, Jh-words, H-words, Ksh-words, Tr-words, or Gy-words. The poster should have Colours, Pictures and Text arranged in an artistic manner.

Home Work :

Write a one page essay (in English or Hindi-English) on any person/object given in the OPTIONAL : Y-words, Th-words, Ṭ-words, Ṭh- words, Ḍh-words, D-words, Jh-words, H-words, Ksh-words, Tr-words, or Gy-words.

Research Activity :

Research and find out which of the OPTIONAL : य, थ, ट, ठ, ढ, द, ड, ङ, झ, ह, क्ष, त्र, ज्ञ, ए, ऐ, ओ, औ, अं, अँ- words given above are related to the Temple activities and Hindu culture.

LESSON 6

6.1 COMPOUND DEVANAGARI CONSONANTS

(Compare the following chart with the one given on page 1)

Hindī Half-Characters :

क्‍ (क्)	ख्‍ (ख्)	ग्‍ (ग्)	घ्‍ (घ्)	ङ्
k	kh	g	gh	ṅ
च्‍ (च्)	छ्	ज्‍ (ज्)	झ्‍ (झ्)	ञ्‍ (ञ्)
ch	chh	j	jh, z	ñ
ट्	ठ्	ड्	ढ्	ण्‍ (ण्)
ṭ	ṭh	ḍ	ḍh	ṇ
त्‍ (त्)	थ्‍ (थ्)	द्	ध्‍ (ध्)	न्‍ (न्)
t	th	d	dh	n
प्‍ (प्)	फ्‍ (फ्)	ब्‍ (ब्)	भ्‍ (भ्)	म्‍ (म्)
p	ph, f	b	bh	m

य्‍ (य्)	र्	ल्‍ (ल्)	व्‍ (व्)
y	r	l	v,w
श्‍ (श्)	ष्‍ (ष्)	स्‍ (स्)	ह्
ś, sha	ṣ, ṣh	s	h

6.2 USE OF THE HALF CHARACTERS TO MAKE HINDI COMPOUND LETTERS AND WORDS

RULE : When two (or more) consonants come in a row (without a vowel between them), the last consonant (on the right side) is a **full consonant** and the rest (on its left side) are **half consonants**.

*Character k (क्, क) : पक्का (k + k *pakkā* strong), क्लेष (k + l *kleṣa* distress), क्या (k + y *kyā* what?), वक्त (k + t *vakta* time) रुक्मिणी (k + m *rukmiṇī* Rukmiṇī)

*Character kh (ख्, ख) : ख्याल (kh + y *khyāl* thought) ख्वाब (kh + w *khwāb* dream)

*Character g (ग्, ग) : ग्लास (g + l *glās* glass), दुग्ध (g + dh *dugdha* milk), अग्नि (g + n *agni* fire), भाग्य (g + y *bhāgya* fortune), ग्वाला (g + w *gwālā* milkman)

*Character gh (घ्, घ) : विघ्न विघ्न विघ्न (gh + n *vighna* obstacle), लघ्वाशी लघ्वाशी (gh + v *laghvāshī* moderate eater)

*Character ch (च्, च) : बच्चा (ch + ch *bachchā* kid), अच्युत (ch + y *achyut* Krishṇa, Viṣṇu), अच्छा (ch + chh *achchhā* good)

*Character j (ज्, ज) : राज्य (j + y *rājya* kingdom), सज्ज (j + j *sajja* ready), उज्ज्वल (j + j + v *ujjval* bright), ज्वाला (j + w *jwālā* flame)

*Character ṭ (ट्) : मिट्टी, मिट्टी (ṭ + ṭ *miṭṭī* soil) मुट्ठी (ṭ + ṭh *muṭṭhī* fist)

*Character ḍ (ड्) : हड्डी हड्डी (ḍ + ḍ *haḍḍī* bone)

*Character ṇ (ण्, ण) : कण्ठ (ṇ + ṭh *kaṇṭha* throat), कण्टक (ṇ + ṭh *kaṇṭak* thorn), षण्मास (ṇ + m *ṣaṇmās* six months), अण्डा (ṇ + ḍ *aṇḍā* egg)

*Character t (त्, त) : सत्कार (t + k *satkār* honour), रत्नाकर (t + n *ratnākar* Ratnakar), आत्मा (t + m *ātmā* soul), त्याग (t + y *tyāg* sacrifice), त्रास (t + r *trās* trouble), त्वरा (t + v *tvarā* rush), सत्त्व, सत्त्व, सत्त्व (t + t + v *sattava* truth)

*Character th (थ्, थ) : तथ्य (th + y *tathya* reality)

*Character dh (ध्, ध) : ध्वज (dh + v *dhvaj* flag), दध्म (dh + m *dadhma* to blow), मध्य

(dh + y *madhya* centre), ध्वनि (dh + v *dhvani* sound)

*Character n (न्, न) : आनन्द (n + d *ānand* joy), अन्न (n + n *anna* food), जन्म (n + m *janma* birth), धन्यवाद (n + y *dhanyavād* thanks), इन्तजार (n + t *intajār* wait), अन्धेरा (n + dh *andherā* darkness)

*Character p (प्, प) : समाप्ति (p + t *samāpti* end), प्यार (p + y *pyār* love), स्वप्न (p + n *svapna* dream), प्लव (p + l *plava* floating)

*Character ph, f (फ्, फ) : फ्लावर (f + l *flāwar* flower), हफ्ता (f + t *haftā* week)

*Character b (ब्, ब) : धब्बा (b + b *dhabbā* spot), ब्लू (b + l *blū* blue), शब्द (b + d *shabda* sound), ब्याह (b + y *byāha* wedding), सब्जी (b + j *sabzī* vegetable)

*Character bh (भ्, भ) : अभ्यास (bh + y *abhyās* study),

*Character m (म्, म) : सम्पदा (m + p *sampadā* wealth), सम्यक् (m + y *samyak* proper), सम्मान (m + m *sammāna* honour), मुम्बई (m + b *mumbaī* Bombay), अम्ल (m + l *amla* sour), साम्य (m + y*sāmya* similarity)

*Character y (य्, य) : शय्या (y + y *shayyā* bed)

*Character r (र्) : तर्क (r + k *tarka* philosophy), वर्ग (r + g *varga* class), अर्चना (r + ch *archnā* worship), कर्ज (r + j *karja* loan), वर्ण (r + ṇ *varṇa* colour, letter, class), नर्तकी (r + t *nartakī* dancer), व्यर्थ (r + th *vyartha* unnecessary), दर्द (r + d *dard* pain), वर्धन (r + dh *vardhan* growth), सर्प (r + p *sarpa* snake), दर्भ (r + bh *darbha* grass), कर्म (r + m *karma* work, deed), कार्य (r + y *kārya* duty)

Compounds with (र) : क्रिया (k + ra *kriyā* action), ग्रीवा (g + ra *grīvā* neck), वज्र (j + ra *vajra* thunderboalt), राष्ट्र (ṣ + ṭ + ra *rāṣṭra* nation), त्रिशूल (t + ra *triśūl* trident), भद्र (d + ra *bhadra* gentle), प्रकाश (p + ra *prakāsh* light), ब्रह्मा (b + ra *Brahmā* creator), व्रत (v + ra *vrat* austerity), श्रीमती (sh + ra *shrīmatī* madam)

*Character l (ल्, ल) : वल्क (l + k *valka* bark), जुल्फ (l + f *julfa* hair), गुल्म (l + m *gulma* bush, a cluster of plants), कल्याण (l + y *kalyāṇ* benefit)

6.3 SPECIAL COMPOUND CHARACTERS

(1) Character d (द्) forms following commonly used SEVEN compound letters :

(i). d + ga = dga writen as :	द् + ग = द्ग = द्ग	भगवद्गीता	*bhagavadgītā*
(ii) d + da = dda written as :	द् + द = द्द = द्द	उद्देश	*uddesha* (aim)
(iii) d + dha = ddha written as	द् + ध = द्ध = द्ध	बुद्ध	*buddha*
(v) d + bha = dbha written as :	द् + भ = द्भ = द्भ	श्रीमद्भगवद्गीता	*shrīmatbhagavadgītā*
(v) d + ya = dya written as :	द् + य् = द्य = द्य	विद्या	*vidyā* (knowledge)
(vi) d + ma = dma written as :	द् + म् = द्म = द्म	पद्म	*padma* (lotus)
(vii) d + va = dva written as :	द् + व् = द्व = द्व	द्वार	*dvār* (gate)

(2) Characters *ra* and *r* (र, र्) form following TWO types of compounds :

(A) <u>WHEN FULL CONSONANT</u> *ra* (र) comes <u>after</u> a half consonant character, it is written as a slant line attached to that (half) consonant. (Note : Even though that half consonant apprars to be written as a full consonant, it is actually a half consonant) :

(i) k (half) + ra (full) = kra	(क् + र = क्‌र = क्र)	चक्र	*chakra* (wheel)
(ii) g + ra = gra	(ग् + र = ग्‌र = ग्र)	अग्र	*agra* (tip)
(iii) t + ra = tra	(त् + र = त्‌र = त्र)	पवित्र	*pavitra* (holy)
(iv) d + ra = dra	(द् + र = द्र)	द्रव	*drava* (liquid)
(v) sh + ra =shra	(श् + र = श्र)	श्री	*shrī* (lofty)
(vi) ṭ or ḍ+ ra= tra, ḍra	(ट् + र = ट्र)	राष्ट्र	*rāṣṭra* (nation)
(vii) s + ra = sra	(स् + र = स्‌र = स्र)	सहस्र	*sahasra* (thousand)
s + t + ra = stra	(स् +त् + र = स्त्‌र =स्त्र)	स्त्री	*strī* (woman)

(B) WHEN THE <u>HALF CONSONANT</u> *r* (र्) comes <u>before</u> any full consonant character, the *r* (र्) is written as (᳚) over that full consonant.

(viii) r + k (᳚) र् + क = र्क । अर्क (*arka* extract), स्वर्ग (*svarga* heaven),

AGAIN REMEMBER :

(i) The slant line character (⁄) represents the full र (*ra*),

it does not represent half र् (*r*)

e.g. प्र = प् + र   प्रकाश

क्र, ख्र, ग्र, घ्र, च्र, ज्र, त्र, थ्र, द्र, ध्र, न्र, प्र, फ्र, ब्र, भ्र, म्र, ल्र, व्र, श्र, स्र, ख्र

NOTE : When letter R (र) is added to letters ṭ, ṭd, ḍ, Ḍh chh (ट, ठ, ड, ढ, छ), the full R (र) is written as (‸) attached to the bottom of those letters. e.g. ट्र, ठ्र, ड्र, ढ्र, छ्र

Examples : ग्रूप, ब्रेन, ड्रेप, ट्रेन, फ्रेंच, ट्री, श्री, स्त्री, ग्रास, क्रीम, ड्रिंक, ड्रोन, ड्रूप, ट्रूप, ग्रेट, ग्रीन, etc.

(ii) The curved line character (ॅ) represents half र् (*r*),

it does not represent full र (*ra*)

e.g. र्प = र् + प   सर्प

Examples : वर्क, गार्डन, बोर्डिंग, रिपोर्ट, बोर्ड, वर्ड, कार्गो, चार्ज, बर्नर, बर्निंग, कार्पेट, कार्पेंटर, etc.

(3) Character ह् forms following three types of very common compound letters :

(i) h + ma = hma (ह् + म = ह्म) ब्रह्मा (*brahmā* the Creator)

(ii) h + ya = hya (ह् + य = ह्य) बाह्य (*bahya* outer)

(iii) h + ṛ = hṛ (ह् + ऋ = हृ) हृदय (*hṛday* heart)

THE SPECIAL LETTER *kta*

क्त (क्त)

(4) Character k :

character k + ta = kta. *kta* can be written as क् + त = क्त।

but there is a special character for this combo which is written as क् + त = क्त = **क्त**

EXAMPLES :

रक्त (*rakta* blood), भक्ति भक्ति (*bhakti* devotion), वक्ता वक्ता (*vaktā* speaker), मुक्त मुक्त (*mukta* free), आसक्ति, आसक्ति (*āsakti* attachment), पंक्ति पंक्ति (*paṅkti* line) ...etc

COMPOUNDING DEVANAGARI CONSONANTS

+	क	ख	ग	घ	च	छ	ज	झ	ट	ठ	ड	ढ	ण	त	थ	द
क्	क्क	क्ख	क्ग	क्घ	क्च	क्छ	क्ज	क्झ	क्ट	क्ठ	क्ड	क्ढ	ल्ण	क्त	क्थ	क्द
ख्	ख्क	ख्ख	ख्ग	ख्घ	ख्च	ख्छ	ख्ज	ख्झ	ख्ट	ख्ठ	ख्ड	डढ	ख्ण	ख्त	ख्थ	ख्द
ग्	ग्क	ग्ख	ग्ग	ग्घ	ग्च	ग्छ	ग्ज	ग्झ	ग्ट	ग्ठ	ग्ड	ग्ढ	ग्ण	ग्त	ग्थ	ग्द
घ्	घ्क	घ्ख	घ्ग	घ्घ	घ्च	घ्छ	घ्ज	घ्झ	घ्ट	घ्ठ	घ्ड	घ्ढ	घ्ण	घ्त	घ्थ	घ्द
ङ्	ङ्क	ङ्ख	ङ्ग	ङ्घ	ङ्च	ङ्छ	ङ्ज	ङ्झ	ङ्ट	ङ्ठ	ङ्ड	ङ्ढ	ङ्ण	ङ्त	ङ्थ	ङ्द
च्	च्क	च्ख	च्ग	च्घ	च्च	च्छ	च्ज	च्झ	च्ट	च्ठ	च्ड	च्ढ	च्ण	च्त	च्थ	च्द
छ्	छ्क	छ्ख	छ्ग	छ्घ	छ्च	छ्छ	छ्ज	छ्झ	छ्ट	छ्ठ	छ्ड	छ्ढ	छ्ण	छ्त	छ्थ	छ्द
ज्	ज्क	ज्ख	ज्ग	ज्घ	ज्च	ज्छ	ज्ज	ज्झ	ज्ट	ज्ठ	ज्ड	ज्ढ	ज्ण	ज्त	ज्थ	ज्द
झ्	झ्क	झ्ख	झ्ग	झ्घ	झ्च	झ्छ	झ्ज	झ्झ	झ्ट	झ्ठ	झ्ड	झ्ढ	झ्ण	झ्त	झ्थ	झ्द
ञ्	ञ्क	ञ्ख	ञ्ग	ञ्घ	ञ्च	ञ्छ	ञ्ज	ञ्झ	ञ्ट	ञ्ठ	ञ्ड	ञ्ढ	ञ्ण	ञ्त	ञ्थ	ञ्द
ट्	ट्क	ट्ख	ट्ग	ट्घ	ट्च	ट्छ	ट्ज	ट्झ	ट्ट	ट्ठ	ट्ड	ट्ढ	ट्ण	ट्त	ट्थ	ट्द
ठ्	ठ्क	ठ्ख	ठ्ग	ठ्घ	ठ्च	ठ्छ	ठ्ज	ठ्झ	ठ्ट	ठ्ठ	ठ्ड	ठ्ढ	ठ्ण	ठ्त	ठ्थ	ठ्द
ड्	ड्क	ड्ख	ड्ग	ड्घ	ड्च	ड्छ	ड्ज	ड्झ	ड्ट	ड्ठ	ड्ड	ड्ढ	ड्ण	ड्त	ड्थ	ड्द
ढ्	ढ्क	ढ्ख	ढ्ग	ढ्घ	ढ्च	ढ्छ	ढ्ज	ढ्झ	ढ्ट	ढ्ठ	ढ्ड	ढ्ढ	ढ्ण	ढ्त	ढ्थ	ढ्द
ण्	ण्क	ण्ख	ण्ग	ण्घ	ण्च	ण्छ	ण्ज	ण्झ	ण्ट	ण्ठ	ण्ड	ण्ढ	ण्ण	ण्त	ण्थ	ण्द
त्	त्क	त्ख	द्ग	द्घ	च्च	छ्छ	ज्ज	झ्झ	द्ट	द्ठ	द्ड	द्ढ	द्ण	त्त	त्थ	द्द
थ्	थ्क	थ्ख	ध्ग	ध्घ	थ्च	थ्छ	थ्ज	थ्झ	थ्ट	थ्ठ	थ्ड	थ्ढ	थ्ण	थ्त	थ्थ	ध्द
द्	द्क	द्ख	द्ग	द्घ	च्च	छ्छ	ज्ज	झ्झ	द्ट	द्ठ	द्ड	द्ढ	द्ण	त्त	त्थ	द्द
ध्	ध्क	ध्ख	ध्ग	ध्घ	ध्च	ध्छ	ध्ज	ध्झ	ध्ट	ध्ठ	ध्ड	ध्ढ	ध्ण	ध्त	ध्थ	ध्द
न्	न्क	न्ख	न्ग	न्घ	ञ्च	ञ्छ	ञ्ज	ञ्झ	ण्ट	ण्ठ	ण्ड	ण्ढ	ण्ण	न्त	न्थ	न्द
प्	प्क	प्ख	प्ग	प्घ	प्च	प्छ	प्ज	प्झ	प्ट	प्ठ	प्ड	प्ढ	प्ण	प्त	प्थ	प्द
फ्	फ्क	फ्ख	फ्ग	फ्घ	फ्च	फ्छ	फ्ज	फ्झ	फ्ट	फ्ठ	फ्ड	फ्ढ	फ्ण	फ्त	फ्थ	फ्द
ब्	ब्क	ब्ख	ब्ग	ब्घ	ब्च	ब्छ	ब्ज	ब्झ	ब्ट	ब्ठ	ब्ड	ब्ढ	ब्ण	ब्त	ब्थ	ब्द
भ्	भ्क	भ्ख	भ्ग	भ्घ	भ्च	भ्छ	भ्ज	भ्झ	भ्ट	भ्ठ	भ्ड	भ्ढ	भ्ण	भ्त	भ्थ	भ्द
म्	ङ्क	ङ्ख	ङ्ग	ङ्घ	ङ्च	ङ्छ	ङ्ज	ङ्झ	म्ट	म्ठ	म्ड	म्ढ	म्ण	म्त	म्थ	म्द
य्	य्क	य्ख	य्ग	य्घ	य्च	य्छ	य्ज	य्झ	य्ट	य्ठ	य्ड	य्ढ	य्ण	य्त	य्थ	य्द
र्	र्क	र्ख	र्ग	र्घ	र्च	र्छ	र्ज	र्झ	र्ट	र्ठ	र्ड	र्ढ	र्ण	र्त	र्थ	र्द
ल्	ल्क	ल्ख	ल्ग	ल्घ	ल्च	ल्छ	ल्ज	ल्झ	ल्ट	ल्ठ	ल्ड	ल्ढ	ल्ण	ल्त	ल्थ	ल्द
व्	व्क	व्ख	व्ग	व्घ	व्च	व्छ	व्ज	व्झ	व्ट	व्ठ	व्ड	व्ढ	व्ण	व्त	व्थ	व्द
श्	श्क	श्ख	श्ग	श्घ	श्च	श्छ	श्ज	श्झ	श्ट	श्ठ	श्ड	श्ढ	श्ण	श्त	श्थ	श्द
ष्	ष्क	ष्ख	ष्ग	ष्घ	ष्च	ष्छ	ष्ज	ष्झ	ष्ट	ष्ठ	ष्ड	ष्ढ	ष्ण	ष्त	ष्थ	ष्द
स्	स्क	स्ख	स्ग	स्घ	स्च	स्छ	स्ज	स्झ	स्ट	स्ठ	स्ड	स्ढ	स्ण	स्त	स्थ	स्द
ह्	ह्क	ह्ख	ह्ग	ह्घ	ह्च	ह्छ	ह्ज	ह्झ	ह्ट	ह्ठ	ह्ड	ह्ढ	ह्ण	ह्त	ह्थ	ह्द

+	ध	न	प	फ	ब	भ	म	य	र	ल	व	श	ष	स	ह
क्	क्ध	क्न	ग्प	ग्फ	ग्ब	ग्भ	क्म	क्य	क्र	क्ल	क्व	क्श	क्ष	क्स	ख
ख्	ख्ध	ख्न	ख्प	ख्फ	ख्ब	ख्भ	ख्म	ख्य	ख्र	ख्ल	ख्व	ख्श	ख्ष	ख्स	ख्ख
ग्	ग्ध	ग्न	ग्प	ग्फ	ग्ब	ग्भ	ग्म	ग्य	ग्र	ग्ल	ग्व	ग्श	ग्ष	ग्स	घ
घ्	घ्ध	घ्न	घ्प	घ्फ	घ्ब	घ्भ	घ्म	घ्य	घ्र	घ्ल	घ्व	घ्श	घ्ष	घ्स	घ्ह
ङ्	ङ्ध	ङ्न	ङ्प	ङ्फ	ङ्ब	ङ्भ	ङ्म	ङ्य	ङ्र	ङ्ल	ङ्व	ङ्श	ङ्क्ष	ङ्स	ङ्घ
च्	च्ध	च्न	ज्प	ज्फ	च्ब	च्भ	च्म	च्य	च्र	च्ल	च्व	च्श	च्ष	च्त	छ
छ्	छ्ध	छ्न	छ्प	छ्फ	छ्ब	छ्भ	छ्म	छ्य	छ्र	छ्ल	छ्व	छ्श	छ्ष	छ्स	छ्छ
ज्	ज्ध	ज्न	ज्प	ज्फ	ज्ब	ज्भ	ज्म	ज्य	ज्र	ज्ल	ज्व	ज्श	ज्ष	ज्स	ज्झ
झ्	झ्ध	झ्न	झ्प	झ्फ	झ्ब	झ्भ	झ्म	झ्य	झ्र	झ्ल	झ्व	झ्श	झ्ष	झ्स	झ्झ
ञ्	ञ्ध	ञ्न	ञ्प	ञ्फ	ञ्ब	ञ्भ	ञ्म	ञ्य	ञ्र	ञ्ल	ञ्व	ञ्श	ञ्ष	ञ्स	ञ्ह
ट्	ट्ध	ट्ण	ट्प	ट्फ	ट्ब	ट्भ	ट्म	ट्य	ट्र	ट्ल	ट्व	ट्श	ट्ष	ट्स	ठ
ठ्	ठ्ध	ठ्ण	ठ्प	ठ्फ	ठ्ब	ठ्भ	ठ्म	ठ्य	ठ्र	ठ्ल	ठ्व	ठ्श	ठ्ष	ठ्स	ठ्ह
ड्	ड्ध	ड्ण	ड्प	ड्फ	ड्ब	ड्भ	ड्म	ड्य	ड्र	ड्ल	ड्व	ड्श	ड्ष	ड्स	ढ
ढ्	ढ्ध	ढ्ण	ढ्प	ढ्फ	ढ्ब	ढ्भ	ढ्म	ढ्य	ढ्र	ढ्ल	ढ्व	ढ्श	ढ्ष	ढ्स	ढ्ह
ण्	ण्ध	ण्ण	ण्प	ण्फ	ण्बा	ण्भ	ण्म	ण्य	ण्र	ण्ल	ण्व	ण्श	ण्ष	ण्स	ण्ह
त्	द्ध	त्न	त्प	त्फ	द्ब	द्भ	त्म	त्य	त्र	त्ल	त्व	त्श	त्ष	त्स	थ
थ्	थ्ध	थ्न	ध्प	ध्फ	थ्ब	थ्भ	थ्म	थ्य	थ्र	थ्ल	थ्व	थ्श	थ्ष	थ्स	थ्थ
द्	द्ध	द्न	द्प	द्फ	द्ब	द्भ	द्ज	द्झ	द्र	द्ल	द्व	द्श	द्ष	द्स	ध्ह
ध्	ध्ध	ध्न	ध्प	ध्फ	ध्ब	ध्भ	ध्म	ध्य	ध्र	ध्ल	ध्व	ध्श	ध्ष	ध्स	ध्ध
न्	न्ध	न्न	न्प	न्फ	न्ब	न्भ	न्म	न्य	न्र	न्ल	न्व	ञ्श	ञ्ष	न्स	न्ह
प्	प्ध	प्न	प्प	प्फ	प्ब	प्भ	प्म	प्य	प्र	प्ल	प्व	प्श	प्ष	प्स	प्ह
फ्	फफ	फ्न	फ्प	फ्फ	फ्ब	फ्भ	फ्म	फ्य	फ्र	फ्ल	फ्ब	फ्श	फ्ष	फ्स	फ्ह
ब्	ब्ध	ब्न	ब्प	ब्फ	ब्ब	ब्भ	ब्म	ब्य	ब्र	ब्ल	ब्व	ब्श	ब्ष	ब्स	भ
भ्	भ्ध	भ्न	भ्प	भ्फ	भ्ब	भ्भ	भ्म	भ्य	भ्र	भ्ल	भ्ब	भ्श	भ्ष	भ्स	भ्ह
म्	म्ध	म्न	म्प	म्फ	म्ब	म्भ	म्म	म्य	म्र	म्ल	म्व	म्श	म्ष	म्स	म्ह
य्	य्ध	य्न	य्प	य्फ	य्ब	य्भ	य्म	य्य	य्र	य्ल	य्व	य्श	य्ष	य्स	य्ह
र्	र्ध	र्न	र्प	र्फ	र्ब	र्भ	र्म	र्य	र्र	र्ल	र्व	र्श	र्ष	र्स	र्ह
ल्	ल्ध	ल्न	ल्प	ल्फ	ल्ब	ल्भ	ल्म	ल्य	ल्र	ल्ल	ल्व	ल्श	ल्ष	ल्स	ल्ह
व्	व्ध	व्न	व्प	व्फ	व्ब	व्भ	व्म	व्य	व्र	व्ल	व्व	व्श	व्ष	व्स	व्ह
श्	श्ध	श्न	श्प	श्फ	श्ब	श्भ	श्म	श्य	श्र	श्ल	श्व	श्श	श्ष	श्स	श्ह
ष्	ष्क	ष्ख	ष्प	ष्फ	ष्ब	ष्भ	ष्म	ष्य	ष्र	ष्ल	ष्व	ष्श	ष्ष	ष्स	ष्थ
स्	स्ध	स्न	स्प	स्फ	स्ब	स्भ	स्म	स्य	स्त्र	स्ल	स्व	स्श	स्ष	स्स	स्ह
ह्	ह्ध	ह्न	ह्प	ह्फ	ह्ब	ह्भ	ह्म	ह्य	ह्र	ह्ल	ह्व	ह्श	ह्ष	ह्स	ह्ह

RATNAKAR'S CHILDREN SONGS
रत्नाकर के शिशु गीत

EXERCISE 16 : Read the following Hindi Childrens' songs :

1	**माँ**	**Mā̐**	**Mother**
	सबसे प्यारी होती माँ । सबसे न्यारी होती माँ ।। कोई कहता उसको 'अम्मा' । कोई 'मम्मी' कोई 'मामा' ।।	Sab se pyārī hotī mā̐, Sab se nyārī hotī mā̐, Koī kahatā us ko ammā, Koī mummy, koī māmā.	*Mother is most dear of all. Mother is different from all. Some call her Amma, some call Mummy and some call her Mama*
2	**गाय**	**Gāy**	**Cow**
	'गाय हमारी माता है' । इसका जो नर ज्ञाता है ।। पुण्य बहुत वह पाता है । और स्वर्ग में जाता है ।।	Gāy hamārī mātā hai, Is kā jo nar gyātā hai, Puṇya bahut vah pātā hai, Aur swarg me̐ jātā hai.	*Cow is our mother. He who knows this, burns his sins and goes to heaven.*
3	**मंदिर**	**Mandir**	**Temple**
	बहुत पुराना मंदर है । शिव की मूर्ति अंदर है ।। भगत गा रहे सुंदर हैं । गायत्री का मंतर है ।।	Bahut purāna mandar hai, Mūrti Shiva kī andar hai, Bhagat gā rahe sundar hai̐, Gāyatrī kā mantar hai.	*It is an old temple. Inside the temple, there is Shiva's image. The devotees are singing the lovely Gayatri chant.*
4	**लड़का**	**Laḍkā**	**Boy**
	सात साल का मैं हूँ बाल । बाल काले गोरे गाल ।। माँ का प्यारा मैं हूँ लाल । नाम मेरा राधे गोपाल ।।	Sāt sāl kā mai̐ hū̐ bāl, Bāl kāle, gore gāl, Mā̐ kā pyārā mai̐ hū̐ lāl, Nām merā Rādhe-Gopāl.	*I am a seven years old boy. My hair are black and cheeks are fair. I am my mother's dear lad. My name is Radhe-Gopal.*
5	**लड़की**	**Laḍkī**	**Girl**
	सात साल की मैं बाला । नाम मेरा मोती माला ।। हार गले में हीरों वाला । चमकीला है मैंने डाला ।।	Sāt sāl kī mai̐ bālā, Nām merā Moti-Mālā, Hār gale me̐ hīro̐ wālā, Chamkīlā hai mai̐ne ḍālā.	*I am a seven year old girl. My name is Moti-mala. I am wearing a shiny diamond necklace.*

6	**गुलाब**	**Gulāb**	**Rose flower**
	लाल गुलाबी सुंदर फूल । डाली के काँटे देते शूल ।। पत्तों पर हो चाहे धूल । फिर भी लगता सबसे 'कूल' ।।	Lāl gulābī sundar phool, Ḍālī ke kā̃ṭe dete shūl, Pattō̃ par ho chāhe dhūl, Fir bhī lagatā sab se "Cool."	*A beautiful pink-red rose flower, even if there may be thorns on the branch and dust on the leaves, it still is the "Coolest" of all flowersl.*
7	**रेल गाड़ी**	**Tail-gāḍī**	**Train**
	छुक छुक चलती गाड़ी रेल । टन्टन् टन्टन् बज गयी बेल।। देखो देखो आयी मेल । आना जाना उसका खेल ।।	Chhuk chhuk chaltī gāḍī rel, Ṭan ṭan ṭan ṭan baj gayī bel, Dekho dekho āyī mel, Aanā jānā uskā khel.	*The train goes, "chhook chhook!" The bell rings tan-tan tan-tan. Look! the train has come. Coming and going is its every day game.*
8	**घर**	**Ghar**	**House**
	छोटा सा है मेरा घर । फिर भी लगता है सुंदर ।। साफ और सुथरा है अंदर । एक दिन ऊपर था बंदर ।।	Chhotā sā hai merā ghar, Fir bhī lagtā hai sundar, Sāf aur suthrā hai andar, Ek din ūpar thā bandar.	*My house is small. Still it looks nice. It is clean and tidy inside. One day a monkey was sitting ovet it.*
9	**बरफ**	**Baraf**	**Ice, snow**
	बाहर है जब गिरती बरफ । सफेद सफेद चारों तरफ ।। बाहर है जब गिरती बरफ । ठंढा ठंढा चारों तरफ ।।	Bāhar hai jab girtī baraf, Safed safed chārō̃ taraf, Bāhar hai jab girtī baraf, Ṭhaṇḍā ṭhaṇḍā chārō̃ taraf.	*When it snows outside, it is white everywhere. When it snows outside, it is cold everywhere.*
10	**टेलीफून**	**Telephūn**	**Telephone**
	टन् टन् घंटी टेलीफोन । हलो! बोल रहा है कौन? ।। मैं हूँ मिस्टर डेवीड जौन । धीमी धीमी मेरी टोन ।।	Ṭan ṭan ghaṇṭī ṭelīphone, Hello! Bol rahā hai kaun? Maĩ hū̃ Mister David John, Dhīmī dhīmī merī ṭon.	*Telephone bell is ringing, tan tan. Hello! Who is speaking? I am mister Devid John. My tone is slow.*

11	**मेपल लीफ़**	**Mepal līf**	**Maple Leaf**
	कैनेडा का मेपल लीफ । सारे पत्तों में है चीफ ।। जग में उसकी है तारीफ । रंग लाल से सब वाकिफ ।।	Canaḍā kā Maple leaf, Sāre patto̐ me̐ hai chief, Jag me̐ uskī hai tārīf, Raṅg lāl se sab wākif.	*Canada's Maple-leaf, is the cheif of all leaves. The whole world knows it by its red colour, and they love it.*
12	**सिगरेट**	**Sigreṭ**	**Cigarette**
	सिगरेट पीना मना है । कानून ऐसा बना है ।। क्योंकि धोखा घना है । कैंसर का ये तना है ।।	Sigreṭ pīnā manā hai, Kānūn aisā banā hai, Kyo̐ ki dhokhā ghanā hai, Cancer kā ye tanā hai.	*Smoking is prohibited. It is the rule. Because this weed is dangerous and it causes cancer.*
13	**गाना**	**Gānā**	**Song**
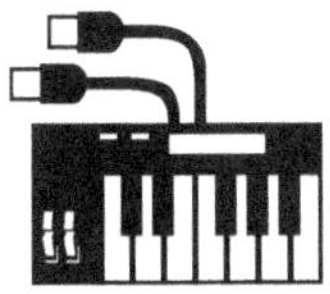	आओ मिलकर गाएँ गाना । सबने गाना जो है जाना ।। मीठा सुर है सबको भाना । उसका आनंद सबने पाना ।।	Aao mil kar gāe̐ gānā, Sab ne gānā jo hai jānā, Mīṭhā sur hai sab kao bhānā, Uskā ānand sab ne pānā.	*Come! Let's sing a song, the one that everyone knows. Everyone will love a sweet voice. They will enjoy it.*
14	**कार**	**Kār**	**Car**
	लाल रंग की मेरी कार । पेट्रोल पीती बारंबार ।। दीये दो हैं, चक्के चार । फिरती लेकर सबका भार ।।	Lāl rang kī merī kār, Petrol pītī bārambār, Dīye do hai̐, chakke chār, Firtī le kar sab kā bhār.	*My car is of red colour. It guzzles gas again and again. It has two lamps and four wheels. It runs around carrying everyone.*
15	**मुर्गी, मुर्गा**	**Murgī, Murgā**	**Hen, Rooster**
	कुकडूँ कुकडूँ मुर्गी बोले । तब सवेरे आँखे खोले ।। अंडे पनीर भटूरे छोले । खाकर मन मामू का डोले ।।	Kukdū̐ kukdū̐ murgā bole, Tab savere ā̐khe khole, aṇḍe panīr bhaṭure chhole, Khā kar māmū kā man ḍole.	*When the rooster crows kaaka-doole-doo! then my uncle opens his eyes in the morning. Eating eggs, chees,chhole and bhature, he becomes happy.*

16	**मोर**	**Mor**	**Peacock**
	किहूँऽ किहूँऽ करके शोर । घूम घूम कर नाचे मोर ।। पंख पसारे जिसकी ओर । उसके चित्त का है ये चोर ।।	Kīhū̃ kīhū̃ kar ke shor, ghūm ghūm kar nāche mor, Paṅkha pasāre jiskī or, Us ke chitt kā hai ye chor.	*The peacock makes keehoo keehoo noise and dances turning round and round. He steals people's heart by spreading his wings towards them.*
17	**तोता**	**Totā**	**Parrot**
	मिट्ठू मियाँ तोता हूँ । हरे रंग का होता हूँ ।। डाल डाल पर जाता हूँ । मीठे फल मैं खाता हूँ ।।	Miṭṭhū Miyā totā hū̃, Hare raṅg kā hotā hū̃, Ḍāl ḍal par jātā hū̃, Mīṭhe fal maĩ khātā hū̃.	*I am a parrot. My name is Mitthu-Miya. I am of green colour. I go from branch to branch and eat the sweet fruits.*
18	**आम**	**Aam**	**Mango**
	फलों का राजा आम है । भारत उसका धाम है ।। जग में उसका नाम है । ललचाना उसका काम है ।।	Falõ kā rājā ām hai. Bhārat us kā dhām hai, Jag mẽ us kā nām hai, Lalchānā us kā kām hai.	*Mango is the king of the fruits. India is its abode. Mango is well known in the whole world. Everyone likes it.*
19	**कुत्ता**	**Kuttā**	**Dog**
	कुत्ते से है डरता चोर । भों भों भों भों करता शोर ।। दाँतों में है उसके जोर । काटके हड्डी ड़ाले तोर ।।	Kutte se hai ḍartā chor, Bhõ bhõ bhõ bhõ kartā shor, Dā̃tõ mẽ hai us ke zor, Kāṭke haḍḍī ḍāle toḍ.	*Thief is afraid of a dog. The dog barks bho bho bho bho! His teeth are strong. He can crack your bone with one bite.*
20	**बिल्ली**	**Billī**	**Cat**
	काले रंग की मेरी बिल्ली । उसको अच्छी लगती दिल्ली ।। मोटी मोटी आँखों वाली । बड़े प्यार से मैंने पाली ।।	Kāle rang kī merī billī, Us ko achhī lagtī Dillī, Moṭī moṭī ā̃khõ wālī, Baḍe pyār se maĩ ne pālī.	*My cat is black. It loves living in Dehli. It has big eyes. I raised it with great love.*

21	**घोड़ा**	**Ghoḍā**	**Horse**
	भूरे रंग का देखो घोड़ा । भागे ज्यादा, बैठे थोड़ा ।। टप टप करता जब ये दौड़ा । सीना उसका होता चौड़ा ।।	Bhūre rang kā dekho ghoḍā, Bhāge jyādā, baiṭhe thoḍā, Ṭap ṭap kartā jab ye dauḍā, Sīnā uskā hotā chauḍā.	*Look at the gray coloured horse. It runs more and sits less. When he gallops tap tap, his chest grows big with pride.*
22	**शेर**	**Sher**	**Tiger, Lion**
	भागो भागो आया शेर । कोई भी ना करना देर ।। मोटे मोटे उसके पैर । उनके आगे किसकी खैर? ।।	Bhāgo! bhāgo! āyā sher, Koī bhī nā karnā der, Moṭe moṭe uske pair, Un ke āge kis kī khair?	*Run! run! a tiger came. Don't anyone be slow. He has strong paws. No body is safe from him.*
23	**हाथी**	**Hāthī**	**Elephent**
	सबसे भारी होता हाथी । राजाओं का ये है साथी ।। लम्बे लम्बे उसके दाँत । काम में लाए जैसे हाथ ।।	Sab se bhārī hotā hāthī, Rājāõ kā ye hai sāthī, Lambe lambe uske dā̃t, Kām mẽ lāye jaise hāth.	*Elephant is the biggest and heaviest of all animals. He is a friend of the kings. He has long teeth, which he uses like his hands.*
24	**माउस**	**Māus**	**Mouse**
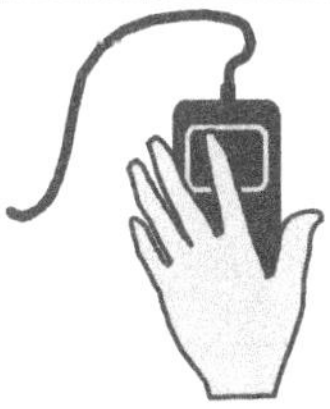	कम्प्यूटर का माउस है । इसके विना न हाउस है ।। बिजली पर ये चलता है । माउस-पैड पर पलता है ।।	Computer kā mouse hai, Us ke binā na Hāus hai, Bijlī par ye chaltā hai, Mouse Pad par ye paltā hai.	*This is a computer mouse. Now-a days, there is no house without it. It runs on electricity and lives on a mouse-pad.*
25	**चोर**	**Chor**	**Thief**
	देखो देखो आया चोर । पकड़ो पकड़ो मच गया शोर ।। छुपा हुआ है उधर की ओर । बांधें उसको लाओ डोर ।।	Dekho dekho āyā chor, Pakḍo pakḍo mach gayā shor, Chhupā huā hai udhar kī or, Bāndhẽ us ko, lāo ḍor.	*Oh! Look, there is a thief. Everyone is shouting, "catch him," "catch him." He is hiding on that side. Bring a rope and let's tie him up.*

26	**मिरची**	**Mirchī**	**Chilli**
	ये मिरची हरी है । तीखेपन से भरी है ।। फिर भी सबको प्यारी है । अजीब सी तरकारी है ।।	Ye mirchī harī hai. Tīkhe-pan se bharī hai, Fir bhī sab ko pyārī hai, Ajīb sī tarkārī hai.	*This chilli is green. It is very hot. Even though it is very hot, people love it. My goodness! it is a strange vegetable.*
27	**किताब**	**Kitāb**	**Book**
	बच्चों रखना ध्यान है । किताब देती ज्ञान है ।। ज्ञान से मिलता मान है । जिसमें सच्ची शान है ।।	Bachchõ rakhnā dhyān hai, Kitāb detī gyān hai, Gyān se miltā mān hai, Jis me scchchī shān hai.	*Children! remember, the book gives you knowledge. The knowledge gives you respect. With respect comes honour.*
28	**जन्म दिन**	**Janma-din**	**Birthday**
	जनम दिन फिर आया है । हर कोई तोहफा लाया है ।। ‘हैपी बर्थ डे’ भी गाया है । सब कुछ मन को भाया है ।।	Janam din fir āyā hai, Har koī tohfā lāyā hai, “Happy Birthday” bhī gāyā hai, Sab kuchh man ko bhāyā hai.	*Birthday has come again. Everyone brought a gift. They sang “Happy Birth Day to You.” Everything pleased my mind.*
29	**चिठ्ठी**	**Chiṭhṭhī**	**Letter**
	राम की चिठ्ठी आयी है । खुश खबरी ये लायी है ।। लिखा है कल सगाई है । सुंदर मिली लुगाई है ।।	Rām kī chiṭṭhī āyī hai, Khush khabrī ye lāyī hai, Likhā hai kal sagāī hai, Sundar milī lugāī hai.	*Ram's letter has come. It has brought a good news. It says tomorrow is his wedding. He got a beautiful bride.*
30	**ताला**	**MTālā**	**Lock**
	ये जो दिखता काला है । गोल आकार का ताला है ।। बिना चाबी से खुला है । क्योंकि नंबर वाला है ।।	Ye jo dikhtā kālā hai, Gol ākār kā tālā hai, Binā chābī se khulā hai, Kyõ kī number wālā hai.	*The thing in black colour in this picture is a lock. It is round in shape. It opens without a key, because it is a number lock.*

31	**सूरज**	**Sūraj**	**Sun**
	सूरज दिन का तारा है । तेज किरण की धारा है ।। चमकाता जग सारा है । जीवन दाता न्यारा है ।।	Sūraj din kā tārā hai, Tez kiraṇ kī dhārā hai, Chamkātā jag sārā hai, Jīvan dātā nyārā hai.	*The Sun is the star of the day-time. It's light is a flow of bright powerful rays. It shines the whole world. It is a unique life giver.*
32	**वर्षा, बारिश**	**Varshā, bārish**	**Rain**
	वर्षा नभ से गिरती है । नदियों में जल भरती है ।। हरी रंगाती धरती है । जीवन सुखमय करती है ।।	Varṣhā nabh se girtī hai, Nadiyao̐ me̐ jal bhartī hai, Harī raṅgātī dhartī hai, Jīvan sukh-may kartī hai.	*Rain falls from the sky. It fills up the rivers. It paints the earth green with vegetation, and fills life with happiness.*
33	**चाँद**	**Cha̐nd**	**Moon**
	चाँद रात में आता है । समय सुहाना लाता है ।। सबका दिल बहलाता है । सबके मन को भाता है ।।	Chānd gagan me̐ ātā hai, Samay suhānā lātā hai, Sab kā dil bahalātā hai, Sab ke man ko bhātā hai.	*Moon shines at night. It brings a pleasent time. It amuses everyone's mind. Everyone likes it.*
34	**बच्चा**	**Bachachā**	**Baby**
	मुन्ना राजा सोया है । सारी रात ये रोया है ।। कंबल में लिपटा होया है । अब सपनों में खोया है ।।	Munnā rājā soyā hai, Sārī rāt ye royā hai, Kambal me̐ lipṭā hoyā hai, Ab sapno̐ me̐ khoyā hai.	*The baby is sleeping. He cried all night. Now he is wrapped up in a blanket and he is lost in his sweet dreams.*
35	**परछाई**	**Parachhāī**	**Shadow**
	उंगलियाँ यूं लगाई हैं । तसवीर फिर बनाई है ।। ये केवल परछाई है । सबके मन को भाई है ।।	Ungliyā̐ yū̐ lagāī hai̐, Tasvīr fir banāī hai, Ye keval parchhāī hai, Sab ke man ko bhāī hai.	*Fingers are arranged in such a fashion, that they formed a figure on the wall. It is only a shadow, but it pleased everyone.*

36	**जादू**	**Jadū**	**Magic**
	देखो हाथ सफाई है । ये जादू का भाई है ।। कला ये जिसने पाई है । उसने जनता बहलाई है ।।	Dekho hāth safāī hai, Ye jādū kā bhāī hai, Kalā ye jisne pāyī hai, Usne janatā bahalāyī hai.	*See this hand tric. It is a younger brother of a magic. One who has learned this art, he has entertained people.*
37	**मछली**	**Machalī**	**Fish**
	मछली लाल पीली है । धारें उस पर नीली हैं ।। गोल आँखें काली है । जल में रहने वाली है ।।	Machhalī lāl pīlī hai, Dhare̐ us par nīlī hai̐, Gol ā̐khe̐ kālī hai̐, Jal me̐ rahane wālī hai.	*This fish is red and yellow. It has blue stripes over it. It's eyes are round and black. The fish lives in water.*
38	**आँख**	**ā̐nkh**	**Eye**
	आंखे हमको देकर दृष्टि । दिखलाती हैं सारी सृष्टि ।। जल हिम फूलों की वृष्टि । देखो देती मन को तुष्टि ।।	Aā̐nkhe̐ ham ko detī driṣḥṭi, Dikhalātī hai sārī sriṣḥṭi, Jal, him, fūlo̐ kī vriṣḥṭi, Dekho man ko detī tuṣḥṭi.	*Eyes give us vision, They show us the whole universe. They show us the showers of rain, snow and flowers, And give happiness to our mind.*
39	**तितली**	**Titlī**	**Butterfly**
	फूल पर बैठी तितली है । टांगे उसकी पतली हैं ।। रंग बिरंगों वाली है । आंखे उसकी काली हैं ।।	Fūl par baiṭhī titlī hai, Ṭā̐nge̐ us kī patlī hai̐, Rang birango̐ wālī hai, Aā̐nkhe̐ uskī kālī hai̐.	*Butterfly is sitting on a flower. It has skiny legs. It is colourful. It's eyes are black.*
40	**पैसा**	**Paisā**	**Money**
	पैसा जिसके पास है । हवा में उसका वास है ।। क्योंकि उसको भास है । कि दुनिया उसकी दास है ।।	Paisā jis ke pās hai, Gagan me̐ us kā vās hai, Kyo̐ ki us ko bhās hai, Ki duniyā us kī dās hai.	*One who has money, he lives in the heaven. Because, he carries a notion that, the whole world is at his feet.*

LESSON 7

INTRODUCTION TO SANDHI

COMPOUNDING OF VOWELS

स्वर संधि

When any two vowels come together,
they are compounded into one single long vowel
with the rules, shown in short, as follows :

	1st vowel	+	2nd vowel	= the Result
1	अ, आ	+	अ, आ	आ
	अ, आ	+	इ, ई	ए
	अ, आ	+	उ, ऊ	ओ
	अ, आ	+	ऋ	अर्
	अ, आ	+	ए, ऐ	ऐ
	अ, आ	+	ओ, औ	औ
2	इ, ई	+	अ,आ,उ,ऊ,ए,ऐ,ओ,औ	य,या,यु,यू,ये,यै,यो,यौ
	इ, ई	+	इ,ई	ई,ई
3	उ, ऊ	+	अ,आ,इ,ई,ए,ऐ,ओ,औ	व,वा,वि,वी,वे,वै,वो,वौ
	उ, ऊ	+	उ, ऊ	ऊ, ऊ
4	ए	+	अ,आ,इ,ई,उ,ऊ,ए,ऐ,ओ,औ	अय् + अ,आ,इ....औ
5	ऐ	+	अ,आ,इ,ई,उ,ऊ,ए,ऐ,ओ,औ	आय् + अ,आ,इ,ई,उ,ऊ,ए,ऐ,ओ,औ
	ओ	+	अ,आ,इ,ई,उ,ऊ,ए,ऐ,ओ,औ	अव् + अ,आ,इ,ई,उ,ऊ,ए,ऐ,ओ,औ
	औ	+	अ,आ,इ,ई,उ,ऊ,ए,ऐ,ओ,औ	आव् + अ,आ,इ,ई,उ,ऊ,ए,ऐ,ओ,औ

LESSON 8
दसवाँ पाठ

10.1 INTRODUCTION TO THE HINDI NUMERALS
हिंदी अंक

0	shūnya	0	शून्य	
1	ek	१	एक	One book. *ek kitāb* एक किताब।
2	do	२	दो	Two books. *dok kitābẽ* दो किताबें।
3	tīn	३	तीन	Three books. *tīn kitābẽ* तीन किताबें।
4	chār	४	चार	
5	pāñch	५	पाँच	
6	chhah	६	छह	
7	sāt	७	सात	
8	āṭh	८	आठ	
9	nau	९	नौ	
10	das	१0	दस	

EXERCISE 17 :

(1) Read the numbers in Hindī :
1 7 9 4 0 3 2 8 5 6

(2) Read the following Hindī numerals :
७ ४ १ ९ ६ 0 ५ ३ ८ २

(3) Read and Write the following Hindī numerals :
चार, सात, नौ, एक, शून्य, छह, आठ, पाँच, दो, दस

> **ANNOUNCEMENT :** With the scientific and easy to follow tools given in this book, **just by mastering the use of tables 18, 23 and 25, you can start making and speaking your own sentences quickly and with confidence**.

10.2
COUNTING TO ONE HUNDRED

11 gyārah	ग्यारह	12 bārah	बारह	57 sattāvan	सत्तावन	58 aṭṭhāvan	अट्ठावन
13 terah	तेरह	14 chaudah	चौदह	59 unasaṭh	उनसठ	60 sāṭh	साठ
15 pandrah	पंद्रह	16 solah	सोलह	61 ikasaṭh	इकसठ	62 bāsaṭh	बासठ
17 satrah	सत्रह	18 aṭhārah	अठारह	63 tresaṭh	त्रेसठ	64 chauṅsaṭh	चौंसठ
19 unnīs	उन्नीस	20 bīs	बीस	65 paiṅsaṭh	पैंसठ	66 chhiyāsaṭh	छियासठ
21 ikkīs	इक्कीस	22 bāīs	बाईस	67 saḍasaṭh	सड़सठ	68 aḍasaṭh	अड़सठ
23 teīs	तेईस	24 chaubīs	चौबीस	69 unahattar	उनहत्तर	70 sattar	सत्तर
25 pachchīs	पच्चीस	26 chhabbīs	छब्बीस	71 ikahattar	इकहत्तर	72 bahattar	बहत्तर
27 sattāīs	सत्ताईस	28 aṭṭhāīs	अट्ठाईस	73 tihattar	तिहत्तर	74 chauhattar	चौहत्तर
29 unatīs	उनतीस	30 tīs	तीस	75 pachahattar	पचहत्तर	76 chhihattar	छिहत्तर
31 ikatīs	इकतीस	32 battīs	बत्तीस	77 satahattar	सतहत्तर	78 aṭhahattar	अठहत्तर
33 tai̐tīs	तैंतीस	34 chau̐tīs	चौंतीस	79 unyāsī	उन्यासी	80 assī	अस्सी
35 pai̐tīs	पैंतीस	36 chhattīs	छत्तीस	81 ikyāsī	इक्यासी	82 bayāsī	बयासी
37 saintīs	सैंतीस	38 aṭhattīs	अठत्तीस	83 tirāsī	तिरासी	84 chaurāsī	चौरासी
39 untālīs	उनतालीस	40 chālīs	चालीस	85 pachāsī	पचासी	86 chhiyāsī	छियासी
41 iktālīs	इकतालीस	42 bayālīs	बयालीस	87 sattāsī	सत्तासी	88 aṭṭhāsī	अट्ठासी
43 taiṅtālīs	तैंतालीस	44 chauvālīs	चौवालीस	89 nāvāsī	नवासी	90 nabbe	नब्बे
45 pai̐tālīs	पैंतालीस	46 chhiyālīs	छियालीस	91 ikyānabe	इक्यानबे	92 bānabe	बानबे
47 sai̐tālīs	सैंतालीस	48 aḍatālīs	अड़तालीस	93 tirānabe	तिरानबे	94 chaurānabe	चौरानबे
49 unachās	उनचास	50 pachās	पचास	95 pañchānabe	पन्चानबे	96 chhiyānabe	छियानबे
51 ikyāvan	इक्यावन	52 bāvan	बावन	97 sattānabe	सत्तानबे	98 aṭṭhānabe	अट्ठानबे
53 trepan	त्रेपन	54 chauwan	चौवन	99 ninyānabe	निन्यानबे	100 sau	सौ
55 pachapan	पचपन	56 chhappan	छप्पन				

HINDI ASTRONOMICAL NUMBERS:

1,000 हज़ार hazār. 100,000 लाख lākh. 10,000,000 करोड़ karoḍ. 1000,000,000 अरब arab.

100,000,000,000 खरब kharab. 10,000,000,000,000 शंख shankh.

1000,000,000,000,000 नीलम nīlam. 100,000,000,000,000,000 पदम padam.

HINDI FRACTIONS : 1/4 चौथाई chauthāī. 1/3 तिहाई tihāī. 1/2 आधा ādhā, 3/4 पौना paunā.

1¼ सवा savā. 1½ डेढ ḍeḍh. 1¾ पौने दो paune do. 2½ ढाई ḍhāī. 3½ साढ़े तीन sāḍhe tīn ... etc.

HINDI NUMERALS FROM 0 to 99

	0	1	2	3	4	5	6	7	8	9
0	૦	૧	૨	૩	૪	૫	૬	૭	૮	૯
1	૧૦	૧૧	૧૨	૧૩	૧૪	૧૫	૧૬	૧૭	૧૮	૧૯
2	૨૦	૨૧	૨૨	૨૩	૨૪	૨૫	૨૬	૨૭	૨૮	૨૯
3	૩૦	૩૧	૩૨	૩૩	૩૪	૩૫	૩૬	૩૭	૩૮	૩૯
4	૪૦	૪૧	૪૨	૪૩	૪૪	૪૫	૪૬	૪૭	૪૮	૪૯
5	૫૦	૫૧	૫૨	૫૩	૫૪	૫૫	૫૬	૫૭	૫૮	૫૯
6	૬૦	૬૧	૬૨	૬૩	૬૪	૬૫	૬૬	૬૭	૬૮	૬૯
7	૭૦	૭૧	૭૨	૭૩	૭૪	૭૫	૭૬	૭૭	૭૮	૭૯
8	૮૦	૮૧	૮૨	૮૩	૮૪	૮૫	૮૬	૮૭	૮૮	૮૯
9	૯૦	૯૧	૯૨	૯૩	૯૪	૯૫	૯૬	૯૭	૯૮	૯૯

IMPORTANCE OF THE NUMERALS 1 to 10

1. Ekdant एकदंत (Ganesha), एकलिंग Eklinga (Shiva), एकाक्ष Ekākṣha (crow)
2. Dvandva द्वंद्व (duality), Dvija द्विज (twice-born), द्विजिह्व Dvijihva (snake)
3. Trikāla त्रिकाल (Past, present, future), त्रिलोक Triloka (Heaven, earth, hell), त्रैविद्या Traividyā (Rig, Sāma, Atharva Veda), त्रिमूर्ति Trimūrti (Brahma, Vishṇu, Mahesha), त्रिलिंग Trilinga (Masculine, feminine, neuter), त्रिगुण Triguṇa (sat, rajs, tamas), त्रिदेवी Tridevī (Lakshmī, Parvatī, Sarasvatī), त्रिफला Triphalā (ā̐valā, Harḋā, baheḋā), मुनित्रय Munitraya (Nārad, Pāṇini, Patañjali), कवित्रय Kavitraya (Vālmīki, Vyāsa, Tulsī),
4. चतुरानन Chaturānana (Brahmā), चतुराश्रम Chaturāshram (Bharmacharya, Grihastha, Vānaprastha, Sanyāsa), चतुर्दिशा Chaturdishā (uttar North, pūrva East, dakshiṇa, South, paschima West), चतुरोपदिशा Chaturopadishā (īshana NE, āgneya SE, nairutya SW, vāyavya NW), चतुर्वेद Chaturveda (Rig, Sāma, Yajus, Atharva), चतुर्तंत्र Chaturtantra (sāma, dāma, daṇḍa, bheda), चतुष्पुरुषार्थ Chatus-Purushārtha (Dharma, artha, kāma, moksha), चतुर्वर्ण Chaturvarṇa (Brahmaṇa, Kshatruya, Vaishya, Shūdra), चतुर्युग Chaturyuga (Sat, tretā, dvāpar, kalī yug), चार महावाक्य Chār Mahāvākya (अहं ब्रह्मास्मि, तत्त्वमसि, अयमात्मा ब्रह्म, प्रज्ञानं ब्रह्म)
5. पँच-पाँडव Pancha-Pāndava (Yudhishṭhir, Bhīma, Arjuna, Nakula, Sahadeva), पँच-भूत Panchabhūta (Earth, Water, Fire, Air, Sky), पँच-तन्मात्रा Pancha-tanmātrā (Speech, Touch, Smell, Taste, Vision), पँचायुध Panchāyudha (Shankha, Chakra, Gadā, Khadga, Dhanusha), पँच-मित्र Five friends (Ahimsā, Satya, Asteya, Brahmacharya, Aparigraha), पँच-शत्रु Five enemies (Kāma, Krodha, Lobha, Moha, Ahaṁkara), पँचेन्द्रिय Panchendriya (Ears, Skin, Eyes, Tongue, Nose), पँचक्षेत्र Pancha-kshetra (Haridwār, Prayāg, Gayā, Kurukshetra,

Naimisharanya), पँच-धाम Panchadhama (Mathura, Kashi, Ayodhya, Dwārkā, Haridwār), पँचनदी Panchanadī (Gangā, Yamunā, Sarasvatī, Godāvarī, Krishṇa), पँच-धातु Panchadhātu (Gold, Silver, Copper, Lead, Tin)

6. षड्-ऋतु Six seasons (Vasant, Grishma, Varsha, Sharad, Hemant, Shishir), षड्-समास Six Samāsa (Tatpurusha, Karmadharaya, Bahuvrīhi, Dvigu, Dvandva, Avyayībhāva)

7. सप्त-सुर Sapat-sur (Sā, Re, ga, Ma, Pa, Dha, Ni), सप्त-दिन Seven days (Soma, Mangala, Budh, Brahaspati, Shukra, Shani, Ravi-vār), सप्तर्षि Saptarṣhi (Marīchi, Atri, Angirā, Pulastya, Kratu, Vasiṣhṭha, Pulaha)

8. अष्ट-कारक Aṣṭakārak (Kartā, Karma, Karaṇa, Sampradāna, Apadāna, Sambandha, Adhikaraṇa, Sambodhana), अष्ट-गण Aṣṭa-gaṇa (छंद गण ya 001, ma 111, ta 110, r 101, ja 010, bha 100, na 000, sa 001), अष्ट-पाद Aṣṭapād (Spider)

9. नव-ग्रह Navagraha (Surya, Chandra, Mangala, Budha, Guru, Shukra, Shani, Rāhu, Ketu), नवरत्न Navaratna (Hirā, Mūṅgā, Motī, Lahsuniyā, Gomed, Pannā, Maṇik, Nīlam, Pukharāj), नवगुण Nava-guṇa (Shama, Dama, Tap, Shaucha, Shānti, Aarjava, Gyāna, Vigyāna, Aastikya), नवशिल्पी Nava-shilpī (Florist, Carpenter, Jewler, Weaver, Potter, Tailor, Painter, Sculptor, Actor), नवरस Nava-rasa (Karuṇa, Raudra, Shringār, Adbhuta, Vīra, Hasya, Vibhatsa, Bhaya, Shānta)

10. दशांकमूल Ankamūla (0, 1, 2, 3, 4, 5, 6, 7, 8, 9), दशावतार Dashāvatāra (Maatsya, Kurma, Varāha, Nrisimha, Vāmana, Parshurāma, Rāma, Krishṇa, Buddha, Kalki), दशरथ Dasharatha (Rama's father), दशमुख Dashamukha (Ravaṇa).

LESSON 9

ग्यारहवाँ पाठ

MAKING YOUR OWN HINDI SENTENCES

9.1 MAKING SIMPLE SENTENCES - about a 'Present' event, with 'IS' (*hai* है)

Key words : I = मैं *(mai̐),* am = हूँ *(hū̐),* is = है *(hai),* are = हैं *(hai̐),* name = *nām* नाम।

my = मेरा *(merā),* your = आपका *(āp-kā),* his/her = उसका *(us-kā),* their = उनका *(un-kā)*

I	मैं *(mai̐)*	am	हूँ *(hū̐)*	I am	मैं हूँ	*mai̐ hū̐*
You	आप *(āp)*	are	हैं *(hai̐)*	You are	आप हैं	*āp hai̐*
He, she, that	वह *(vah)*	is	है *(hai)*	He, she, that is	वह है	*vah hai*
This, it	यह *(yah)*	are	है *(hai)*	This, it is	यह है	*yah hai*

NOTE: The ̐ sign is just a nasal tone added to the syllable below that ̐

TABLE 1 : Speaking a Present Event

	Subject (colloquial)	am	is	are (colloquial)
	I मैं *(mai̐)*	हूँ *(hū̐)*		
◦	He, that वह *(vah)* वो *(vo)*		है *(hai)*	
◦	She, that वह *(vah)* वो *(vo)*		है *(hai)*	
*	We हम *(ham)*			हैं *(hai̐)*
*	You आप *(āp)* Respect, formal			हैं *(hai̐)* हो *(ho)*
◦	You तुम *(tum)* Equal			हो *(ho)*
◦	You तू *(tū)* Informal, low			है *(hai)*
*	They वे *(ve)* वो *(vo)*			हैं *(hai̐)*
*	These ये *(ye)*			हैं *(hai̐)*

NOTE : **The above table shows that :**

(i) A Present Event is shown by suffix hū̐, hai, ho or hai̐ (हूँ, है, हैं) = *h* + ū̐, *h* + ai, *h* + ai̐

(ii) In the suffixes hū̐, hai, ho, hai̐ (हूँ, है, हो, हैं), the letter *'h'* (ह) stands for a 'Present' tense

(iii) letter *'ū̐'* (ऊँ) stands for 'first' person ◦singular subject 'I' (*h* + *ū̐* = *hū̐* ह + ऊँ = हूँ)

(iv) letter *'ai'* (ऐ) shows a second or third person ◦singular subject (you, he, she)

(*h + ai = hai* ह + ऐ = है)

(v) letter *'ai̐'* (ऐं) stands for all 'plural' *subjects. (*h + ai̐ = hai̐* ह + ऐं = हैं)

TABLE 1A : Present Tense Suffixes SUMMARY

	Subject	Suffix
◦	I	हूँ *(hū̐)*
◦	He/she	है *(hai)*
*	We	हैं *(hai̐)*
*	You *(āp)*	हैं *(hai̐)*
*	They	हैं *(hai̐)*

तुम हो *tum ho;* तू है *tū hai*

Masuline			Feminine		
I am a boy	मैं लड़का हूँ	*mai̐ laḍkā hū̐*	I am a girl	मैं लड़की हूँ	*mai̐ laḍkī hū̐*
You are a boy	आप लड़का हैं	*āp laḍkā hai̐*	You are a girl	आप लड़की हैं	*āp laḍkī hai̐*
He, that is a boy	वह लड़का है	*vah laḍkā hai*	She, that is a girl	वह लड़की है	*vah laḍkī hai*
This is a boy	यह लड़का है	*yah laḍkā hai*	This is a girl	यह लड़की है	*yah laḍkī hai*

NOTE : Popular and difficult English words **may be used in Hindī** as if they are Hindī words.

EXERCISE 18 : Translate the English sentences into Hindī (Answers are given for help)

1. I am a man. *mai̐ ādamī hū̐.* मैं आदमी हूँ। I am a woman. *mai̐ aurat hū̐.* मैं औरत हूँ।

2. I am a dentist. *mai̐ dentist hū̐.* मैं *dentist* हूँ। I am a judge. *mai̐ judge hū̐.* मैं जज हूँ।

3. I am a brain surgeon. *mai̐ brain surgeon hū̐.* मैं *brain surgeon* हूँ।

4. I am taxi driver. *mai̐ taxi driver hū̐* मैं taxi driver हूँ। It is good. *yah achhā hai* यह अच्छा है।

5. I am an income-tax officer. *mai̐ income-tax officer hū̐.* मैं income-tax officer हूँ।

6. I am a traffic inspector. *mai̐ traffic inspector hū̐.* मैं traffic inspector हूँ।

7. She is a microbiologist. *vah microbiologist hai.* वह microbiologist है।

8. He is a conductor. *vah conductor hai.* वह conductor है। **My name is- *merā nām* मेरा नाम – है।**

9. Rāma is a tennis player. *Rāma tennīs khilāḍī hai.* राम टेनिस् खिलाड़ी है।

10. You are a poet. *āp kavi hai̐.* आप कवि हैं। I am alright (ok). *mai̐ ṭhīk hū̐.* मैं ठीक हूँ।

9.2 USING HINDI PLURAL WORDS

RATNAKAR'S FIRST THREE NOBLE TRUTHS : (Singular to Plural)

FIRST : If the word is Masculine ending in ā (आ), the ā (आ) changes to e (ए) in plural.

e.g. singular m◦ Boy लड़का *laḍkā* → plural m◦ Boys लड़के *laḍke*

SECOND : If the word is Feminine ans ends in a consonant or vowel ā (आ), then *e̐* (एँ) is added to make it plural. e.g. singular f◦ Book किताब *kitāb* → plural f◦ Books किताबें *kitābe̐*

THIRD : If the word is Feminine ending in ī (ई), the ī (ई) changes to iyā̐ (इयाँ) in plural.

e.g. singular f◦ Girl लड़की *laḍkī* → plural f◦ Girls लड़कियाँ *laḍkiyā̐*

Dog (m◦) कुत्ता *(kuttā)*	→ Dogs कुत्ते	*(kutte)*	Cat (f◦) बिल्ली (billī)	→ Cats बिल्लियाँ	*(billiyā̐)*
Car (f◦) गाड़ी *(gāḍī)*	→ Cars गाड़ियाँ	*(gāḍiyā̐)*	*House (m◦) घर (ghar)	→ Houses घर	*(ghar)*
Thing (f◦) चीज *(chīz)*	→ Things चीजें	*(chīze̐)*	Cow (f◦) गाय (gāy)	→ Cows गाएँ	*(gāe̐)*

SINGULAR				PLURAL			
I	मैं ***(mai̐)***	am	हूँ ***(hū̐)***	We	हम ***(ham)***	are	हैं ***(hai̐)***
You	**आप *(āp)***	**are**	**हैं *(hai̐)***	**You**	**आप *(āp)***	**are**	**हैं *(hai̐)***
He, she, that	**वह *(vah)***	**is**	**है *(hai)***	**They**	**वे *(ve)***	**are**	**हैं *(hai̐)***
This, it	**यह *(yah)***	**are**	**है *(hai)***	**These**	**ये *(ye)***	**are**	**हैं *(hai̐)***
I am	मैं हूँ	*mai̐ hū̐*		We are	हम हैं	*ham hai̐*	
You are	आप हैं	*āp hai̐*		You are	आप हैं	*āp hai̐*	
He, she, that is	वह है	*vah hai*		They are	वे हैं	*ve hai̐*	
This, it is	यह है	*yah hai*		These are	ये हैं	*ye hai̐*	

I am a boy	**मैं लड़का हूँ**	***mai̐ laḍkā hū̐***	**We are boys**	**हम लड़के हैं**	***ham laḍke hai̐***
You are a boy	**आप लड़का हैं**	***āp laḍkā hai̐***	**You are boys**	**आप लड़के हैं**	***āp laḍke hai̐***
He is a boy	**वह लड़का है**	***vah laḍkā hai***	**They are boys**	**वे लड़के हैं**	***ve laḍke hai̐***
This is a boy	**यह लड़का है**	***yah laḍkā hai***	**These are boys**	**ये लड़के हैं**	***ye laḍke hai̐***
I am a girl	मैं लड़की हूँ	*mai̐ laḍkī hū̐*	We are girls	हम लड़कियाँ हैं	*ham laḍkiyā̐ hai̐*
You are a girl	आप लड़की हैं	*āp laḍkī hai̐*	You are girls	आप लड़कियाँ हैं	*āp laḍkiyā̐ hai̐*
She is a girl	वह लड़की है	*vah laḍkī hai*	They are girls	वे लड़कियाँ हैं	*ve laḍkiyā̐ hai̐*
This is a girl	यह लड़की है	*yah laḍkī hai*	These are girls	ये लड़कियाँ हैं	*ye laḍkiyā̐ hai̐*

EXERCISE 19 : Translate the English sentences into Hindī (Answers are given for help)

1. We are men. *ham ādamī haĩ.* हम आदमी हैं। We are women. *ham auratẽ haĩ.* हम औरतें हैं।

2. This is a house. *yah ghar hai.* यह घर है। Those are houses. *ve ghar haĩ.* वे घर हैं।

3. This is a dog. *yah kuttā hai.* यह कुत्ता है। Those are dogs. *ve kutte haĩ.* वे कुत्ते हैं।

4. That is a cat. *vah billī hai.* वह बिल्ली है। These are cats. *ye billiyā̃ haĩ.* ये बिल्लियाँ हैं।

5. You are a painter. (*āp painter haĩ.* आप पेन्टर हैं)

6. These are Hindī books. (*ye Hindī kitābẽ haĩ.* ये हिंदी किताबें हैं)

7. This is a temple. (*yah mandir hai.* यह मंदिर है)

8. Those are red cars. (*ve lāl kārẽ haĩ. ve lāl gādiyā̃ haĩ.* वे लाल कारें हैं, वे लाल गाड़ियाँ हैं)

9. Those cars are red. (*ve kārẽ lāl haĩ. ve gādiyā̃ lāl haĩ.* वे कारें लाल हैं, वे गाड़ियाँ लाल हैं)

10. Rāma is a teacher. (*Rāma gurujī hai.* राम गुरुजी है)

11. He is a Canadian. (*vah Canadian hai.* वह कनेडियन है)

12. She is Indian. (*vah Bhāratiya hai.* वह भारतीय है). You are American. (*āp Amrican haĩ.* आप अमरीकन हैं). They are Chinese. (*ve Chīnī haĩ.* वे चीनी हैं).

9.3 SPEAKING A PAST EVENT - WITH 'WAS' (था)

Key words : Here = *yahā̃* यहाँ। There = *vahā̃* वहाँ। Where? = *kahā̃?* कहाँ?

Rich = *amīr* अमीर। Poor = *garīb* गरीब। Do not = मत। Up to = *tak* तक ।

TABLE 2 : Speaking a Past Event

	Subject	was m∘	was f∘	were m∘	were f∘
	I मैं *(maĩ)*	था *(thā)*	थी (thī)		
∘	He वह *(vah)*	था *(thā)*			
∘	She वह *(vah)*	थी *(thī)*			
*	We हम *(ham)*			थे *(the)*	थीं *(thī̃)*
*	You आप *(āp)*			थे *(the)*	थीं *(thī̃)*
∘	You तुम *(tum)*			थे *(the)*	थी *(thī)*
∘	You तू *(tū)*			था *(thā)*	थी (thī)
*	They वे *(ve)*			थे *(the)*	थीं *(thī̃)*

NOTE : The above table shoes that :

(i) A Past Event is shown by a suffixs *thā, thī, the* or *thī̐* (था थी थे थीं) = *th*+ā, *th*+e, *th*+ī, th+ī̐

(ii) In these suffixes the letter *'th'* (थ) stands for a 'Past' tense

(iii) letter *'ā'* (आ) stands for masculine gender, singular subject (I, you, he)

(iv) letter *'ī'* (ई) shows a feminine singular subject (I, she)

(v) letter *'e'* (ए) stands for masculine plural subject (we, you, they)

(vi) letter *'ī̐'* (ईं) stands for feminine plural subject (we, you, they)

TABLE 2A : Gender Suffix for the Tenses

	Singular	Plural
Masculine	ā आ	e ए
Feminine	ī ई	i इ, or ī̐ ईं

Masculine subject :

I was	मैं था	*maĩ thā*	We were	हम थे	*ham the*
You were	आप थे	*āp the*	You were	आप थे	*āp the*
He, that was	वह था	*vah thā*	They were	वे थे	*ve the*
This, it was	यह था	*yah thā*	These were	ये थे	*ye the*
I was here	मैं यहाँ था	*maĩ yahā̐ thā*	We were here	हम यहाँ थे	*ham yahā̐ the*
You were here	आप यहाँ थे	*āp yahā̐ the*	You were here	आप यहाँ थे	*āp yahā̐ the*
He was here	वह यहाँ था	*vah yahā̐ thā*	They were here	वे यहाँ थे	*ve yahā̐ the*
It was here	यह यहाँ था	*yah yahā̐ thā*	These were here	ये यहाँ थे	*ye yahā̐ the*
I was rich	मैं अमीर था	*maĩ amīr thā*	We were rich	हम अमीर थे	*ham amīr the*
You were rich	आप अमीर थे	*āp amīr the*	You were rich	आप अमीर थे	*āp amīr the*
He was rich	वह अमीर था	*vah amīr thā*	They were rich	वे अमीर थे	*ve amīr the*

Feminine subject :

I was	मैं थी	*maĩ thī*	We were	हम थीं	*ham thī̐*
You were	आप थीं	*āp thī̐*	You were	आप थीं	*āp thī̐*
She was	वह थी	*vah thī*	They were	वे थीं	*ve thī̐*
I was here	मैं यहाँ थी	*maĩ yahā̐ thī*	We were here	हम यहाँ थीं	*ham yahā̐ thī̐*
You were here	आप यहाँ थीं	*āp yahā̐ thī̐*	You were here	आप यहाँ थीं	*āp yahā̐ thī̐*
She was here	वह यहाँ थी	*vah yahā̐ thī*	They were here	वे यहाँ थीं	*yahā̐ thī̐*

I was rich	मैं अमीर थी	*maĩ amīr thī*	We were rich	हम अमीर थीं	*ham amīr thĩ*
You were rich	आप अमीर थीं	*āp amīr thĩ*	You were rich	आप अमीर थीं	*āp amīr thĩ*
She was rich	वह अमीर थी	*vah amīr thī*	They were rich	वे अमीर थीं	*ve amīr thĩ*

TABLE 2B : Past Tense Suffixes SUMMARY

	Subject	Suffix M◦	Suffix F◦
◦	I	था *(thā)*	थी *(thī)*
◦	He/she	था *(thā)*	थी *(thī)*
*	We	थे *(the)*	थी *(thī)*, थीं *(thĩ)*
*	You *(āp)*	थे *(the)*	थी *(thī)*, थीं *(thĩ)*
*	They	थे *(the)*	थी *(thī)*, थीं *(thĩ)*

EXERCISE 20 : Translate the English sentences into Hindī (Answers are given for help)

Key Words : Not = *nahĩ* नहीं। And = *aur* और। Or = *yā* या। Also = *bhī* भी। Only = *hī* ही।

1. I was an engineer. *main engineer thā.* मैं engineer था।
2. She was dentist. *vah dentist thī.* वह dentist थी। Where was she? *vah kahā̃ thī.* वह कहाँ थी।
3. He was a thief. *vah chor thā.* वह चोर था। They were thieves. *ve chor the.* वे चोर थे।
4. You were there. *āp vahā̃ the.* आप वहाँ थे।
5. Anitā is a chemical engineer. *Anitā chemical engineer hai.* अनिता केमिकल इंजिनियर है।

TABLE 3 : SUMMARY : What we learned so far, the 'cumulative learning'

Subject	am	is	are	was m◦	was f◦	were m◦	were f◦
1. I मैं *(maĩ)*	हूँ *(hũ)*			था *(thā)*	थी (thī)		
2. He वह *(vah)*		है *(hai)*		था *(thā)*			
3. She वह *(vah)*		है *(hai)*		थी *(thī)*			
4. We हम *(ham)*			हैं *(haĩ)*			थे *(the)*	थीं *(thĩ)*
5. You आप *(āp)*			हैं *(haĩ)*			थे *(the)*	थीं *(thĩ)*
6. You तुम *(tum)*			हो *(ho)*			थे *(the)*	थी *(thi)*
7. You तू *(tū)*			हैं *(haĩ)*			था *(thā)*	थी *(thi)*
8. They वे *(ve)*			हैं *(haĩ)*			थे *(the)*	थीं *(thĩ)*

REVIEW : The above table shows that :

(i) A Present Event is shown by suffix hŭ̃, hai, ho or haĩ (हूँ, है, हो, हैं) = *h* + ŭ̃, *h* + ai, *h* + aĩ

(ii) In the suffixes hŭ̃, hai, ho, haĩ (हूँ, है, हो, हैं), the letter *'h'* (ह) stands for a 'Present' tense

(iii) letter *'ŭ̃'* (ऊँ) stands for 'first' person singular subject 'I'

(iv) letter *'ai'* (ऐ) shows a second or third person singular subject (you, he, she)

(v) letter *'aĩ'* (ऐं) stands for the 'plural' subjects.

(vi) Past Event is shown by a suffixs *thā, thī, the* or *thī̃* (था थी थे थीं) = *th*+ā, *th*+e, *th*+ī, th+ī̃

(vii) In these suffixes the letter *'th'* (थ) stands for a 'Past' tense

(viii) letter *'ā'* (आ) stands for masculine gender, singular subject (I, you, he)

(ix) letter *'ī'* (ई) shows a feminine singular subject (I, she)

(x) letter *'e'* (एं) stands for masculine plural subject (we, you, they)

(xi) letter *'ī̃'* (ईं) stands for feminine plural subject (we, you, they)

EXERCISE 21 : Read the Indian National Anthem.

Indian National Anthem

भारत का राष्ट्रगीत

जन गण मन अधिनायक जय हे! ।
भारत-भाग्य-विधाता ।।
पंजाब सिंध गुजरात मराठा ।
द्राविड उत्कल वंग ।।
विंध्य हिमाचल यमुना गंगा ।
उच्छल जलधि तरंगा ।।
तव शुभ नामे जागे ।
तव शुभ आशिष मागे ।
गाहे तव जय गाथा ।।
जन गण मंगल दायक जय हे! ।
भारत-भाग्य-विधाता ।।
जय हे! जय हे! जय हे! ।
जय! जय! जय। जय हे! ।।

LESSON 10

TABLE 4 : HINDI PICTORIAL DICTIONARY

f◦ Woman
nārī नारी

m◦ child
bālak बालक

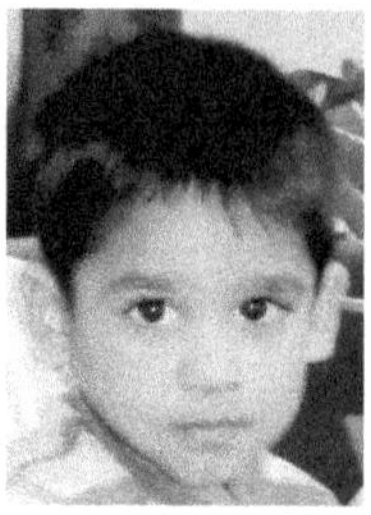
m◦ Face
chehrā चेहरा

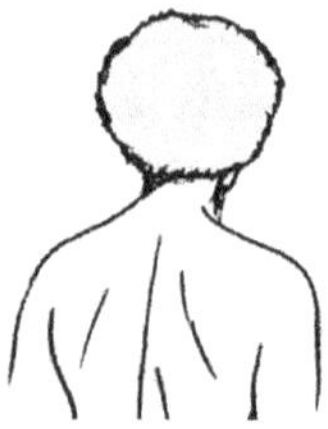
m◦ Head
sir सिर

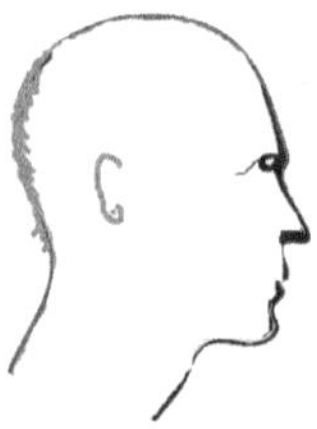
m◦ Bald
gañjā गंजा

f◦ Ponytail
choṭi चोटी

m◦ Hair
bāl बाल

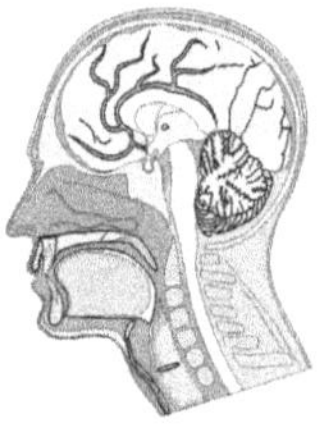
m◦ Brain
dināg दिमाग

f◦ Skull
khopaḍī खोपड़ी

f◦ Vision
nazar नज़र

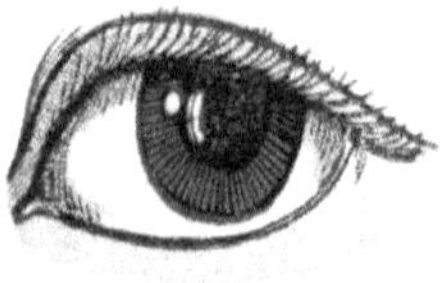
f◦ Eye
ā̃nkh आंख

f◦ Eyebrow
bhõha भौंह

m◦ Tear
ā̃sū आँसू

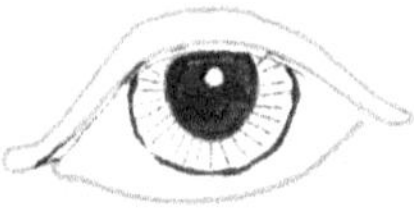
f◦ Eyeball
putalī पुतली

f◦ Eyelid
palak पलक

m◦ Cheek
gāl गाल

m◦ Forehead
lalāṭ ललाट

m◦ Mole
til तिल

m◦ Spilus
tilak तिलक

f◦ Neck
gardan गर्दन

f◦ Nose
nāk नाक

m◦ Mouth
mukh मुख

f◦ Mustache
mūchh मूछ

f◦ Beard
dāḍhī दाढ़ी

f◦ Chin
thuḍḍī ठुड्डी

m◦ Lip

Oṭh ओठ

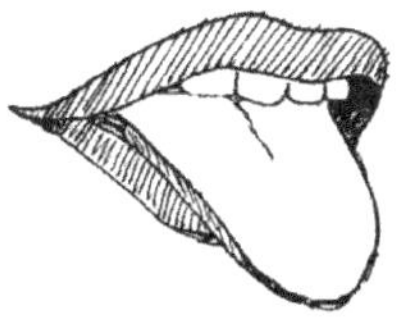

f◦ Tongue

jībh जीभ

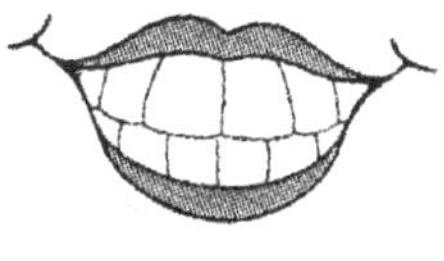

m◦ Teeth

dānt दांत

m◦ Throat

galā गला

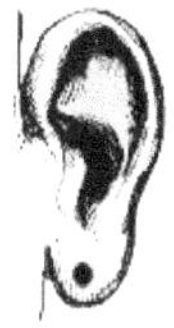

m◦ Ear

kān कान

m◦ Shoulder

kandhā कंधा

m◦ Hand

hāth हाथ

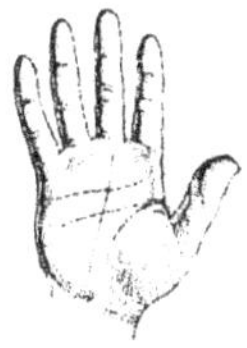

m◦ Palm

kartal करतल

m◦ Thumb

angūṭhā अंगूठा

f◦ Bone

haḍḍī हड्डी

f◦ Forefinger

tarjanī तर्जनी

f◦ Middle finger

madhyamā मध्यमा

f◦ Ring finger

anāmikā अनामिका

f◦ Little finger

kanikī कनीका

m◦ Nail

nākhūn नाखून

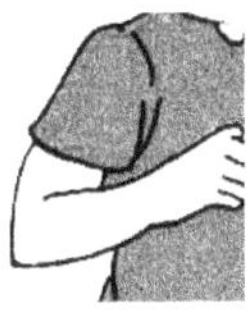

f◦ Elbow

kuhanī कुहनी

f◦ Wrist

kalāī कलाई

f◦ Fist

muṭṭhī मुट्ठी

f◦ Leg

ṭāṅg टाँग

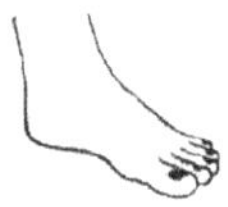

m◦ Foot

pā̃va पाँव

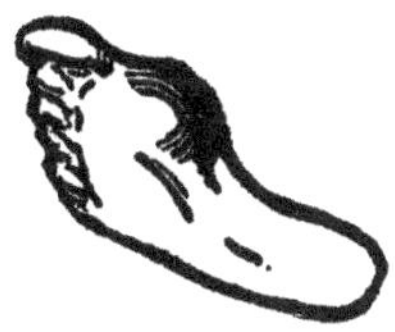

m◦ Sole

talavā तलवा

m◦ Knee

ghuṭnā घुटना

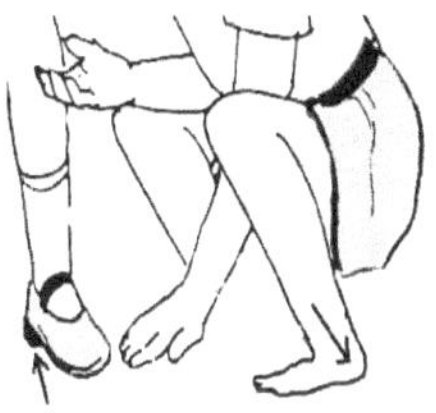

f◦ Heel

eḍī एड़ी

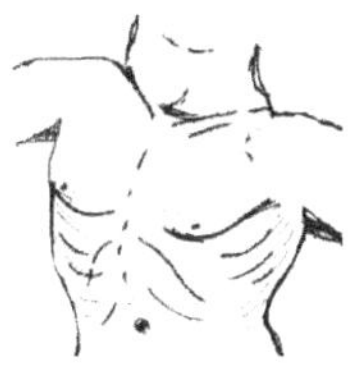

f◦ Chest

chhātī छाती

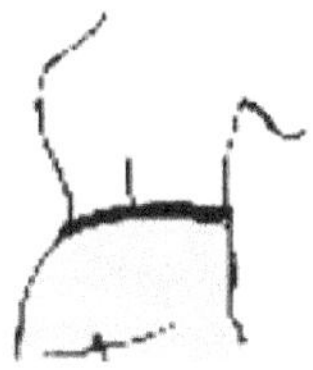

f◦ Waist

kamar कमर

m◦ Stomach

peṭ पेट

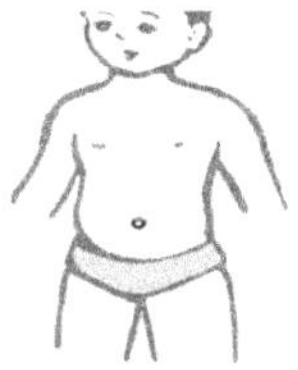

f◦ Bellybutton

nābhī नाभी

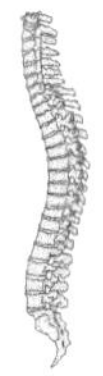

f◦ Spine

rīḍh रीढ़

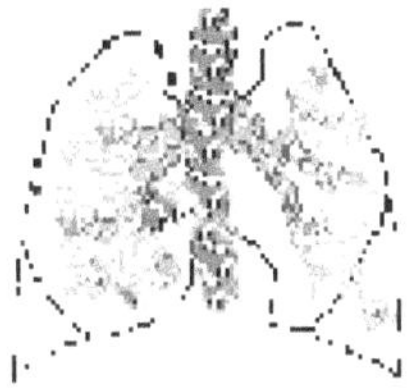

m◦ Lungs

fefade फेफडे

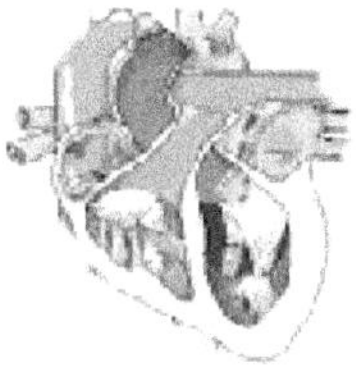

m◦ Heart

dil दिल

m◦ Hoof
khur खुर

m◦ Paw
pañjā पंजा

f◦ Trunk
sūṇḍ सूंड

f◦ Mane
ayāl अयाल

f◦ Wool
ūn ऊन

f◦ Tail
dum दुम

m◦ Horn
sing सिंग

f◦ Beak
choñch चोंच

m◦ Feather
paṅkh पंख

m◦ Egg
aṇḍā अंडा

m◦ Tree
peḍ पेड़

f◦ Vine
latā लता

m◦ Banyan
bargad बरगद

m◦ Faicus
pīpal पीपल

m◦ Mango
ām आम

m◦ Pine
devadār देवदार

m◦ Bamboo
bāṅs बांस

m◦ Palm
tāḍ ताड़

f◦ Grass
ghās घास

f◦ wood
lakaḍī लकड़ी

m◦ Leaf
pattā पत्ता

f◦ Branch
ḍālī डाली

f◦ Root
jaḍ जड़

m◦ Forest
Jungle जंगल

m◦ Mountain
pahāḍ पहाड़

m◦ Flower
fūl फूल

m◦ Lotus
kamal कमल

m◦ Rose
gulāb गुलाब

f◦ Jasmine
chamelī चमेली

f◦ Sunflower
sūrajmukhī सूरजमुखी

f◦ Bud
kalī कली

m◦ Fruit
fal फल

m◦ Banana
kelā केला

m◦ Grapes
angūr अंगूर

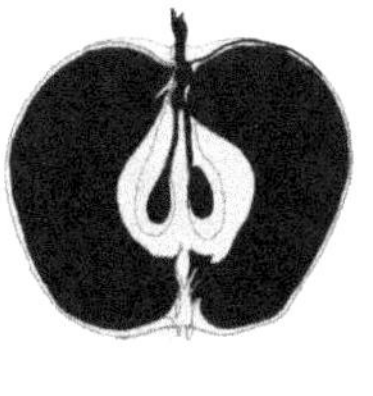

m◦ Apple
seb सेब

m◦ Lemon
nīmbū नींबू

m◦ Mango
ām आम

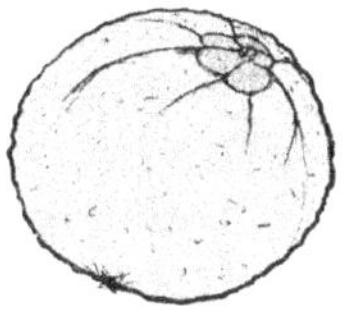

m◦ Orange
santrā संतरा

f◦ Pear
nāshapātī नाशपाती

m◦ Custard apple
sītāfal सीताफल

m◦ Papaya
paipitā पपिता

f◦ Pineapple
ananna!s अनन्नास

m◦ Pomegranate
anār अनार

m◦ Sugarcane
īkh ईख

m◦ Cashew
kājū काजू

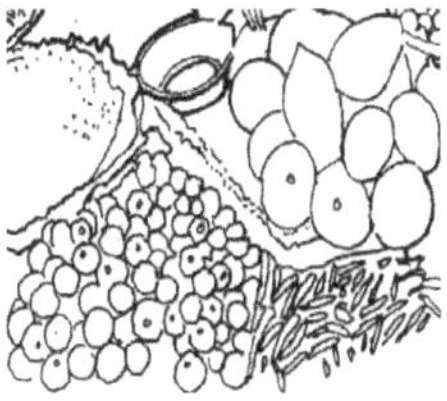

f◦ Vegetables
sabjī सब्जी

m◦ Beet
chukandar चुकंदर

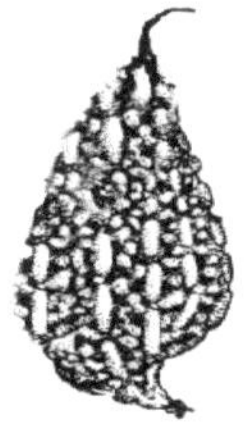

m◦ Bitter gourd
karelā करेला

f◦ Cabbage *pattā-gobhī* पत्तागोभी

m◦ Watermelon
tarbūja तरबूज

f◦ Carrot
gājar गाजर

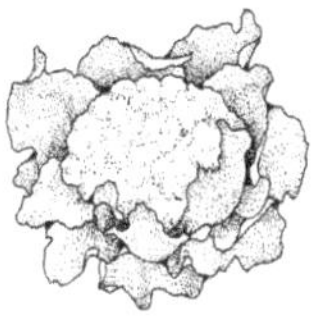

f◦ Cauliflower
fūl-gobhī फूलगोभी

m◦ Coriander
dhaniyā धनिया

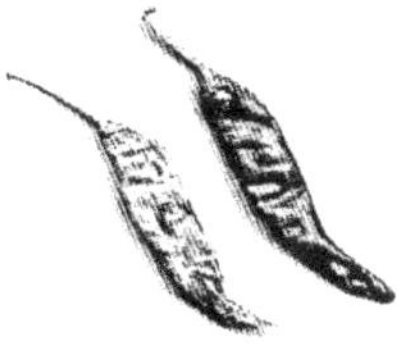

f◦ Chili
mirchī मिरची

m◦ Plum
ber बेर

m◦ Tomato
ṭamāṭar टमाटर

m◦ Mint
pudinā पुदिना

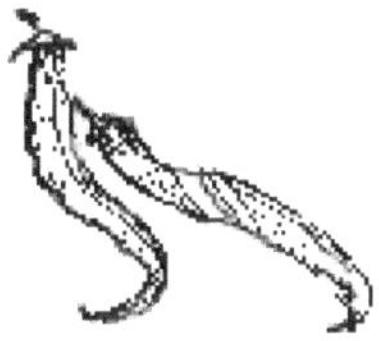

f◦ Beans
sem सेम

f◦ Zucchini
turaī तुरई

m◦ Cocoanut
nāriyal नारियल

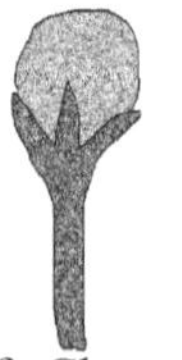

f◦ Clove
lavang लवंग

f◦ Cardamom
ilāyachī इलायची

f◦ Almond
badām बदाम

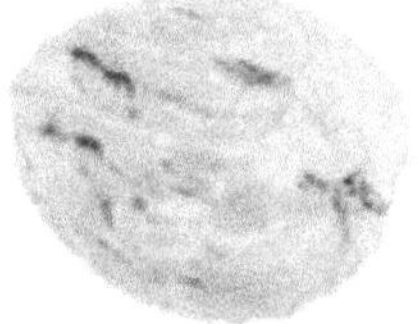

m◦ Walnut
akhroṭ अखरोट

f◦ Peanut
fali फली

m◦ Date
chhuārā छुआरा

m◦ Eggplant
baingan बैंगन

m◦ Garlic
lahasun लहसुन

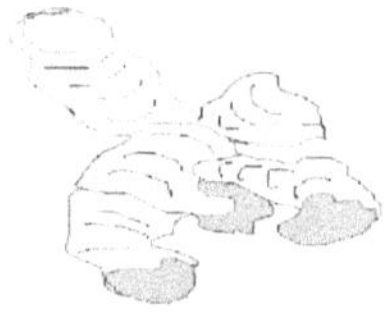

f◦ Ginger
adrak अद्रक

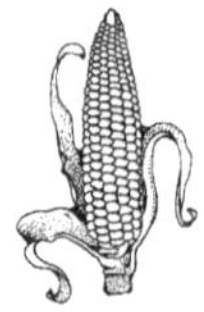

f◦ Corn
makkī मक्की

f◦ Okrā
bhinḍī भिंडी

m◦ Onion
pyāj प्याज

m◦ Potato
ālu आलु

m◦ Peas
maṭar मटर

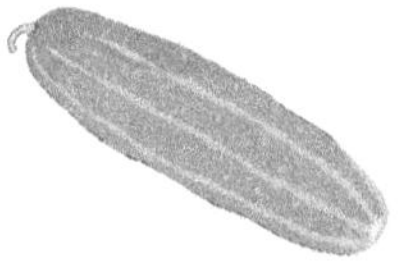

m◦ Cucumber
khīrā खीरा

m◦ Pumpkin
kaddu कद्दु

f◦ Radish
mūlī मूली

f◦ Spinach
pālak पालक

f◦ Tamarind
imlī इमली

m◦ Jackfruit
kaṭhal कटहल

f◦ Soup
dāl दाल

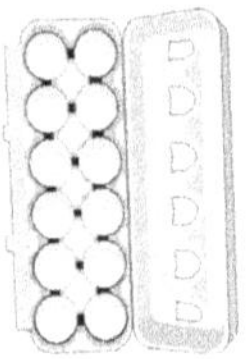

m◦ Eggs
anḍe अण्डे

m◦ Flour
āṭā आटा

m◦ Honey
shahad शहद

m◦ Oil
tel तेल

m◦ Breakfast
nāshtā नाश्ता

m◦ Butter
makkhan मक्खन

f◦ Catsup
Chaṭnī चटनी

m◦ Coffee
kahavā कहवा

f◦ Tea
Chāy चाय

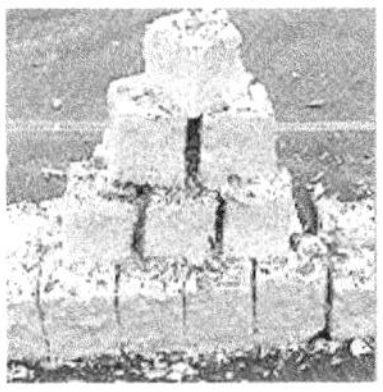

f◦ *burfī*
बरफी

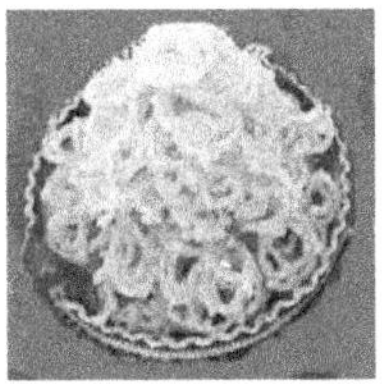

f◦ *jalebi*
जलेबी

m◦ *laḍḍu*
लड्डू

m◦ Milk
dūdh दूध

m◦ Clarified-butter
ghee घी

m◦ *paraṭhā*
पराठा

m◦ Cake
kek केक

m◦ Pickle
achār अचार

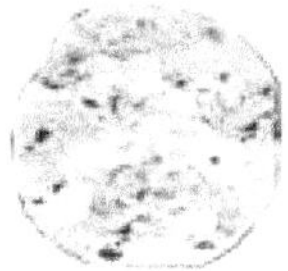

f◦ Bread
Roṭī रोटी

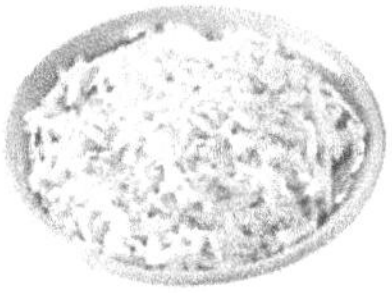

m◦ Rice
chāval चावल

f◦ Salad
salād सलाद

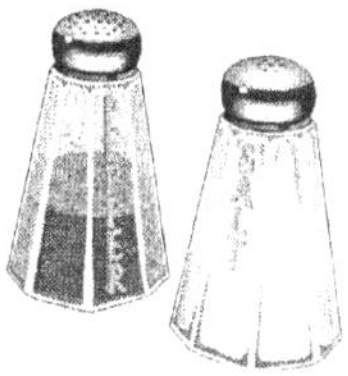

m◦ Salt
namak नमक

m◦ Spice
masālā मसाला

f◦ Wine
madirā मदिरा

f◦ Chicken
murgī मुर्गी

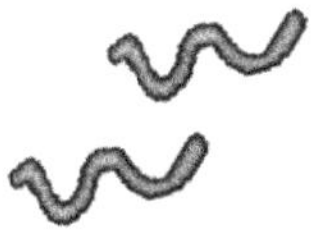

m◦ Worm
kīḍā कीड़ा

m◦ Animal
pashu पशु

m◦ Leopard
chītā चीता

m◦ Python
ajgar अजगर

m◦ Firefly
juganu जुगनु

f◦ Porcupine
sehī सेही

m◦ Alligator
ghaḍiyāl घड़ीयाल

f◦ Ant
chiṅṭī चींटी

m◦ Bat
chamgīdaḍ चमगीदड़

m◦ Ape
ādimāna आदिमानव

m◦ Scorpion
bichchhu बिच्छु

f◦ Sheep
bheḍ भेड़

m◦ Snake
sāṁp सांप

f◦ Spider
makḍī मकड़ी

m◦ Turtle
kachhuā कछुआ

m◦ Deer

harin हरिन

m◦ Dog

kuttā कुत्ता

m◦ Donkey

gadhā गधा

m◦ Elephant

hāthī हाथी

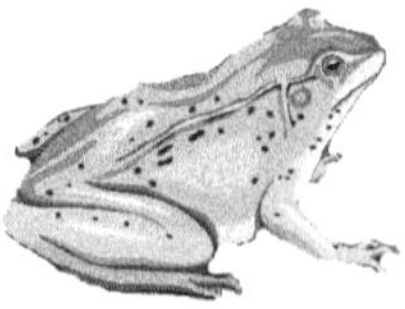

m◦ Frog

meṇḍhak मेंढक

m◦ Bear

bhālu भालु

f◦ Bee

makkhī मक्खी

f◦ Buffalo

bhaiṅs भैंस

f◦ Butterfly

titlī तितली

f◦ Fish

machhalī मछली

m◦ Camel

ūṇṭa ऊंट

f◦ Cat

billī बिल्ली

m◦ Cobra

nāg नाग

f◦ Cow

gāy गाय

f◦ Fox

lomaḍī लोमड़ी

f◦ Goat

bakarī बकरी

m◦ Hippo

kariyād करियाद

m◦ Horse

ghoḍā घोड़ा

m◦ Hyena

lakaḍbaggā लकड़बग्गा

m◦ Crab

kekḍā केकड़ा

m◦ Lion

siṁha सिंह

f◦ Lizard

chhhipakalī छिपकली

m◦ Mongoose

nevlā नेवला

m◦ Monkey

bandar बंदर

m◦ Zebra

gorkhar गोरखर

m◦ Mosquito

machchhar मच्छर

m◦ Moth

pataṅg पतंग

m◦ Mouse

chūhā चूहा

m◦ Ox

bail बैल

f◦ Squirrel

gilharī गिलहरी

m◦ Pig
sūar सूअर

m◦ Rabbit
khargosh खरगोश

m◦ Roach
zingur झिंगुर

m◦ Rhino
geṇḍā गेंडा

m◦ Tiger
sher शेर

m◦ Bird
pakshi पक्षी

f◦ Cuckoo
koyal कोयल

m◦ Crow
kauvā कौवा

m◦ Duck
batakh बतख

m◦ Crane
bagulā बगुला

f◦ Eagle
chīl चील

f◦ Fly
makkhī मक्खी

f◦ Hen
murgī मुर्गी

m◦ Owl
ullū उल्लू

m◦ Falcon
bāj बाज

m◦ Parrot
totā तोता

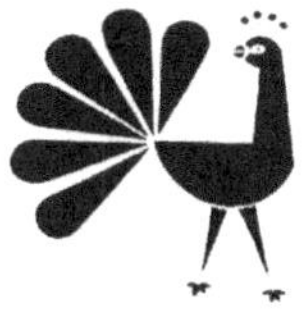

m◦ Peacock
mor मोर

m◦ Pigeon
kabūtar कबूतर

m◦ Rooster
murgā मुर्गा

m◦ Pheasant
tītar तीतर

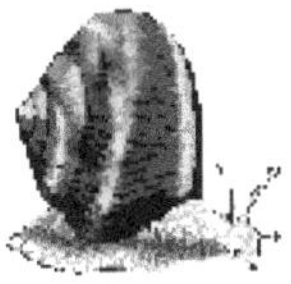

m◦ Snail
ghonghā घोंघा

m◦ Swan
ham̐sa हंस

m◦ Vulture
gidh गिध

m◦ Woodpecker
kaṭhphoḍvā कठफोड़वा

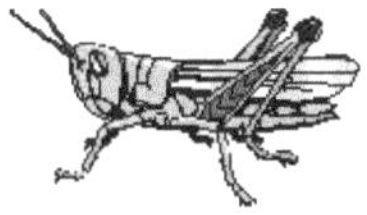

m◦ Grasshopper
ṭiḍḍā टिड्डा

m◦ Ostrich
Shuturmurg शुतुरमुर्ग

m◦ Flamingo
marāl मराल

f◦ Turkey
peru पेरु

m◦ Jay
bulbul बुलबुल

f◦ Quail
bater बटेर

m∘ Stove
chūlhā चूल्हा

m∘ Cup
pyālā प्याला

m∘ Glass
gilās गिलास

f∘ Plate
thālī थाली

f∘ Knife
chhurī छुरी

m∘ Knife
chākū चाकू

f∘ Ladle
kaḍchī कडछी

m∘ *Spoon*
chammach चम्मच

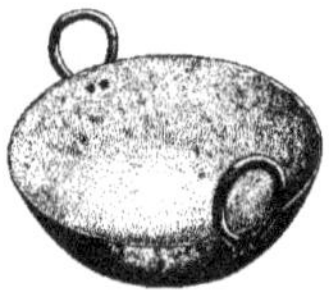
f∘ Wok
kaḍāhī कड़ाही

f∘ Bucket
bālṭī बाल्टी

f∘ Book
kitāb किताब

m∘ Paper
kāgaz कागज़

f∘ Letter
chiṭṭhī चिट्ठी

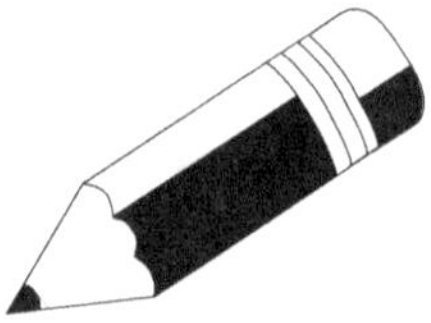
f∘ Pencil
lekhanī लेखनी

f∘ Pen
kalam कलम

m∘ Certificate
pramāṇ-patra प्रमाणपत्र

m∘ Money
paise पैसे

f∘ Ball
gend गेंद

f∘ Medicine
dawāī दवाई

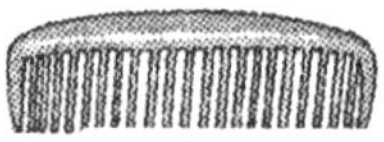
f∘ Comb
kanghī कंघी

m∘ Shirt
kurtā कुर्ता

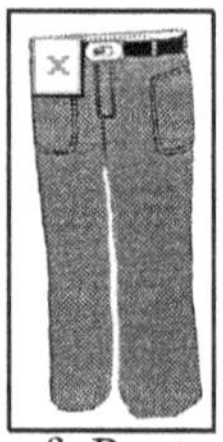
f∘ Pants
patlūn पतलून

m∘ Shoe
jūtā जूता

f∘ *sārī*
साड़ी

m∘ Brush
burus बुरुस

m∘ Balloon
gubbārā गुब्बारा

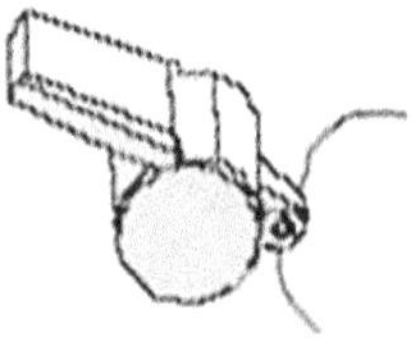
f∘ Whistle
sīṭī सीटी

f∘ Fan
paṅkhā पंखा

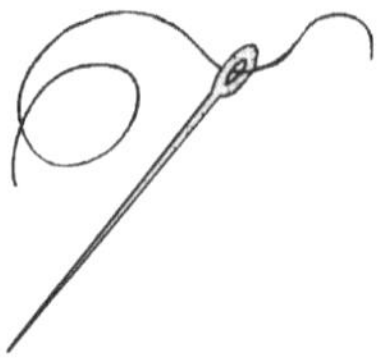
f∘ Needle
sūī सूई

f∘ Stick
chhaḍī छड़ी

f◦ Cap
ṭopī टोपी

m◦ Bag
thailā थैला

f◦ Umbrella
chhatrī छत्री

m◦ Glasses
chaṣmā चष्मा

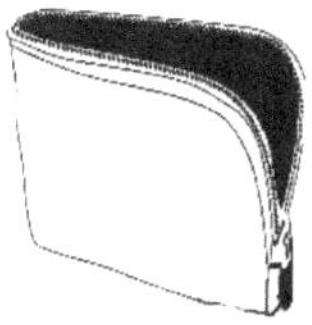

m◦ Wallet
baṭuā बटुआ

m◦ House
ghar घर

f◦ Key
chābī चाबी

m◦ Lock
tālā ताला

m◦ Door
darwājā दरवाजा

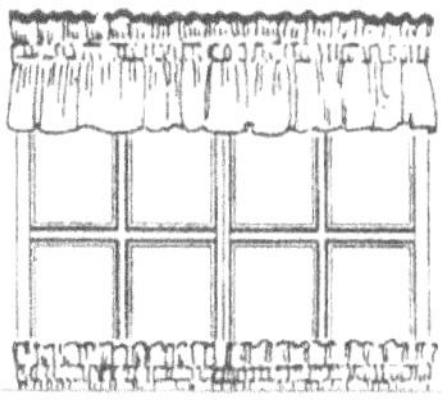

f◦ Window
khiḍakī खिड़की

f◦ Stool
chārpaī चारपाई

f◦ Chair
kursī कुर्सी

m◦ Broom
jhaḍū झाड़ू

f◦ Bed
bistar बिस्तर

f◦ Electricity
bijlī बिजली

m◦ Pillow
takiyā तकिया

f◦ Mattress
gaddī गद्दी

m◦ Blanket
kambal कम्बल

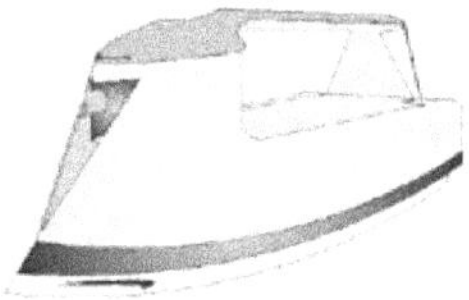

f◦ Iron
istarī इस्तरी

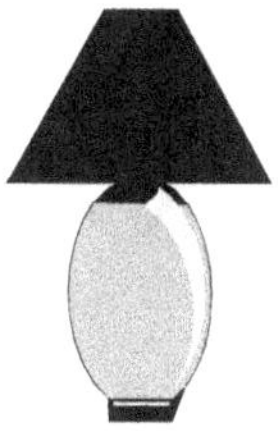

m◦ Lamp
dīyā दीया

f◦ Kettle
ketlī केतली

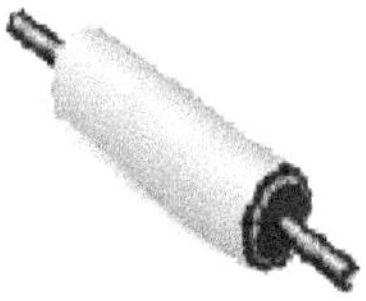

f◦ Rolling pin
belan बेलन

f◦ Jug
surāhī सुराही

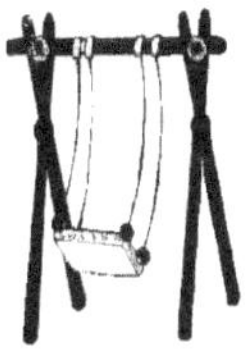

m◦ Swing
jhūlā झूला

m◦ Razor
ustarā उस्तरा

m◦ Hammer
hathauḍā हथौड़ा

m◦ Pliar
jamūr जमूर

m◦ *Screwdriver*
pechkash पेचकश

f◦ Saw
ārī आरी

m◦ Wrench
pānā पाना

f◦ Chisel
chhenī छेनी

f◦ Ax
kulhāḍī कुल्हाड़ी

m◦ Shovel
fāvaḍā फावड़ा

m◦ Screw
pech पेच

f◦ Nail
kīl कील

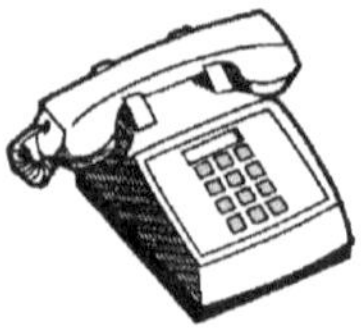

m◦ Phone
dūrabhāsh दूरभाष

f◦ Cell जंगमदूरवाणी
jangamadūravānī

f◦ Radio *ākāshavāṇī*
आकाशवाणी

m◦ TV *dūradarshan*
दूरदर्शन

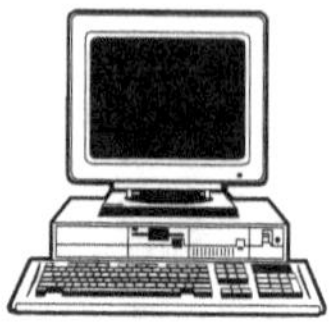

m◦ Computer
saṅgaṇak संगणक

f◦ Chess
shatranj शतरंज

f◦ Scissors
kainchī कैंची

m◦ Thread
dhāgā धागा

m◦ Broom
jhāḍū झाड़ू

f◦ Watch
ghaḍī घड़ी

m◦ Diamond
hīrā हीरा

f◦ Ring
angūṭhī अंगूठी

m◦ Necklace
hār हार

m◦ Mirror
āīnā आईना

m◦ Paper
akhabār अखबार

f◦ Bicycle
sāyakil सायकील

f◦ Car
gāḍī गाड़ी

m◦ Airplane
vimān विमान

f◦ Boat
nāv नाव

f◦ Rail
relgāḍī रेलगाड़ी

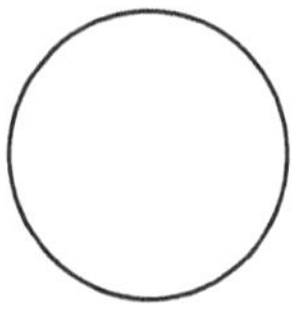

m◦ Circle
gol गोल

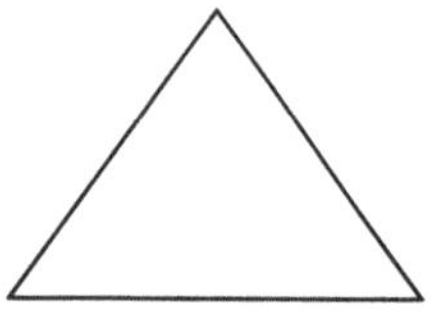

m◦ Triangle
trikoṇa त्रिकोण

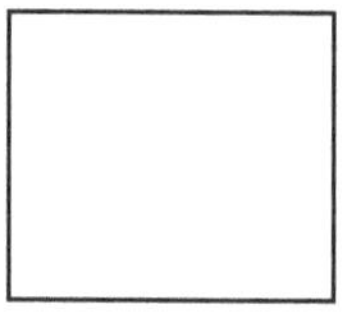

m◦ Square
chaturbhuj चतुर्भुज

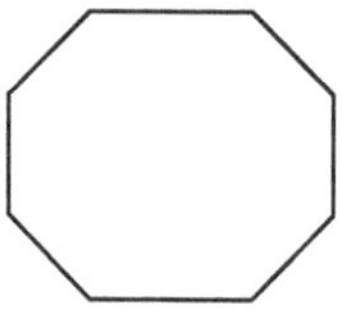

m◦ Hexagaon
shaṭkoṇa षट्कोण

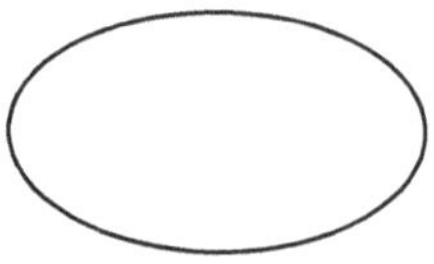

f◦ oval
aṇḍdākritī अंडाकृति

m◦ Accountant
munīm मुनीम

m◦ Bus-wālā
bus-wālā बसवाला

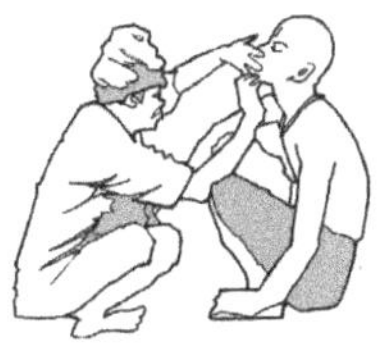

m◦ Barber
nāī नाई

m◦ Carpenter
baḍhaī बढ़ई

m◦ Boatman
kevaṭ केवट

f◦ Dancer
nartakī नर्तकी

m◦ Potter
kumhār कुम्हार

m◦ Farmer
kisān किसान

m◦ Labourer
majdūr मजदूर

m◦ Lawyer
vakīl वकील

m◦ Magician
jādūgar जादूगर

m◦ Musician
sangītakār संगीतकार

m◦ Painter
rangwālā रंगवाला

m◦ Goldsmith
sunār सुनार

m◦ Police
pulis पुलिस

m◦ Player
khilāḍī खिलाड़ी

m◦ Priest
pujārī पुजारी

m◦ Soldie
jawān जवान

m◦ Snake charmer
saperā सपेरा

m◦ Tailor
darzī दर्ज़ी

f◦ Teacher
guruji गरुजी

m◦ Thief
chor चोर

m◦ Typist
ṭankiṇak टंकणक

m◦ Wrestler
pahalwān पहलवान

m◦ Swimmer
tairak तैरक

f◦ Nurse *parichārikā*
परिचारिका

f◦ Fruit vendor
sabzī-walī सब्ज़ीवाली

m◦ Ascetic
yogī योगी

m◦ Washerman
dhobī धोबी

m◦ Cricketer
ballebāz बल्लेबाज़

TABLE 5-A : COMMON HINDI ACTION WORDS, HINDI VERB STEMS (* = transitive verbs)

VERB STEMS			VERB STEMS			VERB STEMS		
आ	ā	come	जल	jal	burn (itself)	गिरा	girā	drop*
खा	khā	eat*	जला	jalā	burn*	छिप	chhip	hide (itself)
गा	gā	sing*	डर	dar	fear (self)	छिपा	chhipā	hide*
जा	jā	go (itself)	डरा	darā	scare*	मिल	mil	meet
पा	pā	get*	तल	tal	fry*	मिला	milā	mix*
ला	lā	bring*	पका	pakā	cook*	लिख	likh	write*
जी	jī	be alive	पढ़	paḍh	read*	हिल	hil	move (itself)
पी	pī	drink*	पढ़ा	padhā	teach*	हिला	hilā	move*
सी	sī	sew*	बता	batā	tell*	जीत	jīt	win*
छू	chhoo	touch*	बन	bana	become	सीख	sīkh	learn*
दे	de	give*	बना	banā	make*	चुरा	churā	steal*
ले	le	take*	मना	manā	celebrate*	खुल	khul	open (itself)
खो	kho	loose*	मर	mar	die	बुला	bulā	call*
पढ़	paḍh	read, learn*	मल	mal	rub*	कूद	kūd	jump
धो	dho	wash*	रह	rah	stay, live in	टूट	ṭūṭ	break (itself)
बो	bo	sow*	**सक**	**sak**	**be able, can**	भूल	bhụ̄l	forget
रो	ro	cry	सता	satā	bother*	रुक	ruk	stop
सो	so	sleep	काट	kāṭ	cut*	भेज	bhej	send*
हो	**ho**	**become**	चाट	chāṭ	lick*	सूँघ	sūngh	smell*
उड़	uḍ	fly (self)	**चाह**	**chāh**	**want***	बेच	bech	sell*
उड़ा	uḍā	fly*	छाप	chhāp	print*	तैर	tair	swim
कर	**kar**	**do***	जान	jān	know*	बैठ	baiṭh	sit
कह	kah	say*	भाग	bhāg	run	खोद	khod	dig*
खरीद	kharīd	buy*	मान	mān	agree*	खोल	khol	open*
चल	chal	walk	मार	mār	kill, hit*	तोड़	toḍ	break*
चला	chalā	drive*	गिर	gir	fall	बोल	bol	speak

NOTE : The underlined four are most important verbs required for compound verbs.

TABLE 5-B : ENGLISH ALPHABETICAL LIST, HINDI VERB STEMS (* = transitive verbs)

	VERB STEMS	
agree*	मान	*mān*
arrange*	रच	*rach*
become	**हो**	***ho***
become	बन	*ban*
bother*	सता	*satā*
break (self)	टूट	*ṭūṭ*
break*	तोड़	*toḍ*
bring*	ला	*lā*
burn (self)	जल	*jal*
burn*	जला	*jalā*
call*	बुला	*bulā*
can, be able	**सक**	***sak***
celebrate*	मना	*manā*
come	आ	*ā*
cook*	पका	*pakā*
cry	रो	*ro*
cut*	काट	*kāṭ*
die	मर	*mar*
dig*	खोद	*khod*
do*	**कर**	***kar***
drink*	पी	*pī*
drive*	चला	*chalā*
drop*	गिरा	*girā*
eat*	खा	*khā*
fall	गिर	*gir*
fear (self)	डर	*dar*
fly (self)	उड़	*uḍ*

	VERB STEMS	
fly*	उड़ा	*uḍā*
forget	भूल	*bhūl*
fry*	तल	*tal*
get*	पा	*pā*
give*	दे	*de*
go	जा	*jā*
hear*	सुन	*sun*
hide (self)	छिप	*chhip*
hide*	छिपा	*chhipā*
kill, hit*	मार	*mār*
know*	जान	*jān*
laugh	हँस	*hañs*
learn*	सीख	*sīkh*
live (alive)	जी	*jī*
loose*	खो	*kho*
make*	बना	*banā*
meet	मिल	*mil*
mix*	मिला	*milā*
move (self)	हिल	*hil*
move*	हिला	*hilā*
open (self)	खुल	*khul*
open*	खोल	*khol*
peel*	छील	*chhīl*
read*	पढ़	*paḍh*
rob*	लूट	*lūṭ*
rub*	मल	*mal*
run	भाग	*bhāg*

	VERB STEMS	
say*	कह	*kah*
show*	दिखा	*dikhā**
sell*	बेच	*bech*
sew*	सी	*sī*
sing*	गा	*gā*
sit	बैठ	*baiṭh*
sleep	सो	*so*
sow*	बो	*bo*
speak	बोल	*bol*
spread*	छा	*chhā*
stay, live	रह	*rah*
steal*	चुरा	*churā*
stop	रुक	*ruk*
sulk	रूठ	*rūṭh*
take*	ले	*le*
teach*	पढ़ा	*paḍhā*
tell*	बता	*batā*
think*	सोच	*soch*
touch*	छू	*chhoo*
walk	चल	*chal*
want, like*	**चाह**	***chāh***
wash*	धो	*dho*
weigh*	तोल	*tol*
win*	जीत	*jīt*
write*	लिख	*likh*

NOTE : The underlined four are most important verbs required for making compound verbs.

LESSON 11

USING THE ACTION WORDS

FOR MAKING YOUR OWN SENTENCES

Let us learn **how to make our own sentences** in the following six ways

1.	I normally 'do'	(you do; he, she, it does; we do, they do)	see - Table 6
2.	I am 'doing'	(you are doing; he, she, it is doing; we, they are doing)	Table 7
3.	I was 'doing'	(you were doing; he, she, it was doing; they were doing)	Table 8
4.	I have 'already' done	(you have done; he, she, it has done; we, they have done)	Table 9
5.	I had 'already' done	(you had done; he, she, it had done; we, they had done)	Table 10
6.	I 'used to do'	(you used to do; he, she, it used to do; they used to do)	Table 12
	SUMMARY	(do, doing, have done, has done, used to do)	Table 11

11.1 SIMPLE PRESENT EVENTS

TABLE 6 : making sentences with - I do; you do; he, she, it does; we do; they do.

	Doer of the action	drink	do, does	am, is, are, has, have
	Subject (colloquial)	verb	'do'	am, is, are (colloquial)
◦	1. I मैं *maĩ*	पी *pī*	ता *tā*	हूँ *hũ*
◦	2. He वह *vah* (वो *vo)*	पी *pī*	ता *tā*	है *hai*
◦	3. She वह *vah* (वो *vo)*	पी *pī*	ती *tī*	है *hai*
*	4. We हम *ham*	पी *pī*	ते *te*	हैं *haĩ*
*	5. You आप *āp* = Respect, formal	पी *pī*	ते *te*	हैं *haĩ* (हो *ho)*
◦	5. You तुम *(tum)* = Equal	पी *pī*	ते *te*	हो *ho*
◦	5. You तू *tū* = Informal, low	पी *pī*	ता *tā*	है *hai*
*	6. They वे *ve* (वो *vo)*	पी *pī*	ते *te*	हैं *haĩ*

NOTE : **The above table shows that :**

(i) A habitual mode 'do' is shown in Hindī with letter *'t'* (त) to which gender suffix *ā, e, ī* or *ĩ* (आ, ए, ई, ईं) is added. (त + आ = ता, त + ए = ते, त + ई = ती, त + ईं = तीं)

(ii) suffix 'ā' (आ) means masculine singular subject;

(iii) suffix 'e' (ए) means masculine plural subject;

(iv) suffix 'ī' (ई) means feminine singular subject;

(v) suffix 'ī̃' (ईं) means feminine plural subject;

TABLE 6A : Present Habitual Tense Suffixes SUMMARY

Subject	Suffix M◦	Suffix F◦
Singular	ता *(tā)*	ती *(tī)*
Plural	ते *(te)*	ती *(tī)* or तीं *(tī̃)*

EXERCISE 22 : Translate the English sentences into Hindī (Answers are given for help)

a. I drink. *maĩ pītā (pītī) hū̃.* मैं पीता (पीती) हूँ। You drink. *āp pīte haĩ.* आप पीते हैं। He drinks. *vah pītā hai.* वह पीता है। She drinks. *vah pītī hai.* वह पीती है। We drink. *ham pīte haĩ.* हम पीते हैं। They drink. *ve pīte haĩ.* वे पीते हैं।

b. I drink tea. *maĩ chāy pītā (pītī) hū̃.* मैं चाय पीता (पीती) हूँ। You drink tea. *āp chāy pīte haĩ.* आप चाय पीते हैं। He drinks tea. *vah chāy pītā hai.* वह चाय पीता है। She drinks tea. *vah chāy pītī hai.* वह चाय पीती है। We drink tea. *ham chāy pīte haĩ.* हम चाय पीते हैं। They drink tea. *ve chāy pīte haĩ.* वे चाय पीते हैं।

c. I drink hot tea. *maĩ garam chāy pītā (pītī) hū̃.* मैं गरम चाय पीता (पीती) हूँ। You drink hot tea. *āp garam chāy pīte haĩ.* आप गरम चाय पीते हैं। He drinks hot tea. *vah garam chāy pītā hai.* वह गरम चाय पीता है। She drinks hot tea. *vah garam chāy pītī hai.* वह गरम चाय पीती है। We drink hot tea. *ham garam chāy pīte haĩ.* हम गरम चाय पीते हैं। They drink hot tea. *ve garam chāy pīte haĩ.* वे गरम चाय पीते हैं।

2. They eat bananas. *ve kele khāte haĩ.* वे केले खाते हैं।

3. She sleeps. *vah sotī hai.* वह सोती है।

4. You write books. *āp kitābẽ likhte haĩ.* आप किताबें लिखते हैं।

5. He goes home. *vah ghar jātā hai.* वह घर जाता है।

DICTIONARY OF INFINITIVES

In order to form a verb from an infinitive, remove the last ना nā

In Hindī, the infinitives and verbal nouns end with the letter ना । eg॰ (i) do = √*kar* (कर) verb (ii) to do (infinitive, verb and verbal noun) = *karanā* करना.

Therefore, if you remove the suffix *nā* ना from any infinitive ot verbal noun, you get a basic root (√) verb.

Note that : (i) some verbs are only a single words, they are called Simple Verbs.

(ii) Some verbs have two words (the second word being *karanā, hona, jānā, denā* करना, होना, जाना, देना ...etc), these verbs are Compound Verbs (marked with * below)

to abandon *(√tyāga → tyāganā* त्यागना)

to accept *(√mān → mānanā* मानना)

to answer *(√jawāb de → jawāb denā* जवाब देना)*

to arrange *(√racha → rachanā* रचना)

to arrive *(√ā → ānā, pahũchanā* आना, पहुँचना)

to ask *(√pūchh → pūchhanā* पूछना)

to attain *(√prāpta kar → prāpta karanā* प्राप्त करना)*

to attempt *(√yatna kar → yatna karanā* यत्न करना)*

to bathe *(√nahā → nahānā* नहाना)

to be *(√rah, √ho → rahanā, honā* रहना, होना)*

to beg *(√yāchanā kar → yāchanā karanā* याचना करना)*

to bite, to cut *(√kāṭ → kāṭanā* काटना)

to break *(√ṭūṭ, ṭoḍ → ṭūṭanā, toḍanā* टूटना, तोड़ना)

to blossom *(√khil → khilanā* खिलना)

to boil *(√ubal √ubāl → ubalanā, ubālanā* उबलना, उबालना)

to bring *(√lā → lānā* लाना)

to burn *(√jal, √jalā → jalanā, jalānā* जलना, जलाना)

to buy *(√kharīd → kharīdanā* खरीदना)

to call *(√bulā → bulānā* बुलाना)

to carry away *(√le jā → le jānā* ले जाना)*

to celebrate *(√manā → manānā* मनाना)

to clean *(√sāf-kar → sāf-karanā* साफ करना)*

to come *(√ā → ānā* आना)

to cook *(√pakā → pakānā* पकाना)

to count *(√gin → ginanā* गिनना)

to cover *(√ḍhak → ḍhakanā* ढकना)

to cross *(√pār kar → pār karanā* पार करना)*

to cry *(√ro → ronā* रोना)

to cut, to bite *(√kāṭ → kāṭanā* काटना)

to dance *(√nāch → nāchanā* नाचना)

to desire, to want *(√chāh → chāhanā* चाहना)

to die *(√mar → maranā* मरना)

to dig *(√khod → khodanā* खोदना)

to do *(√kar → karanā* करना)

to draw *(√nikāl → nikālanā* निकालना)

to drink *(√pī → pīnā* पीना)

to dry *(√sūkh→ sūkhanā* सूखना)

to dye, paint *(√ra̐gā → ra̐gānā* रँगाना)

to eat *(√khā → khānā* खाना)

to enter *(√pravesh kar → pravesh karanā* प्रवेश करना)*

to exist *(√rah → rahanā, honā* रहना, होना)

to explain *(√samajh → samajhānā* समझाना)

to fall *(√gir → giranā* गिरना)

to fear *(√ḍar → ḍaranā* डरना)

to fight *(√laḍ → laḍanā* लड़ना)

to fix *(√ṭhīk kar → ṭhīk karanā* ठीक करना)*

to fly *(√uḍa, √uḍā → uḍanā, uḍānā* उड़ना, उड़ाना)

to forget *(√bhūl → bhūlana* भूलना)

to forgive *(√māf kar → māf karanā* माफ करना)*

to free *(√chhoḍ → chhoḍanā* छोड़ना)

to fry *(√tal → talanā* तलना)

to get *(√pā → pānā* पाना)

to give *(√de → denā* देना)

to glow *(√chamak → chamakanā* चमकना)

to glue *(√chipak → chipakānā* चिपकाना)

to go *(√jā → jānā* जाना)

to grind *(√pīs → pīsanā* पीसना)

to grow *(√baḍh → baḍhanā* बढ़ना)

to hang *(√laṭak, √laṭakā → laṭakanā, laṭakānā* लटकना, लटकाना)

to happen, to have *(√ho → honā* होना)

to hear *(√sun → sunanā* सुनना)

to hide *(√chhup, √chhupā → chhupanā, chhupānā* छुपना, छुपाना)

to hit *(√mār → māranā* मारना)

to hold, catch *(√pakaḍ → pakaḍanā* पकड़ना)

to hum *(√gunagunā → gunagunānā* गुनगुनाना)

to hurt *(√dukhā → dukhānā)* (दु:खाना)

to increase *(√baḍh → baḍhanā* बढ़ना)

to join *(√mil, √milā → milanā, milānā* मिलना, मिलाना)

to jump *(√kūd → kūdanā* कूदना)

to keep *(√rakh → rakhanā* रखना)

to kill *(√mār → māranā* मारना)

to know *(√jān → jānanā* जानना)

to laugh *(√hãs → hãsanā* हँसना)

to lift *(√uṭhā → uṭhānā* उठाना)

to like *(√chāh → chāhanā* चाहना)

to live *(√jī → jīnā* जीना)

to lose *(√kho → khonā* खोना)

to love *(√pyār kar → pyār karanā* प्यार करना)*

to make *(√banā → banānā* बनाना)

to meet *(√mil → milanā* मिलना)

to melt *(√pighal → pighalanā* पिघलना)

to move *(√hil, √hilā → hilanā, hilānā* हिलना, हिलाना)

to open *(√khol → kholanā* खोलना)

to pick *(√uṭhā → uṭhānā* उठाना)

to play (*√khel* → khelanā खेलना)

to press *(√dabā → dabānā* दबाना)

to protect *(√rakṣā kar → rakṣā karanā* रक्षा करना)*

to pull *(√khīñch → khīñchanā* खींचना)

to punish *(√daṇḍa de → daṇḍa denā* दंड देना)*

to push *(√dhakel → dhakelanā* धकेलना)

to put, keep *(√rakh → rakhanā* रखना)

to rain *(√baras → barasanā* बरसना)

to read *(√paḍh → paḍhanā* पढ़ना)

to receive *(√pā → pānā* पाना)

to ride, to drive *(√chalā → chalānā* चलाना)

to roam *(√ghūm → ghūmanā* घूमना)

to rot *(√saḍ → saḍanā* सड़ना)

to run *(√bhāg → bhāganā* भागना)

to ripen *(√pak → pakanā* पकना)

to say *(√kah → kahanā)* (कहना)

to see *(√dekh → dekhanā* देखना)

to sell *(√bech → bechanā* बेचना)

to send *(√bhej → bhejanā* भेजना)

to serve *(√sevā kar → sevā karanā* सेवा करना)*

to sew *(√sī → sīnā* सीना)

to shine *(√tap, √tapā → tapanā, tapānā* तपना, तपाना)

to sing *(√gā → gānā* गाना)

to sink *(√ḍūb, √ḍubā → ḍūbanā, ḍubānā* डूबना, डुबाना)

to sit *(√baiṭh → baiṭhanā* बैठना)

to sleep (*√so* → sonā सोना)

to smell *(√sū̃gh → sū̃ghanā* सूँघना)

to smile *(√musakarā → musakarānā* मुसकराना)

to speak *(√bol → bolanā* बोलना)

to stop *(√ruk → rukanā* रुकना)

to study *(√paḍh → paḍhanā* पढ़ना)

to take *(√le → lenā* लेना)

to talk *(√bol → bolanā* बोलना)

to taste *(√chakh → chakhanā* चखना)

to tell *(√batā, √batalā → batānā, batalānā* बताना, बतलाना)

to think *(√soch → sochanā* सोचना)

to throw *(√fẽk → fẽkanā* फेंकना)

to tie *(√bāndh → bāndhanā* बाँधना)

to travel *(√safar kar → safar karanā* सफर करना)*

to understand *(√samajh → samajhanā* समझना)

to use *(√istemāl kar → istemal karanā* इस्तेमाल करना)*

to wake up *(√jāg → jāganā* जागना)

to walk *(√chal → chalanā* चलना)

to want *(√chah → chāhanā* चाहना)

to wash *(√dho → dhonā* धोना)

to waste *(√kharāb kar → kharāb karanā* खराब करना)*

to wear *(√pahan → pahananā* पहनना)

to win *(√jīt → jītanā* जीतना)

to wish *(√ichchhā kar → ichchhā karanā* इच्छा करना)*

to work *(√kām kar → kām karanā* काम करना)*

to worship *(√pūjā kar → pūjā karanā* पूजा करना)*

to write *(√likh → likhanā* लिखना) ...etc.

APPLICATION OF VERBS

1. I wish	*(mai̐ ichchhā kartā hu̐)*	मैं इच्छा करता हूँ।
2. I wish	*(mai̐ ichchhā kartī hu̐)*	मैं इच्छा करती हूँ।
3. We worship	*(ham pūjā karte hai̐*	हम पूजा करते हैं।
4. We worship	*(ham pūjā karte hai̐*	हम पूजा करते हैं।
5. You work	*(āp kāma karte hai̐)*	आप काम करते हैं।
6. You work	*(āp kāma kartī hai̐)*	आप काम करती हैं।
7. He moves	*(vah hiltā hai)*	वह हिलता है।
8. He moves	*(vah hilātā hai)*	वह हिलाता है।
9. She moves	*(vah hiltī hai)*	वह हिलती है।
10. She moves	*(vah hilātī hai)*	वह हिलाती है।
11. It breaks	*(yah ṭūṭtā hai)*	यह टूटता है।
12. He breaks	*(vah toḍtā hai)*	वह तोड़ता है।
13. It dries	*(yah sūkhtā hai)*	यह सूखता है।
14. They dry	*(ve sukhāte hai̐)*	वे सुखाते हैं।
15. I dry	*(mai̐ sukhātā hu̐)*	मैं सुखाता हूँ।
16. I dry	*(mai̐ sukhātī hu̐)*	मैं सुखाती हूँ।
17. We hide	*(ham chhupte hai̐)*	हम छुपते हैं।
18. We hide	*(ham chhuptī hai̐)*	हम छुपती हैं।
19. We hide	*(ham chhupāte hai̐)*	हम छुपाते हैं।
20. We hide	*(ham chhupātī hai̐)*	हम छुपाती हैं।
21. I speak.	*(mai̐ boltā hu̐, mai̐ bolatī hu̐)*	मैं बोलता हूँ, मैं बोलती हूँ।
22. Rām sits.	*(Rām baiṭhtā hai)*	राम बैठता है।
23. She sings.	*(vah gātī hai)*	वह गाती है।
24. They cook.	*(ve pakāte hai̐, ve pakātī hai̐)*	वे पकाते हैं, वे पकाती हैं।

25. You wish. *(āp chāhte haĩ, āp chāhtī haĩ)* आप चाहते हैं, आप चाहती हैं।

26. We write. *(ham likhte haĩ, ham likhtī haĩ)* हम लिखते हैं, हम लिखती हैं।

27. You cut. *(āp kāṭate haĩ, āp kāṭatī haĩ)* आप काटते हैं, आप काटती हैं।

28. They smile. *(ve hãste haĩ, ve hãstī haĩ)* वे हँसते हैं, वे हँसती हैं।

29. Arvind paints a picture. *(Arvind chitra rãgātā hai)* अरविंद चित्र रँगाता है।

30. We run. *(ham bhāgate haĩ, ham bhāgatī haĩ)* हम भागते हैं, हम भागती हैं।
(ham dauḍte haĩ, ham dauḍtī haĩ) हम दौड़ते हैं, हम दौड़ती हैं।

31. Meenal brings. *(Meenal lātī hai)* **मीनल लाती है।**

32. Sunil takes a book. *(Sunīl letā hai)* **सुनील पुस्तक लेता है।**

33. He eats. *(vah bhojan kartā hai, vah khātā hai)* वह भोजन करता है, वह खाता है।

34. The boy cries. *(laḍakā rotā hai)* लड़का रोता है।

35. One boy cries. *(ek laḍakā rotā hai)* एक लड़का रोता है।

36. He sinks. *(vah ḍūbtā hai, vah ḍubātā hai)* वह डूबता है, वह डुबाता है।

37. They put, they keep. *(ve rakhte haĩ, ve rakhtī haĩ)* वे रखते हैं, वे रखती हैं।

38. We save. *(ham bachāte haĩ, ham bachātī haĩ)* हम बचाते हैं, हम बचाती हैं।

39. You sell. *(āp bechte haĩ, āp bechtī haĩ)* आप बेचते हैं, आप बेचती हैं।

40. She sends. *(vah bhejtī haĩ)* वह भेजती है।

41. She joins. *(vah miltī hai, vah milātī hai)* वह मिलती है, वह मिलाती है।

42. He throws. *(vah fẽktā hai)* वह फेंकता है।

43. You jump. *(āp kūdte haĩ, āp kūdtī haĩ)* आप कूदते हैं, आप कूदती हैं।

44. I want money. *(maĩ paise chāhtā hũ, maĩ paise chahtī hũ)*
मैं पैसे चाहता हूँ, मैं पैसे चाहती हूँ।

45. I want to sleep. *(maĩ sonā chāhtā hũ, maĩ sonā chahtī hũ)*
मैं सोना चाहता हूँ, मैं सोना चाहती हूँ।

46. He wants to eat. *(vah khānā chāhtā hai)* वह खाना चाहता है।

47. She wants to eat. *(vah khānā chāhtī hai)* वह खाना चाहती है।

48. They want to go. *(ve jānā chāhte haĩ, ve jānā chāhtī haĩ)*
वे जाना चाहते हैं, वे जाना चाहती है।

11.2 CONTINUOUS PRESENT EVENTS

TABLE 7 : Use of - I am doing; you are doing; he, she is doing; we are doing; they are doing

	Subject (Doer of the action) (colloquial)	verb (drink)	'-ing' (doing)	am, is, are (I am, he is, they are)
	1. I मैं *maĩ*	पी *pī*	रहा *rahā*	हूँ *hū̃*
◦	2. He वह *vah* *(vo)*	पी *pī*	रहा *rahā*	है *hai*
◦	3. She वह *vah* *(vo)*	पी *pī*	रही *rahī*	है *hai*
*	4. We हम *ham*	पी *pī*	रहे *rahe*	हैं *haĩ*
*	5. You आप *āp* *(tum)*	पी *pī*	रहे *rahe*	हैं *haĩ* *(ho)*
*	6. They वे *ve* *(vo)*	पी *pī*	रहे *rahe*	हैं *haĩ*

NOTE : **The above table shows that :**

(i) A continuous (imperfect) mode '-ing' is shown in Hindī with letters *'rah'* (रह) to which gender suffix *ā, e,ī* or *ī̃* (आ, ए, ई, ईं) is added, as told in Table 6 ablve.

TABLE 7A : Present Continuous Tense Suffixes SUMMARY

Subject	Suffix M◦	Suffix F◦
Singular	रहा *(rahā)*	रही *(rahī)*
Plural	रहे *(rahe)*	रही *(rahī)* or रहीं *(rahī̃)*

EXERCISE 23 : Translate the English sentences into Hindī (Answers are given for help)

1. I am drinking . *maĩ pī rahā (rahī) hū̃.* मैं पी रहा (रही) हूँ। I am drinking tea. *maĩ chāy pī rahā (rahī) hū̃.* मैं चाय पी रहा (रही) हूँ। I am drinking hot tea. *maĩ garam chāy pī rahā (rahī) hū̃.* मैं गरम चाय पी रहा (रही) हूँ। You are drinking hot tea. *āp garam chāy pī rahe haĩ.* आप गरम चाय पी रहे हैं। He is drinking hot tea. *vah garam chāy pī rahā hai.* वह गरम चाय पी रहा है। She is drinking hot tea. *vah garam chāy pī rahī hai.* वह गरम चाय पी रही है। We are drinking hot tea. *ham garam chāy pī rahe haĩ.* हम गरम चाय पी रहे हैं। They are drinking hot tea. *ve garam chāy pī rahe haĩ.* वे गरम चाय पी रहे हैं।
2. They are eating bananas. *ve kele khā rahe haĩ.* वे केले खा रहे हैं।
3. She is sleeping. *vah so rahī hai.* वह सो रही है।
4. You are writing a book. *āp kitāb likh rahe haĩ.* आप किताब लिख रहे हैं।
5. He is going home. *vah ghar jā rahā hai.* वह घर जा रहा है।

11.3 CONTINUOUS PAST EVENTS

TABLE 8 : I was doing; you were doing; he, she was doing; we were doing; they were doing

	Doer of the action	drink	-doing	Past tense
	Subject (colloquial)	verb	'-ing'	was, had
	1. I मैं *maĩ*	पी *pī*	रहा *rahā*	था *thā*
◦	2. He वह *vah* *(vo)*	पी *pī*	रहा *rahā*	था *thā*
◦	3. She वह *vah* *(vo)*	पी *pī*	रही *rahī*	थी *thī*
*	4. We हम *ham*	पी *pī*	रहे *rahe*	थे *the*
*	5. You आप *āp* *(tum)*	पी *pī*	रहे *rahe*	थे *the*
*	6. They वे *ve* *(vo)*	पी *pī*	रहे *rahe*	थे *the*

EXERCISE 24 : Translate the English sentences into Hindī (Answers are given for help)

1. I was drinking . *maĩ pī rahā thā (rahī thī)* मैं पी रहा था (रही थी) I was drinking tea. *maĩ chāy pī rahā thā (rahī thī).* मैं चाय पी रहा था (रही थी)। I was drinking hot tea. *maĩ garam chāy pī rahā thā (rahī thī).* मैं गरम चाय पी रहा था (रही थी)।

   You were drinking hot tea. *āp garam chāy pī rahe the.* आप गरम चाय पी रहे थे।

   He/she was drinking hot tea. *vah garam chāy pī rahā thā / pī rahī thī.* वह गरम चाय पी रहा था / पी रही थी।

   We were drinking hot tea. *ham garam chāy pī rahe the.* हम गरम चाय पी रहे थे।

   They were drinking hot tea. *ve garam chāy pī rahe the.* वे गरम चाय पी रहे थे।

2. They were eating bananas. *ve kele khā rahe the.* वे केले खा रहे थे।
3. She was sleeping. *vah so rahī thī.* वह सो रही थी।
4. You were writing a book. *āp kitāb likh rahe the.* आप किताब लिख रहे थे।
5. He was going home. *vah ghar jā rahā thā.* वह घर जा रहा था।

11.4 ALREADY COMPLETED PRESENT EVENTS

TABLE 9 : I have 'already' done, you have done; he, she has done; we, they have done

	Doer of the action	drink	already done	am, is, has, have
	Subject (colloquial)	verb	*done*	is, has
	1. I मैं *maĩ*	पी *pī*	चुका *chukā*	हूँ *hū̃*
◦	2. He वह *vah* *(vo)*	पी *pī*	चुका *chukā*	है *hai*
◦	3. She वह *vah* *(vo)*	पी *pī*	चुकी *chukī*	है *hai*
*	4. We हम *ham*	पी *pī*	चुके *chuke*	हैं *haĩ*
*	5. You आप *āp*	पी *pī*	चुके *chuke*	हैं *haĩ*
*	6. They वे *ve* *(vo)*	पी *pī*	चुके *chuke*	हैं *haĩ*

NOTE : **The above table shoes that :**

(i) The 'already' done mode 'ed' is shown in Hindī with letters *'chuk'* (चुक) to which gender suffix *ā, e, ī* or *ī̐* (आ, ए, ई, ईं) is added, as shown above.

TABLE 9A : Already Done : Suffixes SUMMARY

Subject	Suffix M∘	Suffix F∘
Singular	चुका *(chukā)*	चुकी *(chukī)*
Plural	चुके *(chuke)*	चुकी *(chukī)* or चुकीं *(chukī̐)*

EXERCISE 25 : Translate the English sentences into Hindī (Answers are given for help)

1. I have already drunk hot tea. *maĩ garam chāy pī chukā (chukī) hū̐.* मैं गरम चाय पी चुका (चुकी) हूँ। You have already drunk hot tea. *āp garam chāy pī chuke haĩ.* आप गरम चाय पी चुके हैं। He has already drunk hot tea. *vah garam chāy pī chukā hai.* वह गरम चाय पी चुका है। She has already drunk hot tea. *vah garam chāy pī chukī hai.* वह गरम चाय पी चुकी है। We have already drunk hot tea. *ham garam chāy pī chuke haĩ.* हम गरम चाय पी चुके हैं। They have already drunk hot tea. *ve garam chāy pī chuke haĩ.* वे गरम चाय पी चुके हैं।
2. They have already eaten bananas. *ve kele khā chuke haĩ.* वे केले खा चुके हैं।
3. She has already slept. *vah so chukī hai.* वह सो चुकी है।
4. You have already written a book. *āp kitāb likh chuke haĩ.* आप किताब लिख चुके हैं।
5. He has already gone home. *vah ghar jā chukā hai.* वह घर जा चुका है।

11.5 ALREADY COMPLETED PAST EVENTS

TABLE 10 : I had 'already' done, you had done; he, she had done; we, they had done

	Doer of the action	drink	already done	Past tense
	Subject (colloquial)	verb	*done*	was, had
	1. I मैं *maĩ*	पी *pī*	चुका *chukā*	था *thā*
∘	2. He वह *vah* *(vo)*	पी *pī*	चुका *chukā*	था *thā*
∘	3. She वह *vah* *(vo)*	पी *pī*	चुकी *chukī*	थी *thī*
*	4. We हम *ham*	पी *pī*	चुके *chuke*	थे *the*
*	5. You आप *āp* *(tum)*	पी *pī*	चुके *chuke*	थे *the*
*	6. They वे *ve* *(vo)*	पी *pī*	चुके *chuke*	थे *the*

EXERCISE 26 : Translate the English sentences into Hindī (Answers are given for help)

1. I had already drunk hot tea. *maĩ garam chāy pī chukā thā (chukī thī).* मैं गरम चाय पी चुका था (चुकी थी)। You had already drunk hot tea. *āp garam chāy pī chuke the.* आप गरम चाय पी चुके थे। He had already drunk hot tea. *vah garam chāy pī chukā thā.* वह गरम चाय पी चुका था। She had already drunk hot tea. *vah garam chāy pī chukī thī.* वह गरम चाय पी चुकी थी। We had already drunk hot tea. *ham garam chāy pī chuke the.* हम गरम चाय पी चुके थे। They had already drunk hot tea. *ve garam chāy pī chuke the.* वे गरम चाय पी चुके थे।

TABLE 11 : SUMMARY, what we learned so far, the 'cumulative learning'

	Doer of the action	drink	do, does......	doing...............	.already done	am, is, has, have	Past tense
	Subject	verb	'do'	'-ing'	done	is, has	was, had
	I मैं *maĩ*	पी *pī*	ता *tā*	रहा *rahā*	चुका *chukā*	हूँ *hũ*	था *thā*
◦	He वह *vah*	पी *pī*	ता *tā*	रहा *rahā*	चुका *chukā*	है *hai*	था *thā*
◦	She वह *vah*	पी *pī*	ती *tī*	रही *rahī*	चुकी *chukī*	है *hai*	थी *thī*
*	We हम *ham*	पी *pī*	ते *te*	रहे *rahe*	चुके *chuke*	हैं *haĩ*	थे *the*
*	You आप *āp*	पी *pī*	ते *te*	रहे *rahe*	चुके *chuke*	हैं *haĩ*	थे *the*
*	They वे *ve*	पी *pī*	ते *te*	रहे *rahe*	चुके *chuke*	हैं *haĩ*	थे *the*

NOTE : The suffix *thā* (था) is comes in Hindī sentence ONLY when there is 'was, had or used to' in the English sentence. Exception is : verb 'want' *chāh* चाह। e.g. I wanted. मैं चाहता था।

TABLE 12 : I used to do; you used to do; he, she used to do; we used to do; they used to do

	Doer of the action	drink	used to (drink)
	Subject (colloquial)	verb	used to
	1. I मैं *maĩ*	पी *pī*	ता था *tā thā*
◦	2. He वह *vah* *(vo)*	पी *pī*	ता था *tā thā*
◦	3. She वह *vah* *(vo)*	पी *pī*	ती थी *tī thī*
*	4. We हम *ham*	पी *pī*	ते थे *te the*
*	5. You आप *āp*	पी *pī*	ते थे *te the*
*	6. They वे *ve* *(vo)*	पी *pī*	ते थे *te the*

EXERCISE 27 : Translate the English sentences into Hindī (Answers are given for help)

1. I used to drink tea. *maĩ chāy pītā thā (pītī thī).* मैं चाय पीता था, पीती थी। You used to drink tea. *āp chāy pīte the.* आप चाय पीते थे। He used to drink tea. *vah chāy pītā thā.* वह चाय पीता था। She used to drink tea. *vah chāy pītī thī.* वह चाय पीती थी। We used to drink tea. *ham chāy pīte the.* हम चाय पीते थे। They used to drink tea. *ve chāy pīte the.* वे चाय पीते थे।

2. They used to eat bananas. *ve kele khāte the.* वे केले खाते थे। **3.** She used to weep. *vah rotī thī.* वह रोती थी। **4.** You used to write books. *āp kitābẽ likhte the.* आप किताबें लिखते थे।

EXERCISE 28 : Translate the Hindī sentences into English (Answers are given for help)

Key Words : O Clock, at O Clock = *baje* बजे। Today = *āj* आज। Tomorrow, Yesterday = *kal* कल। Now = *ab* अब। Then = *tab* तब। When? = *kab* कब? What = *kyā* क्या। Work = *kām* काम।

1. Anjalī is coming at two O Clock. *añjalī do baje ā rahī hai.* अंजली दो बजे आ रही है।

2. They are not working today. *ve āj kām nahĩ kar rahe haĩ.* वे आज काम नहीं कर रहे हैं।

3. Yesterday she was eating two *Roties. Vah kal do roṭiyā̃ khā rahī thī.* वह कल दो रोटियाँ खा रही थी।

4. What Vishāl was saying yesterday? *Vishāl kal kyā kah rahā thā.* विशाल कल क्या कह रहा था?

5. Mīrā was singing Hindī songs. (song = *gānā*) *mīrā Hindī gāne gā rahī thī.* मीरा हिंदी गाने गा रही थी।

6. Rādhā wants a cup of tea. *Rādhā ek kap chāy chāhatī hai.* राधा एक कप चाय चाहती है।

7. Rītā is now going home. *Rītā ab ghar jā rahī hai.* रीता अब घर जा रही है।

8. Nītā can run 10 km. *Nītā das kilo-mitar bhāg saktī hai.* नीता दस किलो-मिटर भाग सकती है।

9. You can not walk one km. *āp ek km. nahĩ chal sakte haĩ.* आप एक कि.मी. नहीं चल सकते।

10. Yesterday a house was burning. *kal ek ghar jal rahā thā.* कल एक घर जल रहा था।

11. Gopāl has already fried the Samosās. *Gopāl samose tal chukā hai.* गोपाल समोसे तल चुका है।

12. Monā had already brought the books. *Monā kitābẽ lā chukī thī.* मोना किताबें ला चुकी थी।

13. Vijay reads at 7 O Clock. *Vijay sāt baje paḍhtā hai.* विजय सात बजे पढ़ता है।

14. I used to drink only coffee, now I drink tea also. *maĩ kāfī hī pītā thā, ab maĩ chāy bhī pītā hū̃.* मैं काफी ही पीता था, अब मैं चाय भी पीता हूँ।

15. We used to walk five km., now we walk only three km. *ham pāñch km. chalte the, ab ham tīn hī km. chalte haĩ.* हम पाँच कि.मि. चलते थे, अब हम तीन ही किलो मिटर चलते हैं।

16. They had already eaten bananas. *ve kele khā chuke the.* वे केले खा चुके थे।

17. She had already slept. *vah so chukī thī.* वह सो चुकी थी।

18. You had already written a book. *āp kitāb likh chuke the.* आप किताब लिख चुके थे।

19. He had already gone home. *vah ghar jā chukā thā.* वह घर जा चुका था।

11.6 MAKING SENTENCES FOR FUTURE EVENTS

The future events are generally of three kinds, viz◦ :

1. I will do (you will do; he, she, it will do; we, they will do) see - Table 13
2. I should do, I may do (you should do; he, she do; we, we should do, they should do)
3. Should I do? May I do? (should you do? should he do? she should do? should they do?)

TABLE 13 : Future and Subjunctive actions : I will do, I should-may do...etc.

	Doer of the action	drink	will	will	I should, I may	should I ? may I?
	Subject	verb	I will m◦	I will f◦	Suffix m◦ f◦	Should I? m◦ f◦
	I मैं *maĩ*	पी *pī*	ऊँगा *ũngā*	ऊँगी *ũngī*	ऊँ *ũ*	ऊँ क्या? *ũ kyā?*
◦	He वह *vah*	पी *pī*	एगा *egā*	--	ए *e*	ए क्या? *e kyā?*
◦	She वह *vah*	पी *pī*	--	एगी *egī*	ए *e*	ए क्या? *e kyā?*
*	We हम *ham*	पी *pī*	एँगे *enge*	एँगी *engī*	एँ *ẽ*	एँ क्या? *ẽ kyā?*
*	You आप *āp*	पी *pī*	एँगे *enge*	एँगी *engī*	एँ *ẽ*	एँ क्या? *ẽ kyā?*
*	They वे *ve*	पी *pī*	एँगे *enge*	एँगी *engī*	एँ *ẽ*	एँ क्या? *ẽ kyā?*

NOTE : **The above table shows that :**

(i) A Future Event (will) is shown in Hindī with letter *'g'* (ग) to which :

(ii) add the 'person' operative *ũ, e, ẽ* (ऊँ, ए, एँ), as described earlier, and then

(iii) add the 'gender' operative ā, e, ī, ī̃ (आ ए ई ईं), as said earlier in Table 2A :

NOTE : (a) suffix 'ā' (आ) means masculine singular subject

(b) suffix 'e' (ए) means masculine plural subject

(c) suffix 'ī' (ई) means feminine singular subject

(d) suffix 'ī̃' (ईं) means feminine plural subject

TABLE 13A : Future Tense Suffixes SUMMARY

Subject	Suffix M◦	Suffix F◦
I	ऊँगा *(ungā)*	ऊँगी *(ungī)*
He/she	एगा *(egā)*	एगी *(egī)*
We	एँगे *(enge)*	एँगे *(enge)**/ एँगी *(engī)*
You *(āp)*		
They		

*NOTE : **masculine plural** एँगे *(enge)* is commonly used for **feminine plural** also.

EXERCISE 29 : Translate the English sentences into Hindī (Answers are given for help)

(a). **FUTURE TENSE :** I will drink. *maĩ pīū̃ngā (pīū̃ngī).* मैं पीऊँगा (पीऊँगी)। You will drink. *āp pīeṅge.* आप पीएँगे। He will drink. *vah pīegā.* वह पीएगा। She will drink. *vah pīegī.* वह पीएगी। We will drink. *ham pīeṅge.* हम पीएँगे। They will drink. *ve pīeṅge.* वे पीएँगे।

(b). THE **POTENTIAL** MOOD (should, may) : I should drink. *maĩ pīū̃.* मैं पीऊँ। You should drink. *āp pīeṅ.* आप पीएँ। He should drink. *vah pīe.* वह पीए। She should drink. *vah pīe.* वह पीए। We should drink. *ham pīeṅ.* हम पीएँ। They should drink. *ve pīeṅ.* वे पीएँ।

NOTICE THE SIMILARITY BETWEEN FUTURE TENSE AND THE POTENTIAL MOOD

(c). THE **INTERROGATIVE** MOOD : Should I drink? *maĩ pīū kyā?* मैं पीऊँ क्या? Should you drink? *āp pīẽ kyā?* आप पीएँ क्या? Should he drink. *vah pīe kyā.* वह पीए क्या? Should she drink. *vah pīe kyā.* वह पीए क्या? Should we drink? *ham pīẽ kyā?* हम पीएँ क्या? Should they drink? *ve pīẽ kyā?* वे पीएँ क्या?

(d). Will I drink? *maĩ pīū̃ngā (pīū̃ngī) kyā?* मैं पीऊँगा (पीऊँगी) क्या? Will you drink? *āp pīeṅge kyā?* आप पीएँगे (पीएँगी) क्या? Will he drink? *vah pīegā kyā?* वह पीएगा क्या? Will she drink? *vah pīegī kyā?* वह पीएगी क्या? Will we drink? *ham pīeṅge kyā?* हम पीएँगे क्या? Will they drink? *ve pīeṅge kyā?* वे पीएँगे क्या?

RATNAKAR'S FOURTH NOBLE TRUTH : (Potential Mood)

A Verb in Potential Mood needs only a suffix indicating 'Person' (i.e. 1st, 2nd or 3rd; singular or plural). That is, it does not need any tense suffix (ह, थ, ग), mode suffix (त, रह, चुक) or a gender suffix (आ, ए, ई, ईं). e.g. (m◦ f◦) I should drink. *maĩ pīū̃ (pī + ū̃).* मैं पीऊँ।

RATNAKAR'S FIFTH NOBLE TRUTH : *(kyā)*

Whem '*kyā*' (क्या) comes at the beginning or at the end of a sentence, *kyā* (क्या) = a question mark (?). But, when *kyā* (क्या) comes anywhere in the sentence, then this *kyā* (क्या) = what?

(e). What will I drink? *maĩ kyā pīū̃ngā (pīū̃ngī)?* मैं क्या पीऊँगा (पीऊँगी)? What will you drink? *āp kyā pīeṅge?* आप क्या पीएँगे (पीएँगी)? What will he drink? *vah kyā pīegā?* वह क्या पीएगा? What will she drink? *vah kyā pīegī?* वह क्या पीएगी? What will we drink? *ham kyā piénge?* हम क्या पीएँगे? What will they drink? *ve kyā piénge?* वे क्या पीएँगे?

EXERCISE 30 : Translate the Hindī sentences into English (Answers are given for help)

Key Words : Everyday = *roz* रोज। Never = *kabhī nahī̃* कभी नहीं। Always = *hameshā* हमेशा।
Someone = *koī* कोई। Sometimes = *kabhī kabhī* कभी कभी। Anytime = *kabhī bhī* कभी भी।
Some, Something = *kuchh* कुछ। Anything, Whatever = *kuchh bhī* कुछ भी।
where = *kahā̃* कहाँ। Somewhere = *kahī̃* कहीं। Anywhere = *kahī̃ bhī* कहीं भी।

1. Neil will come home at two O Clock. *Neil do baje ghar āegā.* नील दो बजे घर आएगा।
2. Rānī will not work today. *Rānī āj kām nahī̃ karegī.* रानी आज काम नहीं करेगी।
3. Yesterday Nīrā was sewing a dress. *kal Nīrā dress sī rahī thī.* कल नीरा ड्रेस सी रही थी।
4. What should Vijay say? *Vijay kyā kahe?* विजय क्या कहे?
5. What will Mīnā say? *Mīnā kyā kahegī?* मीना क्या कहेगी?

6. Rājā will want a cup of tea. *Rājā ek kap chāy chāhegā.* राजा एक कप चाय चाहेगा।
7. Should Sudāmā go home now. *Sudāmā ab ghar jāe kyā?* सुदामा अब घर जाए क्या?
8. Nīrū should go home now. *Nīrū ab ghar jāe.* नीरू अब घर जाए।
9. What should David write? *David kyā likhe?* डेविड क्या लिखे?
10. What was burning yesterday? *kal kyā jal rahā thā.* कल क्या जल रहा था।

11. Govind had already washed the dishes. *Govind thāliyā̃ dho chukā thā.* गोविंद थालियाँ धो चुका था।
12. Mohan should not sleep here today. *Mohan āj yahā̃ nahī̃ soye.* मोहन आज यहाँ नहीं सोए।
13. Vimalā reads something everyday. *Vimalā roz kuchh paḍhatī hai.* विमला रोज कुछ पढ़ती है।
14. Sunīl will be a TV star. *Sunīl TV star (sitārā) hogā.* सुनील टीवी स्टार (सितारा) होगा।

15. Vikās should win there. *Vikās vahā̃ jīte.* विकास वहाँ जीते।
16. Nobody wins always. *koī bhī hameshā nahī̃ jītatā hai.* कोई भी हमेशा नहीं जीतता है।
17. Somebody was here. *koī yahā̃ thā.* यहाँ कोई था।
18. Was anyone here? *kyā koī yahā̃ thā?* क्या कोई यहाँ था? *koī yahā̃ thā kyā ?* कोई यहाँ था क्या?

11.7 MAKING A REQUEST
the Imperative Sentences

Making a Request, Suggestion or giving an Order, is an Imperative Mood. A Request, Suggestion or an Order is made by a person (1st person) to a person whom he is talking to (2nd person). These three functions are done in three respective ways :

(A) MAKING A Respectful REQUEST :

A request is normally made in a respectful manner, using the word *āp* (आप) for you. For making such request word "please" is used in English, hut in Hindi the **imperative suffix *iye* (इये) is added to the verb**, which has please built in it. Therefore, you will often not see Hindi people using the word "please" in their sentences, unless it is an earnest or a formal request. The word the word *āp* (आप) you, may not be actually used, because it is always understood.

TABLE 13.2A : Suffix for making a REQUEST

Sentence	Subject (optional)	VERB आ *(ā) = come*	Suffix इये *(iye)*	Hindi Sentence
Please come!	You *āp* (आप)	आ *(ā)*	इये *(iye)*	आइये! *(āiye!)*

EXAMPLES :

IMPORTANT NOTE : The Hindi Learning books will tell you that the Hindi word verb "eat" is khjānā (खाना), but that is wrong. Khānā (खाना) is not a verb. It is (i) an finitive (to eat), or (ii) a verbal noun (food), or (iii) a gerund (eating). The Hindi verb (or verb stem or root verb) is **khā** (खा) to which you add any suffix. Please remember this note in order to learn Hindi easily and properly.

1. (you) please come! = *āp* आप + *āiye* आइये! = आप आइये! = *āp āiye* = आइये! = *āiye!*
2. Please speak! (Speak = *bol* बोल) *boliye* = बोलिये!
3. Please eat! (Eat = *khā* खा) *khāiye* = खाइये!
4. Please sleep! (Sleep = *so* सो) *soiye* = सोइये!
5. Please walk! (Walk = *chal* चल) *chaliye* = चलिये! It also means, "let's go."

TABLE **13.2B** : The four **IRREGULAR** imperative VERBS

	Verb	Hindi	Changes to	Suffix जिये *jiye* is added	Imperative form
1	Take	ले *le*	ली *lī*	जिये *jiye*	लीजिये *lījiye*
2	Give	दे *de*	दी *dī*	जिये *jiye*	दीजिये *dījiye*
3	Do	कर *kar*	की *kī*	जिये *jiye*	कीजिये *kījiye*
4	Drink	पी *pī*	पी *pī**	जिये *jiye*	पीजिये *pījiye*
	* The verb पी *pī* does not change, but the suffix इये *iye* changes from to जिये *jiye*				

(B) MAKING A Formal SUGGESTION :

A suggestion is also made in a respectful manner, using the word *āp* (आप) or *tum* (तुम) for you. For making such suggestion word "please" is used in English, hut in Hindi the **imperative suffix *o* (ओ) is added to the verb**, which has please built in it. Therefore, you will often not see Hindi people using the word "please" in their sentences. The word the word *āp* (आप) or *tum* (तुम) for you, may not be actually used, because it is always understood.

TABLE **13.2C** : Suffix for making a SUGGESTION

Sentence	Subject (optional)	+ VERB + सुन *(sun)* = *listen*	= Suffix = ओ *(o)*	Hindi Sentence
Please listen!	You *tum* (तुम)	+ सुन *(sun)*	= ओ *(o)*	सुनो! *(suno!)*

EXAMPLES :

1. Please stop! (Stop = *ruk* रुक) *ruko!* = रुको!

2. Please go! (Go = *jā* जा) *jāo* = जाओ!

3. Please say! (Say = *kah* कह) *kaho* = कहो!

4. Please don't do! (Don't do = *mat kar* मत कर) *mat karo* = मत करो!

5. Please run! (Run = *bhāg* भाग) *bhāgo* = भागो!

(C) GIVING AN ORDER :

A n order is given aa a command, in which respects may not be there. Here, the word *tū* (तू) may be used for "you." For making such order word "please" is not used in English, and in Hindi, no imperative suffix is added to the verb. Just the plain verb is used, instead.

TABLE **13.2D** : Suffix for giving an ORDER

Sentence	Subject (optional)	VERB बैठ *(baiṭh) = sit*	No suffix	Hindi Sentence
Sit!	You *tū* (तू)	बैठ *(baiṭh)*		बैठ *(baiṭh!)*

EXAMPLES :

1. Get out! (Get out = *nikal* निकल) *nikal!* = निकल!
2. Shut up! (Sut up = *chup kar* चुप कर) *chup kar* = चुप कर!
3. Don't move! (Don't move = *hil mat* हिल मत) *hil mat* = हिल मत!
4. Show (it to me)! (Show = *dikhā* दिखा) *dikhā* = दिखा!
5. Take a hike! (Take a hike = *bhāg* भाग) *bhāg* = भाग!

EXERCISE 31 : Read the following lines from the Gita :

Bhagavad Gita
भगवद्गीता

अर्जुन उवाच
स्थितप्रज्ञस्य का भाषा समाधिस्थस्य केशव।
स्थितधीः किं प्रभाषेत किमासीत व्रजेत किम्।।

श्रीभगवानुवाच
प्रजहाति यदा कामान्सर्वान्पार्थ मनोगतान्।
आत्मन्येवात्मना तुष्टः स्थितप्रज्ञस्तदोच्यते।।

दुःखेष्वनुद्विग्नमनाः सुखेषु विगतस्पृहः।
वीतरागभयक्रोधः स्थितधीर्मुनिरुच्यते।।

यः सर्वत्रानभिस्नेहस्तत्तत्प्राप्य शुभाशुभम्।
नाभिनन्दति न द्वेष्टि तस्य प्रज्ञा प्रतिष्ठिता।।

यदा संहरते चायं कूर्मोऽङ्गानीव सर्वशः।
इन्द्रियाणीन्द्रियार्थेभ्यस्तस्य प्रज्ञा प्रतिष्ठिता।।

LESSON 12

MAKING SENTENCES FOR **COMPLETED ACTIONS**

A perfected or completed action indicates what you did, have done or had done.

(i) suffix (m◦) *ā* (आ) or (f◦) *ī* (ई) is attached to the verb that ends in a consonant or a short vowel.

e.g. verb *chal* चल (to walk) →

(1) walked *chal + ā = chalā;*

(2) I walked m◦ *maĩ chalā,* f◦ *maĩ chalī.* चल + आ = चला, (m◦) मैं चला, (f◦) मैं चली।

TABLE 12A : The **Perfect** Action Suffix for verbs ending in short vowels

	Verb	SUFFIX	
		Singular	Plural
1	Masculine	आ *ā*	ए *e*
2	Feminine	ई *ī*	ईं *ĩ* (or यी *yī*)

(ii) suffix *yā (y + ā)* या or *yī (y + ī)* यी is attached to the verb that ends in a long vowel such as *ā*, *ī* or *o* (आ, ई, ओ).

e.g. verb *so* सो (sleep) → (slept) m◦ *so + y + ā = soyā,* I slept m◦ *maĩ soyā,* f◦ *maĩ soyī.* सो + या = सोया, (m◦) मैं सोया, (f◦) मैं सोयी।

TABLE 12B : The **Perfect** Action Suffix for verbs ending in long vowels

	Verb	SUFFIX	
		Singular	Plural
1	Masculine	या *yā*	ये *ye*
2	Feminine	यी *yī*	यीं *yĩ* (or यी *yī*)

(iii) If a completed action is Transitive, the suffix *ne* (ने) is attached to the subject.

e.g. (1) verb *khā* खा (eat) → (ate) *khā* खा + *yā* या = *khāya* खाया. I ate *maĩne khāyā* मैंने खाया।

(2) *pī* पी (drink) → (drank) *pī* पी + *yā* या = *pīyā* पीया. I drank *maĩne pīyā* मैंने पीया।

(iv) When suffix *ne* (ने) is attached to a subject, the verb changes according to the Object (the thing on which the action is done). Now the Subject has no effect on the verb.

e.g. m◦ and f◦ subject → I ate a banana. *maĩ ne kelā khāyā* मैंने केला खाया। I ate bananas. *maĩ ne kele khāye* मैंने केले खाये। I ate a roṭī *maĩ ne roṭī khāyī* मैंने रोटी खायी। I ate roṭīs *maĩ ne roṭiyā̃ khāyī̃* मैंने रोटियाँ खायीं।

TABLE 12C : The **Perfect** Tense, **Transitive** suffix ने *ne*

Subject	Singular	Plural
I /we	मैंने *maĩ-ne*	हमने *ham-ne*
He/she/they	उसने *us-ne*	उन्हों ने *unhõ ne*
You आप *(āp)*	आपने *āp-ne*	आपने *āp-ne*
You तुम *(tum)*	तुमने *tum-ne*	तुमने *tum-ne*
You तू *(tū)*	तूने *tū-ne*	तुमने *tum-ne*
Rām	राम ने *Rām ne*	
Sītā	सीता ने *Sītā ne*	

RATNAKAR'S SIXTH NOBLE TRUTH : (Perfect tense)

If an action is completed on a transitive verb, suffix *ne* (ने) is attached to the subject.

(a) Completed or perfected action = I did, I have done, I had done ...etc.

(b) Transitive action is where the the action is performed on an object, not on the subject. e.g. I (the subject) ate (the verb) a mango (the object), I drank tea, I wrote a book ...etc.

(c) Intransitive action is where the action is performed by the doer (subject) on him/herself, i.e. the action is not transferred to any external object. e.g. I (the subject) went, Bob slept, John walked, dog ran, cat died, they stayed, we came, you lived, baby cried, water leaked, house burnt, Sonia won, she swam, he sat, monkey jumped, sun rose, rain fell.

The perfect (completed) actions are mainly of three kinds, such as :

1. I did (you did; he, she, it did; we did; they did) see - Table 14
2. I have done (you have done; he, she has done; we have done; they have done)
3. I had done (you had done; he, she had done; we had done; they had done)

TABLE 14 : I did; you did; he, she, it did; we did; they did ...etc.

	Doer of the action		Intransitive actions------			Transitive actions ------					
	Subject		intransitive action	suffix		transitive action suffix	verb type 1 consonant end	suffix		verb type 2 Long vowel	suffix
	I मैं *maĩ*		*chal* चल	*ā* आ		*maĩ ne* मैंने	*kah* कह	*ā* आ		पी *pī*	*yā* या
∘	He वह *vah*		*chal* चल	*ā* आ		*usne* उसने	*kah* कह	*ā* आ		पी *pī*	*yā* या
∘	She वह *vah*		*chal* चल	*ī* ई		*usne* उसने	*kah* कह	*ā* आ		पी *pī*	*yā* या
*	We हम *ham*		*chal* चल	*e* ए		*hamne* हमने	*kah* कह	*ā* आ		पी *pī*	*yā* या
*	You आप *āp*		*chal* चल	*e* ए		*āpne* आपने	*kah* कह	*ā* आ		पी *pī*	*yā* या
*	They वे *ve*		*chal* चल	*e* ए		*unhõne* उन्होंने	*kah* कह	*ā* आ		पी *pī*	*yā* या

EXERCISE 32 : Translate the English sentences into Hindī (Answers are given for help)

NOTE : Many people use masculine plural tenses for feminine plural tenses also.

(a). **Intransitive** actions, such as I came , I went, I fell, I walked :

I walked *maĩ chalā (chalī)* मैं चला (चली)। You fell *āp gire* आप गिरे। He came *vah āyā.* वह आया। She went *vah gayaī* वह गयी। We slept *ham soye* हम सोये। They stayed *ve rahe.* वे रहे।

(b). Intransitive actions, such as I have come, I have gone, I have fallen, I have walked :

I have walked. *maĩ chalā (chalī) hū̃.* मैं चला (चली) हूँ। You have fallen. *āp gire haĩ.* आप गिरे हैं। He has come. *vah āyā hai.* वह आया है। She has gone. *vah gayaī hai.* वह गयी है। We have slept. *ham soye haĩ.* हम सोये हैं। They have stayed. *ve rahe haĩ.* वे रहे हैं।

(c). Intransitive actions, such as I had come, I had gone, I had fallen, I had walked :

I had walked. *maĩ chalā thā (chalī thī).* मैं चला था (चली थी)। You had fallen. *āp gire the.* आप गिरे थे। He had come. *vah āyā thā.* वह आया था। She had gone. *vah gayaī thī.* वह गयी थी। We had slept. *ham soye the.* हम सोये थे। They had stayed. *ve rahe the.* वे रहे थे।

(d). **Transitive** actions, such as I did, I wrote, I drank, I saw :

I ate. *maĩ ne khāyā.* मैंने खाया। I ate a mango. *maĩ ne ām khāyā.* मैंने आम खाया। I ate one banana. *maĩ ne ek kelā khāyā.* मैंने एक केला खाया। I ate two bananas. *maĩ ne do kele khāye.*

मैंने दो केले खाये। I ate one Roṭī. *maiँ ne ek Roṭī khāyī.* मैंने एक रोटी खायी। I ate two Roṭīs. *maiँ ne do Roṭiyāँ khāyīँ.* मैंने दो रोटियाँ खायीं।

You drank tea. *āp ne chāy pī.* आपने चाय पी (पीयी)। Jack washed hands. *Jack ne hāth dhoye.* जैक ने हाथ धोये। Sunitā touched TV. *Sunita ne TV chhūā.* सुनीता ने टीवी छूआ। We peeled bananas. *hamne kele chhīle.* हमने केले छीले। Rām and Shyām did the work. *Rām aur Shyām ne kām kiyā.* राम और शाम ने काम किया।

(e). Transitive actions, such as - I have done, I have written, I have drunk, I have seen :

I have eaten. *maiँ ne khāyā hai.* मैंने खाया है। I have eaten a mango. *maiँ ne ām khāyā hai.* मैंने आम खाया है। I have eaten one banana. *maiँ ne ek kelā khāyā hai.* मैंने एक केला खाया है। I have eaten two bananas. *maiँ ne do kele khāye hai.* मैंने दो केले खाये है। I have eaten one roṭī. *maiँ ne ek roṭī khāyī hai.* मैंने एक रोटी खायी है। I have eaten two roṭīs. *maiँ ne do roṭiyāँ khāyīँ haiँ.* मैंने दो रोटियाँ खायीं हैं।

You have drunk tea. *āp ne chāy pī hai.* आपने चाय पी है। Rādhāk has washed hands. *Rādhā ne hāth dhoye haiँ.* राधा ने हाथ धोये हैं। Sunitā has touched TV. *Sunita ne TV chhūā hai.* सुनीता ने टीवी छूआ है। We have peeled bananas. *hamne kele chhīle haiँ.* हमने केले छीले हैं। Rām and Shyām have done the work. *Rām aur Shyām ne kām kiyā hai.* राम और श्याम ने काम किया है।

(f). Transitive actions, such as - I had done, I had written, I had drunk, I had seen :

I had eaten. *maiँ ne khāyā thā.* मैंने खाया था। I had eaten a mango. *maiँ ne ām khāyā thā.* मैंने आम खाया था। I had eaten one banana. *maiँ ne ek kelā khāyā thā.* मैंने एक केला खाया था। I had eaten two bananas. *maiँ ne do kele khāye the.* मैंने दो केले खाये थे। I had eaten one roṭī. *maiँ ne ek roṭī khāyī thī.* मैंने एक रोटी खायी थी। I had eaten two roṭīs. *maiँ ne do roṭiyāँ khāyī thīँ.* मैंने दो रोटियाँ खायी थीं।

You had drunk tea. *āp ne chāy pī thī.* आपने चाय पी थी। Jack had washed hands. *Jack ne hāth dhoye the.* जैक ने हाथ धोये थे। Sunitā had touched TV. *Sunita ne TV chhūā thā.* सुनीता ने टीवी छूआ था। We had peeled bananas. *hamne kele chhīle the.* हमने केले छीले थे। Rām and Shyām had done the work. *Rām aur Shyām ne kām kiyā thā.* राम और शाम ने काम किया था।

RATNAKAR'S SEVENTH NOBLE TRUTH : (The Suffixes) **The 18 SUFFIXES :**
(1) Present tense = 'h' (ह); (2) Past tense = 'th' (थ); (3) Future tense = 'g' (ग); (4) Habitual 'do' mode = 't' (त); (5) Continuous (imperfect) '-ing' mode = 'rah' (रह); (6) Already 'done' mode = 'chuk' (चुक); (7) Masculine singular= 'ā ' (आ); (8) Masculine plural = 'e' (ए); (9) Feminine singular = 'ī ' (ई); (10) Feminine plural = 'iyā̐' (इयाँ); (11) First person singular (I) = 'ū̐ ' (ऊँ); (12) Third person singular (he, she) = 'ai' (ऐ); (13) Any Third person plural (we, you, they) = 'aĩ ' (एँ) ; (14) Any Perfect action = 'ā ' (आ); (15) Transitive Perfect action = 'ne' (ने). ALSO : (16) am = 'hū̐ ' (हूँ); (17) is, has, have = 'hai' (है); (18) was, had = 'thā ' (था).

IN DEPTH VIEW OF THE PERFECT (COMPLETED) ACTIONS

TABLE 15 : (completed Intransitive actions) I walked, I have walked, I had walked ...etc.

Doer of the action Intransitive actions --

	Subject	action type 1 end in consonant	suffix		action type 2 Long vowel	suffix		HAVE		HAD
	I मैं *maĩ*	*chal* चल	*ā* आ		सो *so*	*yā* या		हूँ *hū̐*		*thā* था
◦	He वह *vah*	*chal* चल	*ā* आ		सो *so*	*yā* या		है *hai*		*thā* था
◦	She वह *vah*	*chal* चल	*ī* ई		सो *so*	*yī* यी		है *hai*		*thī* थी
*	We हम *ham*	*chal* चल	*e* ए		सो *so*	*ye* ये		हैं *haĩ*		*the* थे
*	You आप *āp*	*chal* चल	*e* ए		सो *so*	*ye* ये		हैं *haĩ*		*the* थे
*	They वे *ve*	*chal* चल	*e* ए		सो *so*	*ye* ये		हैं *haĩ*		*the* थे

TABLE 16 : (Presently completed actions) I have written, I have eaten ...etc. *** for m◦ object**

Doer of the action Transitive actions --

Subject	transitive action suffix	verb type 1 consonant end	suffix	present action (have) suffix		verb type 2 Long vowel	suffix	present action (have) suffix
I मैं *maĩ*	*ne* ने	*likh* लिख	*ā* आ*	है *hai*		*khā* खा	*yā* या*	है *hai*
He *उस *us*	*ne* ने	*likh* लिख	*ā* आ*	है *hai*		*khā* खा	*yā* या*	है *hai*
She *उस *us*	*ne* ने	*likh* लिख	*ā* आ*	है *hai*		*khā* खा	*yā* या*	है *hai*
We हम *ham*	*ne* ने	*likh* लिख	*ā* आ*	है *hai*		*khā* खा	*yā* या*	है *hai*
You आप *āp*	*ne* ने	*likh* लिख	*ā* आ*	है *hai*		*khā* खा	*yā* या*	है *hai*

They *उन्हों *unhõ*	*ne* ने	*likh* लिख	*ā* आ*	है *hai*		*khā* खा	*yā* या*	है *hai*

NOTES : (i) For the changes from *vah* वह to *us* उस and *ve* वे to *un* उन, see Tables 23-24 (ii) * In tables 16-17, m◦ object is default.

TABLE 17 : (Previously completed actions) I had written, I had eaten ...etc. *** for m◦ object**

Doer of the action — Transitive actions --

Subject	transitive action suffix	verb type 1 consonant end	suffix	past action (had) suffix		verb type 2 Long vowel	suffix	past action (had) suffix
I मैं *maĩ*	*ne* ने	*likh* लिख	*ā* आ*	*thā* था*		*khā* खा	*yā* या*	*thā* था*
He *उस *us*	*ne* ने	*likh* लिख	*ā* आ*	*thā* था*		*khā* खा	*yā* या*	*thā* था*
She *उस *us*	*ne* ने	*likh* लिख	*ā* आ*	*thā* था*		*khā* खा	*yā* या*	*thā* था*
We हम *ham*	*ne* ने	*likh* लिख	*ā* आ*	*thā* था*		*khā* खा	*yā* या*	*thā* था*
You आप *āp*	*ne* ने	*likh* लिख	*ā* आ*	*thā* था*		*khā* खा	*yā* या*	*thā* था*
They *उन्हों *unhõ*	*ne* ने	*likh* लिख	*ā* आ*	*thā* था*		*khā* खा	*yā* या*	*thā* था*

NOTES : (i) For the changes from *vah* वह to *us* उस and *ve* वे to *un* उन, see Tables 23-24 (ii) * In tables 16-17, m◦ object is default.

EXPLANATION OF TABLES 15, 16 and 17

(Perfect or completed actions)

Intransitive actions, I did xxx (Table 15)

1. I did walk or I walked. *maĩ chalā.* मैं चला। He did walk or he walked. *vah chalā.* वह चला। She did walk or she walked. *vah chalī.* वह चली। We did walk or we walked. *ham chale.* हम चले। You did walk or You walked. *āp chale.* आप चले। They did walk or They walked. *ve chale.* वे चले। * I did sleep or I slept. *maĩ soyā.* मैं सोया। He did sleep or he slept. *vah soyā.* वह सोया। She did sleep or she slept. *vah soyī.* वह सोयी। We did sleep or we slept. *ham soye.* हम सोये। You did sleep or You slept. *āp soye.* आप सोये। They did sleep or They slept. *ve soye.* वे सोये।

2. I **have** walked. *maĩ chalā hū̃.* मैं चला हूँ। He has walked. *vah chalā hai.* वह चला है। She has walked. *vah chalī hai.* वह चली है। We have walked. *ham chale haĩ.* हम चले हैं। You have walked. *āp chale haĩ.* आप चले हैं। They have walked. *ve chale haĩ.* वे चले हैं। * I have slept. *maĩ soyā hū̃.* मैं सोया हूँ। He has slept. *vah soyā hai.* वह सोया है। She has slept. *vah soyī hai.* वह सोयी है। We have slept. *ham soye haĩ.* हम सोये हैं। You have slept. *āp soye haĩ.* आप सोये हैं। They have slept. *ve soye haĩ.* वे सोये हैं। They have slept now. *ve ab soye haĩ.* वे अब सोये हैं। They have slept right now. *ve abhi soye jaĩ.* वे अभी सोये हैं।

3. I **had** walked. *maĩ chalā thā.* मैं चला था। He had walked. *vah chalā thā.* वह चला था। She had walked. *vah chalī thī.* वह चली थी। We had walked. *ham chale the.* हम चले थे। You had walked. *āp chale the.* आप चले थे। They had walked. *ve chale the.* वे चले थे। * I had slept. *maĩ soyā thā.* मैं सोया था। He had slept. *vah soyā thā.* वह सोया था। She had slept. *vah soyī thī.* वह सोयी थी। We had slept. *ham soye the.* हम सोये थे। You had slept. *āp soye the.* आप सोये थे। They had slept. *ve soye the.* वे सोये थे।

Transitive actions, I have done xxx (Table 16)

4. I **did** write or I wrote. *maĩ-ne likhā.* मैंने लिखा। He did write or he wrote. *us-ne likhā.* उसने लिखा। She did write or she wrote. *us-ne likhā.* उसने लिखा। We did write or we wrote. *ham-ne likhā.* हमने लिखा। You did write or You wrote. *āp-ne likhā.* आपने लिखा। They did write or They wrote. *unhõ-ne likhā.* उन्होंने लिखा। * I did eat or I ate. *maĩ-ne khāyā.* मैंने खाया। He did eat or he ate. *us-ne khāyā.* उसने खाया। She did eat or she ate. *us-ne khāyā.* उसने खाया। We did eat or we ate. *ham-ne khāyā.* हमने खाया। You did eat or You ate. *āp-ne khāyā.* आपने खाया। They did eat or They ate. *unhõ-ne khāyā.* उन्होंने खाया।

5. I **have** written. *maĩ-ne likhā hai.* मैंने लिखा है। He has written. *us-ne likhā hai.* उसने लिखा है। She has written. *us-ne likhā hai.* उसने लिखा है। We have written. *ham-ne likhā hai.* हमने लिखा है। You have written. *āp-ne likhā hai.* आपने लिखा है। They have written. *unhõ-ne likhā hai.* उन्होंने लिखा है। * I have eaten. *maĩ-ne khāyā hai.* मैंने खाया है। He has eaten. *us-ne khāyā hai.* उसने खाया है। She has eaten. *us-ne khāyā hai.* उसने खाया है। We have eaten. *ham-ne khāyā hai.* हमने खाया है। You have eaten. *āp-ne khāyā hai.* आपने खाया है। They have eaten. *unhõne khāyā hai.* उन्होंने खाया है।

Transitive actions, I had done xxx (Table 17)

6. I **had** written. *maĩ-ne likhā thā.* मैंने लिखा था। He had written. *us-ne likhā thā.* उसने लिखा था। She had written. *us-ne likhā thā.* उसने लिखा था। We had written. *ham-ne likhā thā.* हमने लिखा था। You had written. *āp-ne likhā thā.* आपने लिखा था। They had written. *unhõ-ne likhā thā.* उन्होंने लिखा था। * I had eaten. *maĩ-ne khāyā thā.* मैंने खाया था। He had eaten. *us-ne khāyā thā.* उसने खाया था। She had eaten. *us-ne khāyā thā.* उसने खाया था। We had eaten. *ham-ne khāyā thā.* हमने खाया था। You had eaten. *āp-ne khāyā thā.* आपने खाया था। They had eaten. *unhõ-ne khāyā thā.* उन्होंने खाया था।

ADVANCED PRACTICAL USE OF THE ABOVE PERFECT ACTIONS

Intransitive actions, as given in Table 15

(For Masculine, Feminine, Singular, Plural - refer to the Picture Dictionary and first three Noble Truths)

7. I **did** walk or I walked ten k.m. *maĩ das k.m. chalā.* मैं दस कि.मि. चला। He walked up to temple. *vah mandir tak chalā.* वह मंदिर तक चला। She walked yesterday. *vah kal chalī.* वह कल चली। We walked slowly. *ham dhīre chale.* हम धीरे चले। You walked fast. *āp tej chale.* आप तेज चले। They walked more. *ve jyādā chale.* वे ज्यादा चले। * I slept less. *maĩ kam soyā.* मैं कम सोया। He did not sleep. *vah nahĩ soyā.* वह नहीं सोया। She did sleep. *vah soyī.* वह सोयी। We slept enough. *ham kāfī soye.* हम काफी सोये। You slept a lot. *āp bahut soye.* आप बहुत सोये। They slept a little bit. *ve jarā (thoḍā) soye.* वे जरा (थोड़ा) सोये।

8. I **have** always walked. *maĩ hameshā chalā hũ.* मैं हमेशा चला हूँ। He has never walked. *vah kabhī nahĩ chalā hai.* वह कभी नहीं चला है। She has walked sometimes. *vah kabhī kabhī chalī hai.* वह कभी कभी चली है। We have walked ahead. *ham āge chale haĩ.* हम आगे चले हैं। You have walked behind. *āp pīchhe chale haĩ.* आप पीछे चले हैं। They have walked together. *ve sāth sāth chale haĩ.* वे साथ साथ चले हैं।

9. I **had** walked outside. *maĩ bāhar chalā thā.* मैं बाहर चला था। He had walked inside. *vah andar chalā thā.* वह अंदर चला था। She had walked in front. *vah sāmane chalī thī.* वह सामने चली थी। We had walked today. *ham āj chale the.* हम आज चले थे।

Transitive actions, I have done xxx (Table 16)

10. I **did** write or I wrote a letter. *maĩ-ne patra likhā.* मैंने पत्र लिखा। He wrote letters. *us-ne patra likhe.* उसने पत्र लिखे। She wrote a letter. *us-ne patra likhā.* उसने पत्र लिखा। We wrote a letter. *ham-ne chiṭṭhī likhī.* हमने चिट्ठी लिखी (*patra likhā.* मैंने पत्र लिखा)। You wrote letters. *āp-ne chiṭṭhiyā̃ likhī.* आपने चिट्ठियाँ लिखी (*patra likhe.* मैंने पत्र लिखे)। They wrote books. *unhõ-ne kitābẽ likhī.* उन्होंने किताबें लिखी। * I ate a banana. *maĩ-ne kelā khāyā.* मैंने केला खाया। He ate bananas. *us-ne kele khāyā.* उसने केले खाया। She ate a roṭī. *us-ne roṭī khāyī.* उसने रोटी खायी। We ate roṭīs. *ham-ne roṭiyā̃ khāyī.* हमने रोटियाँ खायी। You ate a mango. *āp-ne ām khāyā.* आपने आम खाया। They ate mangos. *unhõ -ne ām khāye.* उन्होंने आम खाये।

11. I **have** written a book. *maĩ-ne kitāb likhī hai.* मैंने किताब लिखी है। He has written a book. *us-ne kitāb likhī hai.* उसने किताब लिखी है। She has written a letter. *us-ne khat likhā hai.* उसने खत लिखा है (*patra likhā hai.* मैंने पत्र लिखा है)। We have written letters. *ham-ne khat likhe haĩ.* हमने खत लिखे हैं (*patra likhe haĩ.* मैंने पत्र लिखे हैं)। You have written Hindī. *āp-ne hindī likhā hai.* आपने हिंदी लिखा है। They have written Hindī. *unhõ-ne hindī likhā hai.* उन्होंने हिंदी लिखा है। * I have eaten two apples. *maĩ-ne do seb khāye haĩ.* मैंने दो सेब खाये हैं। He has eaten three Samosas. *us-ne tīn samose khāye haĩ.* उसने तीन समोसे खाये हैं। She has eaten four Paraṭhās. *us-ne chār parāṭhe khāye haĩ.* उसने चार पराठे खाये हैं। We have eaten five grapes. *ham-ne pā̃ch angūr khāye haĩ.* हमने पाँच अंगूर खाये हैं। You have eaten six chillies. *āp-ne chhah mirchiyā̃ khāyī haĩ.* आपने छह मिरचियाँ खायी हैं। They have eaten seven tomatos. *unhõne sāt ṭamāṭar khāye haĩ.* उन्होंने सात टमाटर खाये हैं।

Transitive actions, I had done xxx (Table 17)

12. I **had** eaten sugarcane. *maĩ-ne īkh khāyā thā.* मैंने ईख खाया था। He had eaten eight pomegranates. *us-ne āṭh anār khāye the.* उसने आठ अनार खाये थे। She had eaten nine lemons. *us-ne nau nīmbū khāye the.* उसने नौ नींबू खाये थे। We had eaten ten dates. *ham-ne das chhuāre khāye the.* हमने दस छूआरे खाये थे। You had not eaten garlic. *āp-ne lahsun nahĩ khāyā thā.* आपने लहसुन नहीं खाया था। They had eaten a little. *unhõ -ne thoḍā khāyā thā.* उन्होंने थोड़ा खाया था।

TABLE 18 : SUMMARY OF SUFFIXES FOR ALL TEN ACTIONS WE LEARNED SO FAR in Tables 1-17

TABLE 18-A : FOR MASCULINE SUBJECTS

REMEMBER : For Transitive Perfect Actions you have to add *ne* (ने) to the subject, and change the verb according to the gender and number of the object.

Doer of the action------		to Drink	Habitual	Imperfect	Already done	Present∘	Past∘	Future∘	Request	Question	Completed Intransitive Actions -------------		
Masc-uline	subject	verb	do	-doing	done	am, is	was, had	will do	I should	should I?	did	have done	had done
I (m∘)	मैं *maĩ*	पी *pī*	ता *tā*	रहा *rahā*	चुका *chukā*	हूँ *hū̃*	था *thā*	ऊँगा *ũgā*	ऊँ *ũ*	ऊँ *ũ ?*	आ *ā*	आ हूँ *ā hū̃*	आ था *ā thā*
He	वह *vah*	पी *pī*	ता *tā*	रहा *rahā*	चुका *chukā*	है *hai*	था *thā*	एगा *egā*	ए *e*	ए *e ?*	आ *ā*	आ है *ā hai*	आ था *ā thā*
We	हम *ham*	पी *pī*	ते *te*	रहे *rahe*	चुके *chuke*	हैं *haĩ*	थे *the*	एंगे *ẽge*	एं *ẽ*	एं *ẽ ?*	ए *e*	ए हैं *e haĩ*	ए थे *e the*
You	आप *āp*	पी *pī*	ते *te*	रहे *rahe*	चुके *chuke*	हैं *haĩ*	थे *the*	एंगे *ẽge*	एं *ẽ*	एं *ẽ ?*	ए *e*	ए हैं *e haĩ*	ए थे *e the*
They	वे *ve*	पी *pī*	ते *te*	रहे *rahe*	चुके *chuke*	हैं *haĩ*	थे *the*	एंगे *ẽge*	एं *ẽ*	एं *ẽ ?*	ए *e*	ए हैं *e haĩ*	ए थे *e the*
			1	2	3		4	5	6	7	8	9	10

Remember : In Transitive Completed actions, suffix ने (*ne*) is added to the Subject; NOW the verb is controlled by theGender and Number of the Object.

The suffixes for : (i) m∘ singular = आ *ā* (ii) f∘ sing∘ = ई *ī* (iii) plural∘ = ए *e*. Shown above are the suffixes only for actions with m∘ singular Object.

TABLE 18-B : FOR FEMININE SUBJECTS

REMEMBER : For Transitive Perfect Actions you have to add *ne* (ने) to the subject, and change the verb according to the gender and number of the object.

Doer of the action------		to Drink	Habitual	Imperfect	Already done	Present∘	Past∘	Future∘	Request	Question	Completed Intransitive Actions -------------		
Femin-ine	subject	verb	do	-doing	done	am, is	was, had	will do	I should	should I?	did	have done	had done
I (f∘)	मैं *maĩ*	पी *pī*	ती *tī*	रही *rahī*	चुकी *chukī*	हूँ *hū̃*	थी *thī*	ऊँगी *ũgī*	ऊँ *ũ*	ऊँ *ũ ?*	ई *ī*	ई हूँ *ī hū̃*	ई थी *ī thī*
She	वह *vah*	पी *pī*	ती *tī*	रही *rahī*	चुकी *chukī*	है *hai*	थी *thī*	एगी *egī*	ए *e*	ए *e ?*	ई *ī*	ई है *ī hai*	ई थी *ī thī*
We	हम *ham*	पी *pī*	तीं *tī̃*	रहीं *rahī̃*	चुकीं *chukī̃*	हैं *haĩ*	थीं *thī̃*	एंगे *ẽge*	एं *ẽ*	एं *ẽ ?*	ईं *ī̃*	ईं हैं *ī̃ haĩ*	ईं थीं *ī̃ thī̃*
You	आप *āp*	पी *pī*	तीं *tī̃*	रहीं *rahī̃*	चुकीं *chukī̃*	हैं *haĩ*	थीं *thī̃*	एंगे *ẽge*	एं *ẽ*	एं *ẽ ?*	ईं *ī̃*	ईं हैं *ī̃ haĩ*	ईं थीं *ī̃ thī̃*
They	वे *ve*	पी *pī*	तीं *tī̃*	रहीं *rahī̃*	चुकीं *chukī̃*	हैं *haĩ*	थीं *thī̃*	एंगे *ẽge*	एं *ẽ*	एं *ẽ ?*	ईं *ī̃*	ईं हैं *ī̃ haĩ*	ईं थीं *ī̃ thī̃*
			1	2	3		4	5	6	7	8	9	10

Remember : In Transitive Completed actions, suffix ने (*ne*) is added to the Subject; NOW the verb is controlled by the Gender and Number of the Object.

The suffixes for : (i) m∘ singular = आ *ā* (ii) f∘ sing∘ = ई *ī* (iii) plural∘ = ए *e*. Shown above are the suffixes only for actions with m∘ singular Object.

NOTES : (i) He, she, that = वह, *वो (*vah,* vo*); (ii) Those = वे, *वो (*ve, *vah* vo*); (iii) It, this, these = यह, *ये (*yah, *ye*); *colloquial

For detailed expansion and extended variations of these pronouns, see Table 25

EXPLANATION OF TABLES 18 and 18-A
THE TEN MOST COMMON WAYS OF USING ACTION-WORDS

13. **PRESENT HABITUAL, 'do' mode** (suffixes ता, ती, ते *tā, tī, te*): I walk or I do walk. (m◦) *maĩ chaltā hũ.* मैं चलता हूँ। (f◦) *maĩ chaltī hũ.* मैं चलती हूँ। He walks, he does walk. *vah chaltā hai.* वह चलता है। She walks, she does walk. *vah chaltī hai.* वह चलती है। We walk, we do walk. *ham chalte haĩ.* हम चलते हैं। You walk, you do walk. *āp chalte haĩ.* आप चलते हैं। They walk, they do walk. *ve chalte haĩ.* वे चलते हैं।

14. **CONTINUOUS, 'doing' mode** (suffixes रहा, रही, रहे *rahā, rahī, rahe*): I **am** walking. (m◦) *maĩ chal rahā hũ.* मैं चल रहा हूँ। (f◦) *maĩ chal rahī hũ.* मैं चल रही हूँ। He is walking. *vah chal rahā hai.* वह चल रहा है। She is walking. *vah chal rahī hai.* वह चल रही है। We are walking. *ham chal rahe haĩ.* हम चल रहे हैं। You are walking. *āp chal rahe haĩ.* आप चल रहे हैं। They are walking. *ve chal rahe haĩ.* वे चल रहे हैं। * I **was** walking. (m◦) *maĩ chal rahā thā.* मैं चल रहा था। (f◦) *maĩ chal rahī thī.* मैं चल रही थी। He was walking. *vah chal rahā thā.* वह चल रहा था। She was walking. *vah chal rahī thī.* वह चल रही थी। We were walking. (m◦) *ham chal rahe the.* हम चल रहे थे। (f◦) *ham chal rahī thĩ.* हम चल रही थीं। You were walking. (m◦) *āp chal rahe the.* आप चल रहे थे। (f◦) *āp chal rahī thĩ.* आप चल रहे थीं। They were walking. (m◦) *ve chal rahe the.* वे चल रहे थे। (f◦) *ve chal rahī thĩ.* वे चल रहीं थीं।

15. **ALREADY COMPLETED, 'already done' mode** (suffixes चुका, चुकी, चुके *chukā, chukī, chuke*): I **have** already walked. (m◦) *maĩ chal chukā hũ.* मैं चल चुका हूँ। (f◦) *maĩ chal chukī hũ.* मैं चल चुकी हूँ। He has already walked. *vah chal chukā hai.* वह चल चुका है। She has already walked. *vah chal chukī hai.* वह चल चुकी है। We have already walked. *ham chal chuke haĩ.* हम चल चुके हैं। You have already walked. *āp chal chuke haĩ.* आप चल चुके हैं। They have already walked. *ve chal chuke haĩ.* वे चल चुके हैं। * I **had** already walked. (m◦) *maĩ chal chukā thā.* मैं चल चुका था। (f◦) *maĩ chal chukī thī.* मैं चल चुकी थी। He had already walked. *vah chal chukā thā.* वह चल चुका था। She had already walked. *vah chal chukī thī.* वह चल चुकी थी। We had already walked. *ham chal chuke the.* हम चल चुके थे। You had already walked. *āp chal chuke the.* आप चल चुके थे। They had already walked. *ve chal chuke the.* वे चल चुके थे।

16. **PAST HABITUAL : 'used to do' mode** (suffixes ता था, ती थी, ते थे *tā thā, tī thī, te the*): I used to walk. (m◦) *maĩ chal tā thā.* मैं चलता था। (f◦) *maĩ chal tī thī.* मैं चलती थी। He used to walk. *vah chal tā thā.* वह चलता था। She used to walk. *vah chal tī thī.* वह चलती थी। We used to walk. *ham chal te the.* हम चलते थे। You used to walk. *āp chal te the.* आप चलते थे। They used to walk. *ve chal te the.* वे चलते थे।

17. **FUTURE, 'will' mode** (suffixes ऊँगा, ऊँगी, एगा, एगी, एंगे *ū̐gā, ū̐gī, egā, egī, enge*): I will walk. (m◦) *mai̐ chalū̐gā.* मैं चलूँगा। (f◦) *mai̐ chalū̐gā.* मैं चलूँगी। He will walk. *vah chalegā.* वह चलेगा। She will walk. *vah chalegī.* वह चलेगी। We will walk. *ham chalenge.* हम चलेंगे। You will walk. *āp chalenge.* आप चलेंगे। They will walk. *ve chalenge.* वे चलेंगे।

18. **POTENTIAL, 'should or may' mode** (suffixes ऊँ, ए, एं *ū̐, e, e̐, enge*): I (m◦ and f◦) should walk. *mai̐ chalū̐.* मैं चलूँ। He or she should walk. *vah chale.* वह चले। We should walk. *ham chale̐.* हम चलें। You should walk. *āp chale̐.* आप चलें। They should walk. *ve chale̐.* वे चलें।

19. **INTERROGATIVE, 'should I? or may I?' mode** (suffixes ऊँ? ए? एं? *ū̐? e? e̐? enge?*): Should I walk. (m◦ and f◦) *mai̐ chalū̐?* मैं चलूँ? *mai̐ chalū̐ kyā?* मैं चलूँ क्या? Should he or she walk. *vah chale?* वह चले? *vah chale kyā?* वह चले क्या? Should we walk. *ham chale̐?* हम चलें? *ham chale̐ kyā?* हम चलें क्या? Will you walk. *āp chalenge?.* आप चलेंगे? *āp chalenge kyā?.* Will they walk? *ve chalenge?* वे चलेंगे? * *ve chalenge kyā?* वे चलेंगे क्या?

20. **SIMPLE PERFECT, 'did' mode** (suffixes आ, या, ई, यी *ā. yā, ī, yī*): I did walk or I walked. (m◦) *mai̐ chalā.* मैं चला। (f◦) *mai̐ chalī.* मैं चली। He did walk or he walked. *vah chalā.* वह चला। She did walk or she walked. *vah chalī.* वह चली। We did walk or we walked. *ham chale.* हम चले। You did walk or you walked. *āp chale.* आप चले। They did walk or they walked. *ve chale.* वे चले।

21. **Transitive Actions (As said before, refer Tables 23-24 for changes to pronouns *vah* वह and *ve* वे)** I (m◦ and f◦) did eat or I ate a banana. *mai̐ne kelā khāyā.* मैंने केला खाया। I ate two bananas. *mai̐ne do kele khāye.* मैंने दो केले खाये। I ate a roṭī. *mai̐ne roṭī khāyī.* मैंने रोटी खायी। I ate two roṭīs. *mai̐ne do roṭiyā̐ khāyī̐.* मैंने दो रोटियाँ खायीं। * He or she ate a banana. *usne kelā khāyā.* उसने केला खाया। He or she ate two bananas. *usne do kele khāye.* उसने दो केले खाये। He ate a roṭī. *usne roṭī khāyī.* उसने रोटी खायी। He ate two roṭīs *usne do roṭiyā̐ khāyī̐.* उसने दो रोटियाँ खायीं। * We ate a banana. *hamne kelā khāyā.* हमने केला खाया। We ate two bananas. *hamne do kele khāye.* हमने दो केले खाये। We ate a roṭī. *hamne roṭī khāyī.* हमने रोटी खायी। We ate two roṭīs *hamne do roṭiyā̐ khāyī̐.* हमने दो रोटियाँ खायीं। * You (m◦ and f◦) ate a banana. *āpne kelā khāyā.* आपने केला खाया। You ate two bananas. *āpne do kele khāye.* आपने दो केले खाये। You ate a roṭī. *āpne roṭī khāyī.* आपने रोटी खायी। You ate two roṭīs *āpne do roṭiyā̐ khāyī̐.* आपने दो रोटियाँ खायीं। * They (m◦ and f◦) ate a banana. *unho̐ne kelā khāyā.* उन्होंने केला खाया। They ate two bananas. *unho̐ne do kele khāye.* उन्होंने दो केले खाये। They ate a roṭī. *unho̐ne roṭī khāyī.* उन्होंने रोटी खायी। They ate two roṭīs *unho̐ne do roṭiyā̐ khāyī̐.* उन्होंने दो रोटियाँ खायीं।

22. **PRESENT PERFECT, 'have done' mode** (sucffixes आ है, ई है, ए हैं *ā hai, ī hai, e haĩ*): I have walked. (m◦) *maĩ chalā hū̃.* मैं चला हूँ। (f◦) *maĩ chalī hū̃.* मैं चली हूँ। He has walked. *vah chalā hai.* वह चला है। She has walked. *vah chalī hai.* वह चली है। We have walked. *ham chale haĩ.* हम चले हैं। You have walked. *āp chale haĩ.* आप चले हैं। They have walked. *ve chale haĩ.* वे चले हैं।

23. **Transitive Actions: (As said before, refer Tables 23-24 for changes to pronouns he, she, and they)** I (m◦ and f◦) have eaten a banana. *maĩne kelā khāyā hai.* मैंने केला खाया है। I have eaten two bananas. *maĩne do kele khāye haĩ.* मैंने दो केले खाये हैं। I have eaten a roṭī. *maĩne roṭī khāyī hai.* मैंने रोटी खायी है। I have eaten two roṭīs. *maĩne do roṭiyā̃ khāyī haĩ.* मैंने दो रोटियाँ खायी हैं। * He or she has eaten a banana. *usne kelā khāyā hai.* उसने केला खाया है। He or she has eaten two bananas. *usne do kele khāye haĩ.* उसने दो केले खाये हैं। He or she has eaten a roṭī. *usne roṭī khāyī hai.* उसने रोटी खायी है। He or she has eaten two roṭīs *usne do roṭiyā̃ khāyī haĩ.* उसने दो रोटियाँ खायी हैं। * We, you or they have eaten a banana. *hamne, āpne, unhõne kelā khāyā hai.* हमने, आपने, उन्होंने केला खाया है। We, you or they have eaten two bananas. *hamne, āpne, unhõne do kele khāye haĩ.* हमने आपने, उन्होंने दो केले खाये हैं। We, you or they have eaten a roṭī. *hamne, āpne, unhõne roṭī khāyī hai.* हमने आपने, उन्होंने रोटी खायी है। We, you or they have eaten two roṭīs *hamne, āpne, unhõne do roṭiyā̃ khāyi haĩ.* हमने आपने, उन्होंने दो रोटियाँ खायी हैं।

24. **PAST PERFECT, 'had done' mode** (suffixes आ था, ई थी, ए थे *ā thā, ī thī, e the*): I had walked. (m◦) *maĩ chalā thā.* मैं चला था। (f◦) *maĩ chalī thī.* मैं चली थी। He had walked. *vah chalā thā.* वह चला था। She had walked. *vah chalī thī.* वह चली थी। We had walked. *ham chale the.* हम चले थे। You had walked. *āp chale the.* आप चले थे। They had walked. *ve chale the.* वे चले थे।

25. **Transitive Actions (As said before, refer Tables 23-24 for changes to pronouns *vah* वह and *ve* वे)** I (m◦ and f◦) had eaten a banana. *maĩne kelā khāyā thā.* मैंने केला खाया था। I had eaten two bananas. *maĩne do kele khāye the.* मैंने दो केले खाये थे। I had eaten a roṭī. *maĩne roṭī khāyī thī.* मैंने रोटी खायी थी। I had eaten two roṭīs. *maĩne do roṭiyā̃ khāyī thī̃.* मैंने दो रोटियाँ खायी थीं। * He or she had eaten a banana. *usne kelā khāyā the.* उसने केला खाया थे। He or she had eaten two bananas. *usne do kele khāye the.* उसने दो केले खाये थे। He or she had eaten a roṭī. *usne roṭī khāyī hai.* उसने रोटी खायी थी। He or she had eaten two roṭīs *usne do roṭiyā̃ khāyī thī̃.* उसने दो रोटियाँ खायी थीं। * We, had eaten a banana. *hamne kelā khāyā thā.* हमने केला खाया था। You had eaten two bananas. *āpne do kele khāye the.* आपने दो केले खाये थे। They had eaten a roṭī. *unhõne roṭī khāyī thī.* उन्होंने रोटी खायी थी। They had eaten two roṭīs *unhõne do roṭiyā̃ khāyi thī̃.* उन्होंने दो रोटियाँ खायी थीं।

These three pages show the intrinsic guts of Hindi Syntax to the Teachers of Hindi

From the charts of tenses we studied in previous lessons, **following facts can be discovered :**

(1) I drink hot tea = *mai̐ garam chāy pītā hū̐* = mai̐ garam chāy pī t ā h ū̐

- I = subject; drink = verb; hot = adjective; tea = object
- mai̐ = subject; garam = adjective; chāy = object; pītā = verb and its mode; hū̐ = tense & person
- pī = #1 verb stem; t = #2 mode; ā = #3 gender and number; h = #4 present tense; ū̐ = #5 person

Note: #2 *'t'* = habitual mode (do), *rah* = incomplete mode (-ing), *chuk* = 'already done' mode.

#3 *ā* = m◦ singular; *ī* = f◦ singular, *e* = m◦ plural; *ī̐* = f◦ plural.

#5 *ū̐* = 1st person singular; *ai, e* = second and third person singular; *ai̐, e̐* = plural.

(2) I was drinking tea = *mai̐ chāy pī rahā thā* = mai̐ chāy pī rah ā th ā

- rah = #2 mode; ā = #3 gender, number; th = #6 past tense; ā = #3 gender, number

Note : #6 *'th'* = was, had, *used to

* used to = #2 + #3 and #6 + #3 (*t + ā, th + ā*)

Therefore, m◦ (i) Was = *thā* था, (ii) Had = *thā* था, (iii) Used to = *tā thā* ता था।

(3) I will drink tea = *mai̐ chāy pīū̐gā* = mai̐ chāy pī ū̐ g ā

- ū̐ = #5 person; g = #7 future tense; ā = #3 gender and number

Note : #7 for future tense, logically the Tense operative *'g'* goes after #5 Person indicator.

(4) I should drink tea (the Potential mood) = *mai̐ chāy pīū̐* = mai̐ chāy pī ū̐

- ū̐ = #5 person

Note : Potential mood needs only #**5.** It does not need any tense operative such as, *h* for present, *th* for past or *g* for future tense.

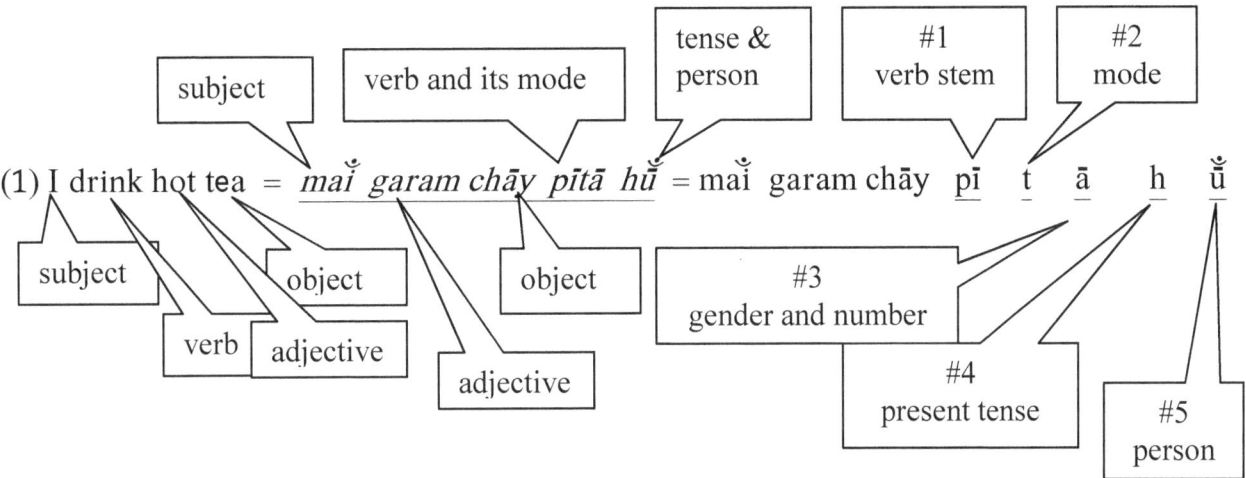

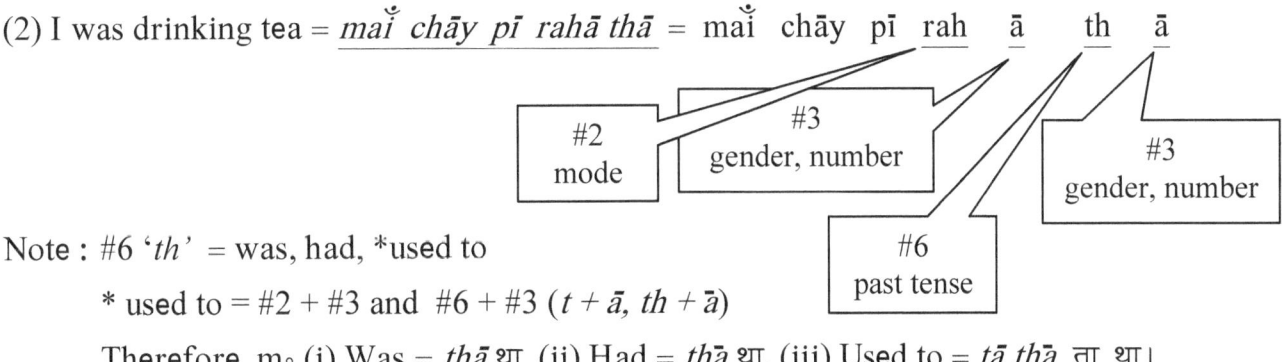

These three pages show the intrinsic guts of Hindi Syntax to the Teachers of Hindi

(5) I walked = I did walk = *maĩ chalā* = maĩ chal ā

perfect, intransitive verb | indefinite, perfect action | subject | intransitive verb | #3 perfect tense suffix, gender and number See the Note below

Note : #3 The perfect tense suffix ***ā* (आ)** changes with gender (m∘ ā आ, f∘ ī ई) and number (pl∘ e ए, ī̃ ईं). Also, when the verb ends with a long vowel, (such as *ā, ī, o* आ, ई, ओ) letter *y* य is prefixed to the perfect tense suffix ***ā* (आ)** e.g. (1) 'chal' *ā* = chalā. (2) 'so' y + ā = soyā

(6) I have walked slowly = *maĩ dhīre chalā hũ* = maĩ dhīre chal ā h ũ

present | perfect action | adverb | subject | adverb | intransitive verb | #3 perfect tense suffix, *yā* for a long vowel | #4 present tense | #5 person

Note : The first-person Present-perfect-tense indicator 'have' translates into Hindī as *'hũ'* हूँ

(7) I had walked = *maĩ chalā thā* = maĩ chal ā th ā

past | perfect action | subject | intransitive verb | #3 perfect tense suffix, *yā* for a long vowel | #6 past | #3 gender and number

Note : **#6** Past tense suffix '*th*' थ is added is added to the verb ONLY when there is 'was,' 'had' or 'used to' in the sentence.

(8) I saw (have seen, had seen) = *maĩ ne dekhā (hai, thā)* = maĩ ne dekh ā (hai, thā)

perfect, transitive action | present tense | past tense | #8 transitive perfect action suffix | #3 perfect tense suffix, *yā* for a long vowel | #4 present tense | #6 past

Note : #8 When the action is transitive and perfected (present, past or future), suffix '*ne*' (ने) is attached to the verb. With suffix *ne* (ने), the Subject has no effect on the verb. Now, the Object affects the verb. e.g. (1) m∘ *Rām chāy pītā hai,* f∘ *Sītā chāy pītī hai.* (2) perfect actions (object f∘ *chāy*, m∘ *ām*) *Rām ne chāy pī, Sītā ne chāy pī, Rām ne ām khāyā, Sītā ne ām khāyā.*

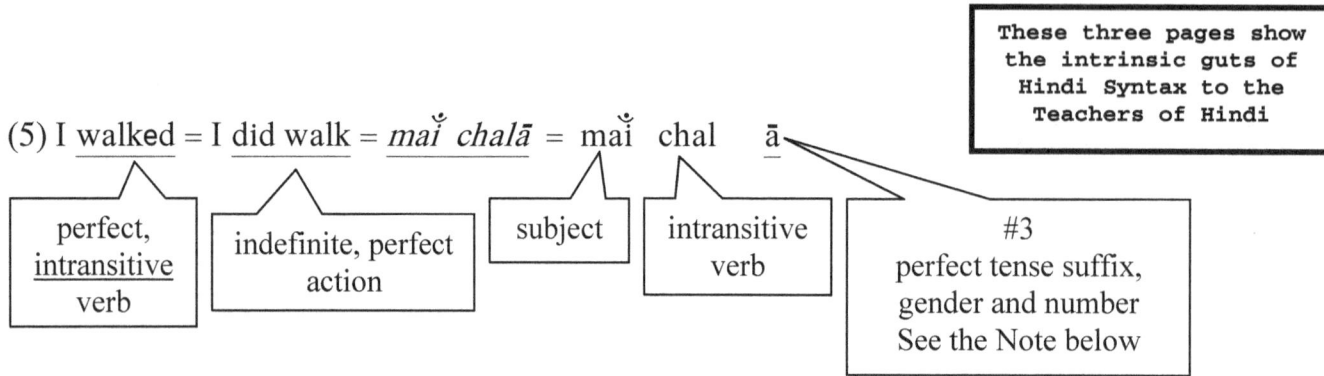

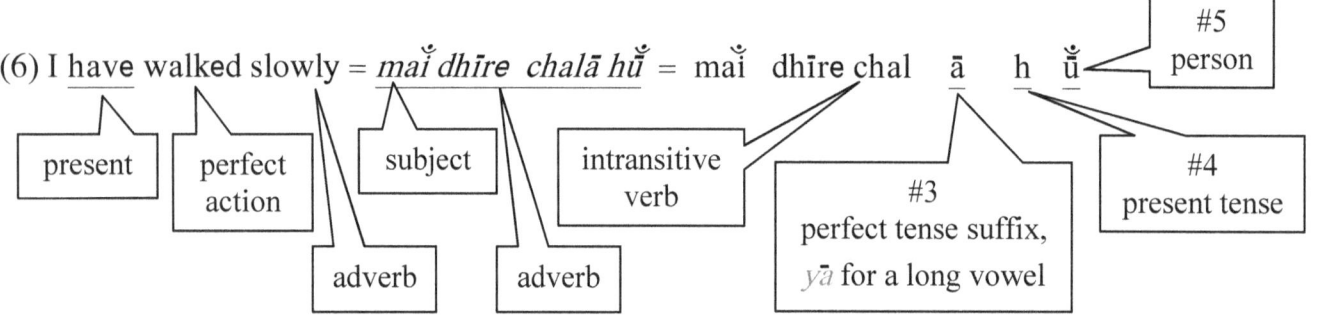

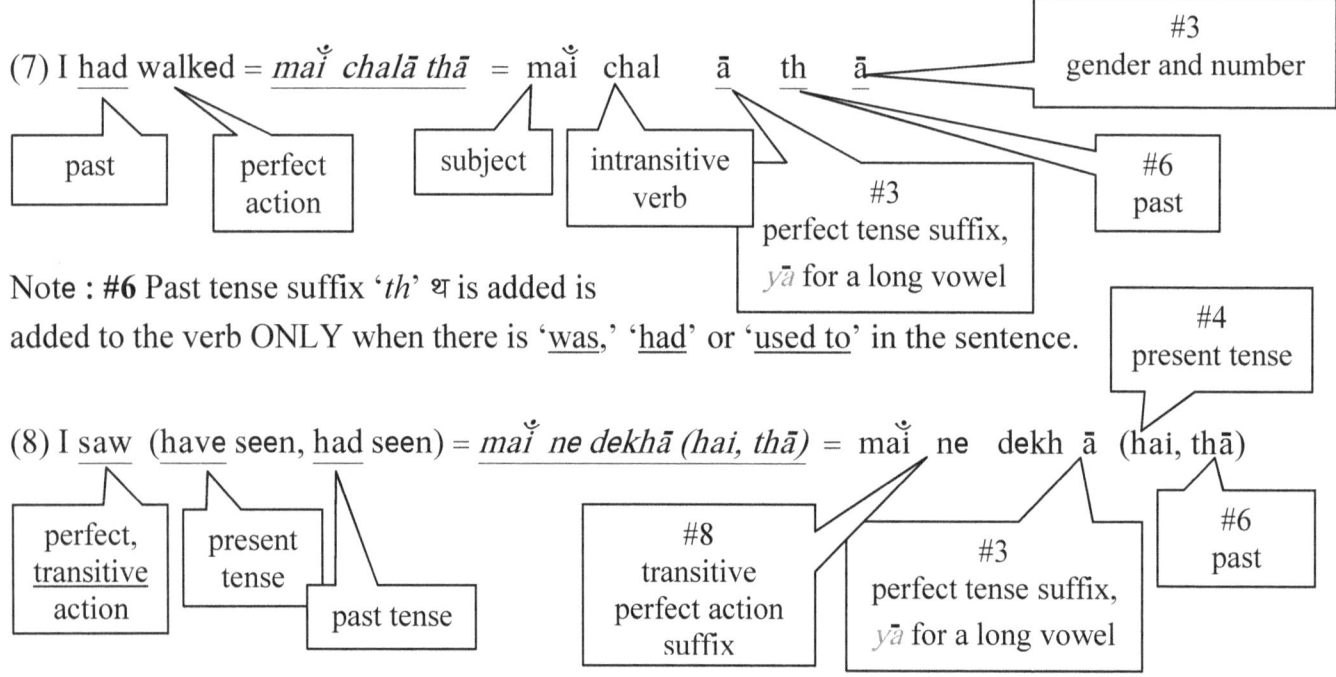

These three pages are created to show the intrinsic guts of the Hindi Syntax to the Teachers of Hindi Language

THE X-Ray VISION, SEEING THROUGH THE HINDI SYNTAX

From the charts given on previous two pages following structural skeleton can be seen through the Hindī Syntax :

eg. I drink hot tea slowly, I eat a sweet banana, I eat sweet bananas, I eat sweet roṭī, I eat sweet rotīs ...etc

English syntax: I (subject) drink (verb + tense) hot (adjective) tea (object) slowly (adverb)

Hindī syntax: *maĩ* (subject) *garam* (adj∘) *chāy* (object) *dhīre* (adverb) *pītā hū̃* (verb + tense, gender, number, person)

main *mīṭhā (mīṭhī) kelā (roṭī)* *khātā-khatī hū̃*

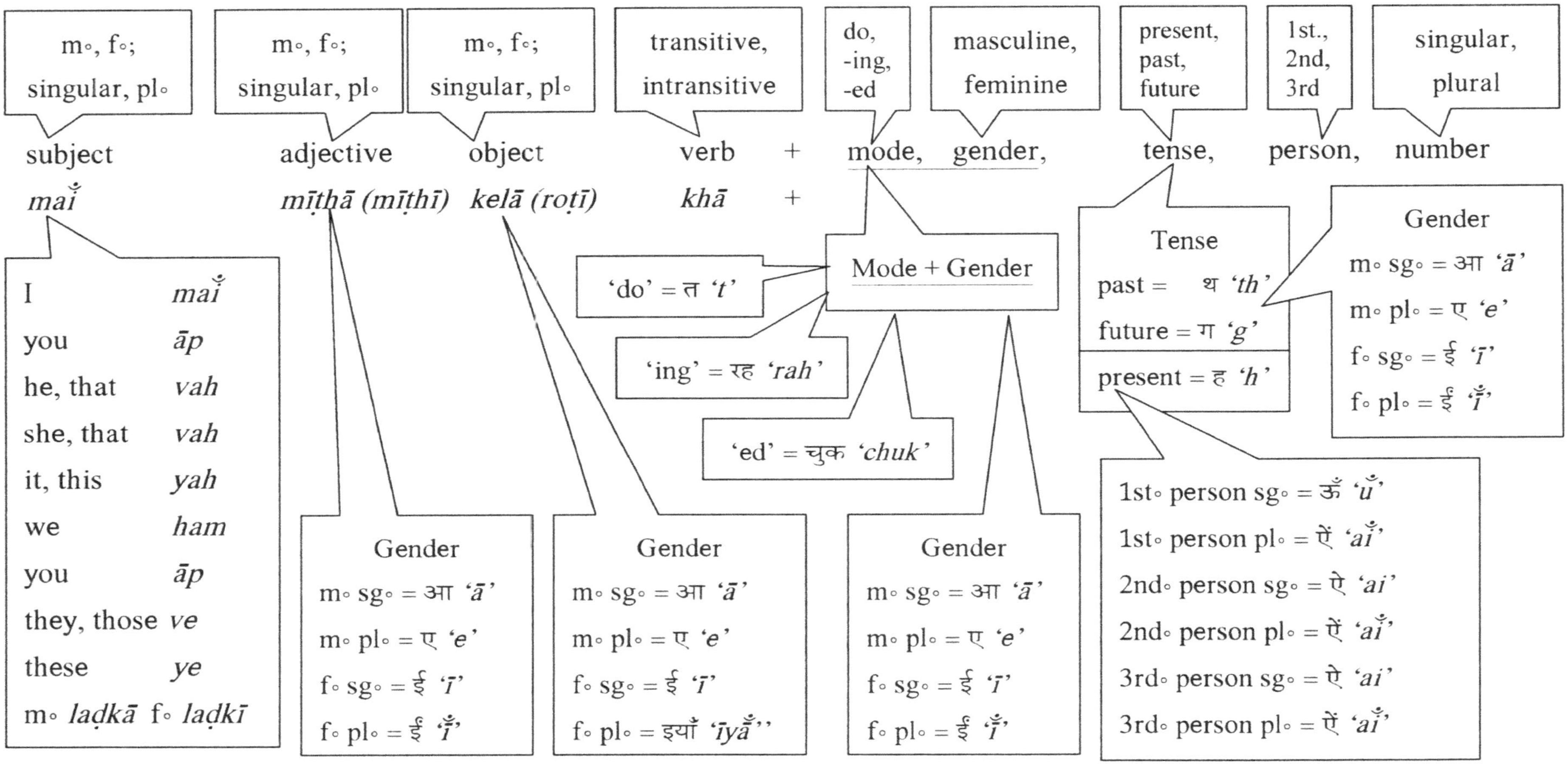

LESSON 13

THE HINDI IRREGULR VERBS

Take, Give, Do, Drink, Be, Become and **Go**

The table 18 is the Maste Table of the comple Hindi Grammar, for the Hindi syntax and Hindi verb usage.

However, the following four tables show that, six verbs namely "**Take, Give, Do, Drink, Become** and **Go**" have irregular Hindi inflections in the :

(i) Perfect Tense,

(ii) Imperative Mood,

(iii) Future Tenas and

(iv) Potential Mood.

(i). **PERFECT TENSE :** Prefect Simple, Perfect present, Perfect past and Perfect future

Irregular verbs : "Take, Give, Do, Become, Go"

TABLE **14.1**A : Irreguar verbs in the Perfect Ternse

	Verb	becomes	Suffix		Perfect Tense	Example
			m∘	f∘		m∘ f∘
1	Take : ले le	**लि li / ली lī**	या yā	यी yī	लिया liyā लियी/ली liyi or lī	पानी लिया pānī liyā चाय ली chāy lī
2	Give : दे de	**दि di / दी dī**	या yā	यी yī	दिया diyā दियी/दी diyi or dī	पानी दिया pānī diyā चाय दी chāy dī
3	Do : कर kar	**कि ki / की kī**	या yā	यी yī	किया kiyā कयी/की liyi or lī	काम किया kām kiyā शादी की shadī kī
4	Be Become : हो ho	**हु hu**	आ yā	ई ī	हुआ huā हुई hulī	काम हुआ kām huā शादी हुई shadī huī
5	Go : जा ja	**ग ga**	या yā	यी yī	गया gayā गयी gayi	राम गया Rām gayā सीता गयी Sītā gayī

(ii). **IMPERATIVE MOOD :**

Irregular verbs : "Take, Give, Do, Drink"

TABLE **14.1B** : Irreguar verbs in the Imperative Mood

	Verb	becomes	Suffix	Imperative	Example
					m◦ f◦
1	Take : ले le	**ली lī**	जिये jiye	लीजिये lījiye	पानी लीजिये pānī lījiye
2	Give : दे de	**दी dī**	जिये jiye	दीजिये dījiye	पानी दीजिये pānī dījiye
3	Drink : पी pī	**पी pī**	**जिये jiye**	पीजिये lījiye	पानी पीजिये pānī pijiye
4	Do : कर kar	**की kī**	जिये jiye	कीजिये kījiye	काम कीजिये kām kījiye

(iii). **FUTURE TENSE : First Person, Singular only : I Will xxx**

Irregular verbs : "Take, Give, Become"

TABLE **14.1C** : Irreguar verbs in the Future Tense (First Person, Singular - I मैं)

	Verb	becomes	Suffix	Future Tense	Example
					m◦ f◦
1	Take : ले le	**लू lū**	ऊँगा ūngā ऊँगी ūngī	लूँगा lūngā लूँगी lūngī	पानी लूँगा pānī lūngā पानी लूँगी pānī lūngī
2	Give : दे de	**दू dū**	ऊँगा ūngā ऊँगी ūngī	दूँगा dūngā दूँगी dūngī	पानी दूँगा pānī dūngā पानी दूँगी pānī dūngī
3	Become : हो ho	**हू hū**	ऊँगा ūngā ऊँगी ūngī	हूँगा hūngā हूँगी hūngī	सफल हूँगा safal hūngā सफल हूँगी safal hūngī

(iv). **POTENTIAL MOOD : First Person, Singular only : I should xxx**

Irregular verbs : "Take, Give, Become"

TABLE **14.1D** : Irreguar verbs in the Potential Mood (First Person, Singular - I मैं)

	Verb	becomes	Suffix	Future Tense	Example : m◦ f◦ both
1	Take : ले le	**लू lū**	ऊँ ū̐	लूँ lū̐	पानी लूँ pānī lū̐
2	Give : दे de	**दू dū**	ऊँ ū̐	दूँ dū̐	पानी दूँ pānī dū̐
3	Become : हो ho	**हू hū**	ऊँ ū̐	हूँ hū̐	सफल हूँ safal hū̐

EXERCISE 33 : **Identify and know about the following pictures and write a paragraph (in any language) on any two objects.**

SUMMARY of TENSES

GROUP (A)

Transitive Action

EXAMPLE : to do √*kar* √कर (करना *karnā*)

NOTE : 1P◦ = First Person (I, We), **2P◦** = Second Person (You), **3P◦** = Third Person (They)

(1) Present Indefinite Tense (सामान्य वर्तमान काल)

	Singular	Plural
1P◦ Male -	I do	We do
	maĩ karatā hũ	*ham karate haĩ*
	मैं करता हूँ।	हम करते हैं।
Female -	I do	We do
	maĩ karatī hũ	*ham karatī haĩ*
	मैं करती हूँ।	हम करती हैं।
2P◦ Male -	You do	You do
	āp karate haĩ	*āp karate haĩ*
	आप करते हैं।	आप करते हैं।
	(तू करता है।)	(तुम करते हो।)
	(tū karatā hai)	*(tum karate ho)*
	(तुम करते हो।)	(तुम करते हो।)
	(tum karate ho)	*(tum karate ho)*
Female -	You do	You do
	āp karatī haĩ	*āp karatī haĩ*
	आप करती हैं।	आप करती हैं।
	(तू करती है।)	(तुम करती हो।)
	(तुम करती हो।)	(तुम करती हो।)
3P◦ Male -	He does	They do
	vah karatā hai	*ve karate haĩ*
	वह करता है।	वे करते हैं।
Female -	She does	They do
	vah karatī hai	*ve karatī haĩ*
	वह करती है।	वे करती हैं।

(2) Present Continuous Tense (अपूर्ण वर्तमान काल)

1P◦ Male -	I am doing	We are doing

	maĩ kar rahā hū̃	*ham kar rahe haĩ*
	मैं कर रहा हूँ।	हम कर रहे हैं।
Female -	I am doing	We are doing
	maĩ kar rahī hū̃	*ham kar rahī haĩ*
	मैं कर रही हूँ।	हम कर रही हैं।
2P◦ Male -	You are doing	You are doing
	āp kar rahe haĩ	*āp kar rahe haĩ*
	आप कर रहे हैं।	आप कर रहे हैं।
	(तू कर रहा है।)	(तुम कर रहे हो।)
	(तुम कर रहे हो।)	(तुम कर रहे हो।)
Female -	You are doing	You are doing
	āp kar rahī haĩ	*āp kar rahī haĩ*
	आप कर रही हैं।	आप कर रही हैं।
	(तू कर रही है।)	(तुम कर रही हो।)
	(तुम कर रही हो।)	(तुम कर रही हो।)
3P◦ Male -	He is doing	They are doing
	vah kar rahā hai	*ve kar rahe haĩ*
	वह कर रहा है।	वे कर रहे हैं।
Female -	She is doing	They are doing
	vah kar rahī hai	*ve kar rahī haĩ*
	वह कर रही है।	वे कर रही हैं।

(3) Present Perfect Tense (पूर्ण वर्तमान काल)

1P◦ Male -	I have done	We have done
	I have already done	We have already done
	maĩ ne kiyā hai	*ham ne kiyā hai*
	maĩ kar chukā hū̃	*ham kar chuke haĩ*
	मैंने किया है।	हमने किया है।
	मैं कर चुका हूँ।	हम कर चुके हैं।
Female -	I have done	We have done
	I have already done	We have already done
	maĩ ne kiyā hai	*ham ne kiyā hai*
	maĩ kar chukī hū̃	*ham kar chukī haĩ*
	मैंने किया है।	हमने किया है।
	मैं कर चुकी हूँ।	हम कर चुकी हैं।

2P◦ Male -	You have done	You have done
	You have already done	You have already done
	āp ne kiyā hai	*āp ne kiyā hai*
	āp kar chuke haĩ	*āp kar chuke haĩ*
	आपने किया है।	आपने किया है।
	आप कर चुके हैं।	आप कर चुके हैं।
	(तूने किया है।)	(तुमने किया है।)
	(तू कर चुका है।)	(तुम कर चुके हो।)
	(तुमने किया है।)	(तुमने किया है।)
	(तुम कर चुके हो।)	(तुम कर चुके हो।)
Female -	You have done	You have done
	You have already done	You have already done
	āp ne kiyā hai	*āp ne kiyā hai*
	āp kar chukī haĩ	*āp kar chukī haĩ*
	आपने किया है।	आपने किया है।
	आप कर चुकी हैं।	आप कर चुकी हैं।
	(तूने किया है।)	(तुमने किया है।)
	(तू कर चुकी है।)	(तुम कर चुकी हो।)
	(तुमने किया है।)	(तुमने किया है।)
	(तुम कर चुकी हो।)	(तुम कर चुकी हो।)
3P◦ Male -	He has done	They have done
	He has already done	They have already done
	us ne kiyā hai	*unhõ ne kiyā hai*
	vah kar chukā hai	*ve kar chuke haĩ*
	उसने किया है।	उन्होंने किया है।
	(वह कर चुका है।)	(वे कर चुके हैं।)
Female -	She has done	They have done
	She has already done	They have already done
	us ne kiyā hai	*unhõ ne kiyā hai*
	vah kar chukī hai	*ve kar chukī haĩ*
	उसने किया है।	उन्होंने किया है।
	(वह कर चुकी है।)	(वे कर चुकी हैं।)

(4) Past Indefinite Tense (सामान्य भूत काल)

	Singular	Plural
1P◦ Male -	I did	We did
	maĩ ne kiyā	*ham ne kiyā*
	maĩ kar chukā	*ham kar chuke*
	मैंने किया।	हमने किया।
	मैं कर चुका।	हम कर चुके।
Female -	I did	We did
	maĩ ne kiyā	*ham ne kiyā*
	maĩ kar chukī	*ham kar chukī̃*
	मैंने किया।	हमने किया।
	मैं कर चुकी।	हम कर चुकीं।
2P◦ Male -	You did	You did
	āp ne kiyā	*āp ne kiyā*
	āp kar chuke	*āp kar chuke*
	आपने किया।	आपने किया।
	आप कर चुके।	आप कर चुके।
	(तूने किया।)	(तुमने किया।)
	(तू कर चुका।)	(तुम कर चुके।)
	(तुमने किया।)	(तुमने किया।)
	(तुम कर चुके।)	(तुम कर चुके।)
Female -	You did	You did
	āp ne kiyā	*āp ne kiyā*
	āp kar chukī	*āp kar chukī*
	आपने किया।	आपने किया।
	आप कर चुकी।	आप कर चुकी।
	(तूने किया।)	(तुमने किया।)
	(तू कर चुकी।)	(तुम कर चुकी।)
	(तुमने किया।)	(तुमने किया।)
	(तुम कर चुकी।)	(तुम कर चुकी।)
3P◦ Male -	He did	They did
	us ne kiyā	*unhõ ne kiyā*
	vah kar chukā	*ve kar chuke*
	उसने किया।	उन्होंने किया।
	वह कर चुका।	वे कर चुके।
Female -	She did	They did

	us ne kiyā	*unhõ ne kiyā*
	vah kar chukī	*ve kar chukī̃*
	उसने किया।	उन्होंने किया।
	वह कर चुकी।	वे कर चुकीं।

(5) Past Imperfect Tense (अपूर्ण भूत काल)

1P◦ Male -	I was doing	We were doing
	ma͠i kar rahā thā	*ham kar rahe the*
	मैं कर रहा था।	हम कर रहे थे।
Female -	I was doing	We were doing
	ma͠i kar rahī thī	*ham kar rahī thī̃*
	मैं कर रही थी।	हम कर रही थीं।
2P◦ Male -	You were doing	You were doing
	āp kar rahe the	*āp kar rahe the*
	आप कर रहे थे।	आप कर रहे थे।
	(तू कर रहा था।)	(तुम कर रहे थे।)
	(तुम कर रहे थे।)	(तुम कर रहे थे।)
Female -	You were doing	You were doing
	āp kar rahī thī	*āp kar rahī thī̃*
	आप कर रही थी।	आप कर रही थीं।
	(तू कर रही थी।)	(तुम कर रही थीं।)
	(तुम कर रही थी।)	(तुम कर रही थीं।)
3P◦ Male -	He was doing	They were doing
	vah kar rahā thā	*ve kar rahe the*
	वह कर रहा था।	वे कर रहे थे।
Female -	She was doing	They were doing
	vah kar rahī thī	*ve kar rahī thī̃*
	वह कर रही थी।	वे कर रही थीं।

(6) Past Perfect Tense (पूर्ण भूत काल)

1P◦ Male -	I had done	We had done
	ma͠i ne kiyā thā	*ham ne kiyā thā*
	ma͠i kar chukā thā	*ham kar chuke the*
	मैंने किया था।	हमने किया था।
	मैं कर चुका था।	हम कर चुके थे।

Female -	I had done	We had done
	maĩ ne kiyā thā	*ham ne kiyā thā*
	maĩ kar chukī thī	*ham kar chukī thī̃*
	मैंने किया था।	हमने किया था।
	मैं कर चुकी थी।	हम कर चुकी थीं।
2P◦ Male -	You had done	You had done
	āp ne kiyā thā	*āp ne kiyā thā*
	āp kar chuke the	*āp kar chuke the*
	आपने किया था।	आपने किया था।
	आप कर चुके थे।	आप कर चुके थे।
	(तूने किया था।)	(तुमने किया था।)
	(तू कर चुका था।	(तुम कर चुके थे।)
	(तुमने किया था।)	(तुमने किया था।)
	(तुम कर चुके थे।)	(तुम कर चुके थे।)
Female -	You had done	You had done
	āp ne kiyā thā	*āp ne kiyā thā*
	āp kar chukī thī̃	*āp kar chukī thī̃*
	आपने किया था।	आपने किया था।
	आप कर चुकी थीं।	आप कर चुकी थीं।
	(तूने किया था।)	(तुमने किया था।)
	(तू कर चुकी थी।)	(तुम कर चुकी थी।)
	(तुमने किया था।)	(तुमने किया था।)
	(तुम कर चुकी थी।)	(तुम कर चुकी थी।)
3P◦ Male -	He had done	They had done
	us ne kiyā thā	*unhõ ne kiyā thā*
	vah kar chukā thā	*ve kar chuke the*
	उसने किया था।	उन्होंने किया था।
	वह कर चुका था।	वे कर चुके थे।
Female -	She had done	They had done
	us ne kiyā thā	*unhõ ne kiyā thā*
	vah kar chukī thī	*ve kar chukī thī̃*
	उसने किया था।	उन्होंने किया था।
	वह कर चुकी थी।	वे कर चुकी थीं।

(7) Future Indefinite Tense (सामान्य भविष्यत् काल)

	Singular	Plural
1P◦ Male -	I will do	We will do
	maĩ karū̃gā	*ham karẽge*
	मैं करूँगा।	हम करेंगे।
Female -	I will do	We will do
	maĩ karū̃gī	*ham karẽgī*
	मैं करूँगी।	हम करेंगी।
2P◦ Male -	You will do	You will do
	āp karẽge	*āp karẽge*
	आप करेंगे।	आप करेंगे।
	(तू करेगा।)	(तुम करोगे।)
	(तुम करोगे।)	(तुम करोगे।)
Female -	You will do	You will do
	āp karẽgī	*āp karẽgī*
	आप करेंगी।	आप करेंगी।
	(तू करेगी।)	(तुम करोगी।)
	(तुम करोगी।)	(तुम करोगी।)
3P◦ Male -	He will do	They will do
	vah karegā	*ve karẽge*
	वह करेगा।	वे करेंगे।
Female -	She will do	They will do
	vah karegī	*ve karẽgī*
	वह करेगी।	वे करेंगी।

(8) Future Imperfect Continuous Tense (अपूर्ण भविष्यत् काल)

	Singular	Plural
1P◦ Male -	I will be doing	We will be doing
	maĩ kar rahā hū̃gā	*ham kar rahe hõge*
	मैं कर रहा हूँगा।	हम कर रहे होंगे।
Female -	I will be doing	We will be doing
	maĩ kar rahī hū̃gī	*ham kar rahī hõgī*
	मैं कर रही हूँगी।	हम कर रह होंगी।
2P◦ Male -	You will be doing	You will be doing
	āp kar rahe hõge	*āp kar rahe hõge*
	आप कर रहे होंगे।	आप कर रहे होंगे।

	(तू कर रहा होगा।)	(तुम कर रहे होगे।)
	(तुम कर रहे होगे।)	(तुम कर रहे होगे।)
Female -	You will be doing	You will be doing
	āp kar rahī hoँgī	*āp kar rahī hoँgī*
	आप कर रही होंगी।	आप कर रही होंगी।
	(तू कर रही होगी।)	(तुम कर रही होगी।)
	(तुम कर रही होगी।)	(तुम कर रही होगी।)
3P◦ Male -	He will be doing	They will be doing
	vah kar rahā hogā	*ve kar rahe hoँge*
	वह कर रहा होगा।	वे कर रहे होंगे।
Female -	She will be doing	They will be doing
	vah kar rahī hogī	*ve kar rahī hoँgī*
	वह कर रही होगी।	वे कर रही होंगी।

(9) Future Perfect Tense (पूर्ण भविष्यत् काल)

1P◦ Male -	I will have done	We will have done
	maiँ kar chuka hūँgā	*ham kar chuke hoँge*
	मैं कर चुका हूँगा।	हम कर चुके होंगे।
Female -	I will have done	We will have done
	maiँ kar chukī hūँgī	*ham kar chukī hoँgī*
	मैं कर चुकी हूँगी।	हम कर चुकी होंगी।
2P◦ Male -	You will have done	You will have done
	āp kar chuke hoँge	*āp kar chuke hoँge*
	आप कर चुके होंगे।	आप कर चुके होंगे।
	(तू कर चुका होगा।)	(तुम कर चुके होगे।)
	(तुम कर चुके होगे।)	(तुम कर चुके होगे।)
Female -	You will have done	You will have done
	āp kar chukī hoँgī	*āp kar chukī hoँgī*
	आप कर चुकी होंगी।	आप कर चुकी होंगी।
	(तू कर चुकी होगी।)	(तुम कर चुकी होगी।)
	(तुम कर चुकी होगी।)	(तुम कर चुकी होगी।)
3P◦ Male -	He will have done	They will have done
	vah kar chukā hogā	*ve kar chuke hoँge*
	वह कर चुका होगा।	वे कर चुके होंगे।

Female -	She will have done		They will have done
	vah kar chukī hogī		*ve kar chukī hogī*
	वह कर चुकी होगी।		वे कर चुकी होंगी।

(10) Interrogative (प्रश्नार्थक)

1P. Male -	May I do?		May we do?
	kyā maĩ karū̃?		*kyā ham kare͂?*
	क्या मैं करूँ?		क्या हम करें?
Female -	May I do?		May we do?
	kyā maĩ karū̃?		*kyā ham kare͂?*
	क्या मैं करूँ?		क्या हम करें?
3P. Male -	May he do?		May they do?
	kyā vah kare?		*kyā ve kare͂?*
	क्या वह करे?		क्या वे करें?
Female -	May she do?		May they do?
	kyā vah kare?		*kyā ve kare͂?*
	क्या वह करे?		क्या वे करें?

(11) Potential mood (विधिसूचक)

1P. Male -	I may do		We may do
	maĩ karū̃		*ham kare͂*
	मैं करूँ।		हम करें।
Female -	I may do		We may do
	maĩ karū̃		*ham kare͂*
	मैं करूँ।		हम करें।
2P. Male -	You may do		You may do
	āp kare͂		*āp kare͂*
	आप करें।		आप करें।
	तू करे।		तुम करो।
	तुम करो।		तुम करो।
Female -	I may do		We may do
	maĩ karū̃		*ham kare͂*
	मैं करूँ।		हम करें।
	You may do		You may do
	āp kare͂		*āp kare͂*

	Singular	Plural
	आप करें।	आप करें।
	तू करे।	तुम करो।
	तुम करो।	तुम करो।
3P∘ Male -	He may do	They may do
	vah kare	*ve karẽ*
	वह करे।	वे करें।
Female -	She may do	They may do
	vah kare	*ve karẽ*
	वह करे।	वे करें।

1. GROUP (B)
SUMMARY of TENSES

Intransitive Action

EXAMPLE : to sleep √*so* √सो (सोना)

NOTE : 1P∘ = First Person (I, We), 2P∘ = Second Person (You), 3P∘ = Third Person (They)

(12) Present Indifinite Tense (सामान्य वर्तमान काल)

	Singular	Plural
1P∘ Male -	I sleep	We sleep
	maĩ sotā hū̃	*ham sote haĩ*
	मैं सोता हूँ।	हम सोते हैं।
Female -	I sleep	We sleep
	maĩ sotī hū̃	*ham sotī haĩ*
	मैं सोती हूँ।	हम सोती हैं।
2P∘ Male -	You sleep	You sleep
	āp sote haĩ	*āp sote haĩ*
	आप सोते हैं।	आप सोते हैं।
	(तू सोता है।)	(तुम सोते हो।)
	(तुम सोते हो।)	(तुम सोते हो।)
Female -	You sleep	You sleep
	āp sotī haĩ	*āp sotī haĩ*
	आप सोती हैं।	आप सोती हैं।
	(तू सोती है।)	(तुम सोती हो।)
	(तुम सोती है।)	(तुम सोती हो।)

3P◦ Male -	He sleeps *vah sotā hai* वह सोता है।	They sleep *ve sote haĩ* वे सोते हैं।
Female -	She sleeps *vah sotī hai* वह सोती है।	They sleep *ve sotī haĩ* वे सोती हैं।

(13) Present Continuous Tense (अपूर्ण वर्तमान काल)

1P◦ Male -	I am sleeping *maĩ so rahā hū̃* मैं सो रहा हूँ।	We are sleeping *ham so rahe haĩ* हम सो रहे हैं।
Female -	I am sleeping *maĩ so rahī hū̃* मैं सो रही हूँ।	We are sleeping *ham so rahī haĩ* हम सो रही हैं।
2P◦ Male -	You are sleeping *āp so rahe haĩ* आप सो रहे हैं। (तू सो रहा है।) (तुम सो रहे हो।)	You are sleeping *āp so rahe haĩ* आप सो रहे हैं। (तुम सो रहे हो।) (तुम सो रहे हो।)
Female -	You are sleeping *āp so rahī haĩ* आप सो रही हैं।	You are sleeping *āp so rahī haĩ* आप सो रही हैं।
3P◦ Male -	He is sleeping *vah so rahā hai* वह सो रहा है।	They are sleeping *ve so rahe haĩ* वे सो रहे हैं।
Female -	She is sleeping *vah so rahī hai* वह सो रही है।	They are sleeping *ve so rahī haĩ* वे सो रही हैं।

(14) Present Perfect Tense (पूर्ण वर्तमान काल)

1P◦ Male -	I have slept *maĩ soyā hū̃* *maĩ so chukā hū̃* मैं सोया हूँ। मैं सो चुका हूँ।	We have slept *ham soye haĩ* *ham so chuke haĩ* हम सोए हैं। हम सो चुके हैं।

Female -	I have slept	We have slept
	maĩ soyī hū̃	*ham soyī haĩ*
	maĩ so chukī hū̃	*ham so chukī haĩ*
	मैं सोई हूँ।	हम सोई हैं।
	मैं सो चुकी हूँ।	हम सो चुकी हैं।
2P◦ Male -	You have slept	You have slept
	āp soye haĩ	*āp soye haĩ*
	āp so chuke haĩ	*āp so chuke haĩ*
	आप सोए हैं।	आप सोए हैं।
	आप सो चुके हैं।	आप सो चुके हैं।
	(तू सोया है।)	(तुम सोये हैं।)
	(तू सो चुका है।)	(तुम सो चुके हो।)
Female -	You have slept	You have slept
	āp soyī haĩ	*āp soyī haĩ*
	āp so chukī haĩ	*āp so chukī haĩ*
	आप सोई हैं।	आप सोई हैं।
	आप सो चुकी हैं।	आप सो चुकी हैं।
	(तू सोयी है।)	(तुम सोयी हो।)
	(तू सो चुकी है।)	(तुम सो चुकी हो।)
3P◦ Male -	He has slept	They have slept
	vah soyā hai	*ve soye haĩ*
	vah so chukā hai	*ve so chuke haĩ*
	वह सोया है।	वे सोए हैं।
	वह सो चुका है।	वे सो चुके हैं।
Female -	She has slept	They have slept
	vah soyī hai	*ve soyī haĩ*
	vah so chukī hai	*ve so chukī haĩ*
	वह सोई है।	वे सोई हैं।
	वह सो चुकी है।	वे सो चुकी हैं।

(15) Past Indefinite Tense (सामान्य भूत काल)

1P◦ Male -	I slept	We slept
	maĩ soyā	*ham soye*
	मैं सोया।	हम सोए।
Female -	I slept	We slept

	maĩ soyī	*ham soyī̃*
	मैं सोई।	हम सोईं।
2P◦ Male -	You slept	You slept
	āp soye	*āp soye*
	आप सोए।	आप सोए।
	(तू सोया।)	(तुम सोए।)
	(तुम सोए।)	(तुम सोए।)
Female -	You slept	You slept
	āp soyī	*āp soyī̃*
	आप सोई।	आप सोईं।
	(तू सोई।)	(तुम सोई।)
	(तुम सोई।)	(तुम सोई।)
3P◦ Male -	He slept	They slept
	vah soyā	*ve soye*
	वह सोया।	वे सोए।
Female -	She slept	They slept
	vah soyī	*ve soyī̃*
	वह सोई।	वे सोईं।

(16) Past Imperfect Tense (अपूर्ण भूत काल)

1P◦ Male -	I was sleeping	We were sleeping
	maĩ so rahā thā	*ham so rahe the*
	मैं सो रहा था।	हम सो रहे थे।
Female -	I was sleeping	We were sleeping
	maĩ so rahī thī	*ham so rahī thī̃*
	मैं सो रही थी।	हम सो रही थीं।
2P◦ Male -	You were sleeping	You were sleeping
	āp so rahe the	*āp so rahe the*
	आप सो रहे थे।	आप सो रहे थे।
	(तू सो रहा था।)	(तुम सो रहे थे।)
	(तुम सो रहे थे।)	(तुम सो रहे थे।)
Female -	You were sleeping	You were sleeping
	āp so rahī thī̃	*āp so rahī thī̃*
	आप सो रही थी।	आप सो रही थीं।

	(तू सो रही थी।)	(तुम सो रही थी।)
	(तुम सो रही थी।)	(तुम सो रही थी।)
3P◦ Male -	He was sleeping *vah so rahā thā* वह सो रहा था।	They were sleeping *ve so rahe the* वे सो रहे थे।
Female -	She was sleeping *vah so rahī thī* वह सो रही थी।	They were sleeping *ve so rahī thī̃* वे सो रही थीं।

(17) Past Perfect Tense (पूर्ण भूत काल)

1P◦ Male -	I had slept *maĩ soyā thā* मैं सोया था।	We had slept *ham soye the* हम सोए थे।
Female -	I had slept *maĩ soyī thī* मैं सोई थी।	We had slept *ham soyī thī̃* हम सोई थीं।
2P◦ Male -	You had slept *āp soye the* आप सोए थे। (तू सोया था।) (तुम सोए थे।)	You had slept *āp soye the* आप सोए थे। (तुम सोए थे।) (तुम सोए थे।)
Female -	You had slept *āp soyī thī* आप सोई थी। (तू सोई थी।) (तुम सोई थी।)	You had slept *āp soyī thī̃* आप सोई थीं। (तुम सोई थी।) (तुम सोई थी।)
3P◦ Male -	He had slept *vah soyā thā* वह सोया था।	They had slept *ve soye the* वे सोए थे।
Female -	She had slept *vah soyī thī* वह सोई थी।	They had slept *ve soyī thī̃* वे सोई थीं।

(18) Future Indefinite Tense (सामान्य भविष्यत् काल)

	Singular	Plural
1P◦ Male -	I will sleep *maĩ soū̃gā* मैं सोऊँगा।	We will sleep *ham soẽge* हम सोएँगे।
Female -	I will sleep *maĩ soū̃gī* मैं सोऊँगी।	We will sleep *ham soẽgī* हम सोएँगी।
2P◦ Male -	You will sleep *āp soẽge* आप सोएँगे। (तू सोएगा।) (तुम सोओगे।)	You will sleep *āp soẽge* आप सोएँगे। (तुम सोओगे।) (तुम सोओगे।)
Female -	You will sleep *āp soẽgī* आप सोएँगी। (तू सोएगी।) (तुम सोओगी।)	You will sleep *āp soẽgī* आप सोएँगी। (तुम साओगी।) (तुम सोओगी।)
3P◦ Male -	He will sleep *vah soegā* वह सोएगा।	They will sleep *ve soẽge* वे सोएँगे।
Female -	She will sleep *vah soegī* वह सोएगी।	They will sleep *ve soẽgī* वे सोएँगी।

(19) Future Imperfect Continuous Tense
(अपूर्ण भविष्यत् काल)

1P◦ Male -	I will be sleeping *maĩ so rahā hū̃gā* मैं सो रहा हूँगा।	We will be sleeping *ham so rahe hõge* हम सो रहे होंगे।
Female -	I will be sleeping *maĩ so rahī hū̃gī* मैं सो रही हूँगी।	We will be sleeping *ham so rahī hõgī* हम सो रही होंगी।
2P◦ Male -	You will be sleeping	You will be sleeping

	Singular	Plural
	āp so rahe ho̐ge आप सो रहे होंगे। (तू सो रहा होगा।) (तुम सो रहे होओगे।)	*āp so rahe ho̐ge* आप सो रहे होंगे। (तुम सो रहे होगे।) (तुम सो रहे होगे।)
Female -	You will be sleeping *āp so rahī ho̐gī* आप सो रही होंगी। (तू सोएगी।) (तुम सोओगी।)	You will be sleeping *āp so rahī ho̐gī* आप सो रही होंगी। (तुम सोओगी।) (तुम सोओगी।)
3P◦ Male -	He will be sleeping *vah so rahā hogā* वह सो रहा होगा।	They will be sleeping *ve so rahe ho̐ge* वे सो रहे होंगे।
Female -	She will be sleeping *vah so rahī hogī* वह सो रही होगी।	They will be sleeping *ve so rahī ho̐gī* वे सो रही होंगी।

(20) Future Perfect Tense (पूर्ण भविष्यत् काल)

	Singular	Plural
1P◦ Male -	I will have slept *mai̐ so chukā hū̐gā* मैं सो चुका हूँगा।	We will have slept *ham so chuke ho̐ge* हम सो चुके होंगे।
Female -	I will have slept *mai̐ so chukī hū̐gī* मैं सो चुकी हूँगी।	We will have slept *ham so chukī ho̐gī* हम सो चुकी होंगी।
2P◦ Male -	You will have slept *āp so chuke ho̐ge* आप सो चुके होंगे। (तू सो चुका होगा।) (तुम सो चुके होगे।)	You will have slept *āp so chuke ho̐ge* आप सो चुके होंगे। (तुम सो चुके होंगे।) (तुम सो चुके होंगे।)
Female -	You will have slept *āp so chukī ho̐gī* आप सो चुकी होंगी। (तू सो चुकी होगी।) (तुम सो चुकी होगी।)	You will have slept *āp so chukī ho̐gī* आप सो चुकी होंगी। (तुम सो चुकी होगी।) (तुम सो चुकी होगी।)
3P◦ Male -	He will have slept	They will have slept

	vah so chukā hogā	*ve so chuke hoँge*
	वह सो चुका होगा।	वे सो चुके होंगे।
Female -	She will have slept	They will have slept
	vah so chukī hogī	*ve so chukī hoँgī*
	वह सो चुकी होगी।	वे सो चुकी होंगी।

(21) Interrogative (प्रश्नार्थक)

1P◦ Male -	May I sleep?	May we sleep?
	kyā maiँ souँ	*kyā ham soeँ*
	क्या मैं सोऊँ?	क्या हम सोएँ?
Female -	May I sleep?	May we sleep?
	kyā maiँ souँ?	*kyā ham soeँ?*
	क्या मैं सोऊँ?	क्या हम सोएँ?
3P◦ Male -	May he sleep?	May they sleep?
	kyā vah soe?	*kyā ve soeँ?*
	क्या वह सोए?	क्या वे सोएँ?
Female -	May she sleep?	May they sleep?
	kyā vah soe?	*kyā ve soeँ?*
	क्या वह सोए?	क्या वे सोएँ?

(22) Potential mood (विधिसूचक)

1P◦ Male -	I may sleep	We may sleep
	maiँ souँ	*ham soeँ*
	मैं सोऊँ।	हम सोएँ।
Female -	I may sleep	We may sleep
	maiँ souँ	*ham soeँ*
	मैं सोऊँ।	हम सोएँ।
3P◦ Male -	He may sleep	They may sleep
	vah soe	*ve soeँ*
	वह सोए।	वे सोएँ।
Female -	She may sleep	They may sleep
	vah soe	*ve soeँ*
	वह सोए।	वे सोएँ।

LESSON 14

USING THE RELATIONAL SUFFIXES

English : **PREPOSITIONS**, Hindi : **POSTPOSITIONS**

USE OF THE SUFFIXES *ko* (को), *se* (से), *me͂* (में), *par* (पर)

ko (को) = to; *se* (से) = with, by, from; *me͂* (में) = in; *par* (पर) = on, at

RATNAKAR'S EIGHTH NOBLE TRUTH : (attaching Case suffixes)

(i) When ANY SUFFIX (*ko* को, *se* से, *me͂* में, *par* पर or any other suffix) comes after a MASCULINE SINGULAR noun ending in *ā* (आ), this *ā* (आ) is changed to *e* (ए).

e.g. m∘ boy *laḍkā* लड़का + *ko* को = *laḍke ko* लड़के को।

TABLE 2 : Adding a **Postposition** to a SINGULAR Noun/Adjective

M∘ Singular Noun/Adj. **ending in *ā* (आ)**	***ā* (आ)** changed to ***e* (ए)**	+ Suffix ***ko* (को)**	to a boy
Boy = laḍkā लड़का	laḍke लड़के	*ko* को	laḍke ko लड़के को
Dog = kuttā कुत्ता	kutte कुत्ते	*ko* को	kutte ko कुत्ते को

(ii) When ANY SUFFIX comes after ANY PLURAL NOUN, particle *o͂* (ओं) must be added to that plural noun, before attaching the suffix.

TABLE 2 : Adding a **Postposition** to a PLURAL Noun/Adjective

Plural Noun/Adj.	**Plural**	plural + ***o͂***	+ postposition	= to the boys to the girls
Boy = laḍkā लड़का	laḍke लड़के	laḍko͂ लड़कों	*ko* को	laḍko͂ ko लड़के को
Girl = laḍkī लड़की	laḍkiyā͂ लड़कियाँ	laḍkiyo͂ लड़कियों	*ko* को	laḍkiyo͂ ko लड़कियों को

e.g. m◦ Houses *ghar* *+ õ + ko* = *gharõ ko* घर + ओं + को = घरों को ।

f◦ books *kitāb* *+ õ + ko* = *kitābõ ko* किताब + ओं + को = किताबों को ।

RATNAKAR'S NINTH NOBLE TRUTH (change in pronouns, see Tables 23-24) :

I = *maĩ* मैं । He, she, that = *vah* वह । It, this = *yah* यह । They, those = *ve* वे । These = *ye* ये ।

When any suffix is attached to these pronouns : (i) ***maĩ* मैं** changes to → ***muz* मुझ** । (ii) ***vah* वह** changes to → ***us* उस** । (iii) ***yah* यह** changes to → ***is* इस** । (iv) ***ve* वे** changes to → ***un* उन** । and (v) ***ye* ये** changes to → ***in* इन** ।

(15.1) Use of *ko* को (to) :

1. I am giving a book to Līlā. *main Līlā ko kitāb de rahā hū̃.* मैं लीला को किताब दे रहा हूँ।
2. He is giving books to Mālā. *vah Mālā ko kitābẽ de rahā hai.* वह माला को किताबें दे रहा है।
3. She is giving keys to Mīnā. *vah Mīnā ko chābiyā̃ de rahī hai.* वह मीना को चाबियाँ दे रही है।
4. A boy is giving a banana to a monkey. *laḍkā bandar ko kelā de rahā hai.* लड़का बंदर को केला दे रहा है।
5. A boy is giving bananas to a monkey. *laḍkā bandar ko kele de rahā hai.* लड़का बंदर को केले दे रहा है।
6. A boy is giving bananas to the monkeys. *laḍkā bandarõ ko kele de rahā hai.* लड़का बंदरों को केले दे रहा है।
7. The boys are giving bananas to the monkeys. *laḍke bandarõ ko kele de rahe haĩ.* लड़के बंदरों को केले दे रहे हैं।

(15.2) Use of *se* से (with, by or from) :

(i) ***se* से = WITH or BY**

1. I go by car. *maĩ car se jātā hū̃, jātī hū̃.* मैं कार से जाता हूँ, जाती हूँ। We are going by car. *ham car se jā rahe haĩ.* हम कार से जा रहे हैं।
2. I cut bananas with a knife. *maĩ chākū se kele kāṭatā hū̃, kāṭtī hū̃.* मैं चाकू से केले काटता हूँ, काटती हूँ। Shīlā was cutting two bananas with two knives. *Shīlā do chākuõ se do kele kāṭ rahī thī.* शीला दो चाकुओं से दो केले काट रही थी।
3. Hari should go by train. *Hari relgāḍī se jāe.* हरि रेल गाड़ी से जाए।

(ii) ***se* से** = **FROM**

1. I came from Singāpur. *mai̐ Singāpur se āyā.* मैं सिंगापुर से आया। Amit went from Mumbaī to Nāgpur. *Amit Mumbaī se Nāgpur gayā.* अमित मुंबई से नागपुर (को) गया।
2. I am here from four O Clock. *mai̐ yahā̐ chār baje se hū̐.* मैं यहाँ चार बजे से हूँ।
3. Ritū takes money from the room. *Rītū kamre se paise letī hai.* रीतू कमरे से पैसे लेती है।

(15.3) Use of *me̐* में (in) and *par* पर (on, at) :

(i) ***me̐* में** = **IN**

1. There is no water in the glass. *gilās me̐ pānī nahī̐ hai.* गिलास में पानी नहीं है। Ajay is in the room. *Ajay kamre me̐ hai.* अजय कमरे में है।
2. The dog is not in the house. *kuttā ghar me̐ nahī̐ hai.* कुत्ता घर में नहीं है।
3. The key is in the lock. *chābī tāle me̐ hai.* चाबी ताले में है।

(ii) ***par* पर** = **ON, AT**

1. The cup is on the dish. *cup thālī par hai.* कप थाली पर है।
2. There are leaves on the tree. *peḍ par patte hai̐.* पेड़ पर पत्ते हैं।
3. Rām is at the station. *Rām station par hai.* राम स्टेशन पर है।

(15.4) Use of *kā, kī* (का, की)

m∘ *kā* (का), f∘ *kī* (की) = of

The English preposition 'OF' becomes postposition *kā* (का) or *kī* (की) in Hindī. For showing the possessive relationship of a Masculine Object, suffix *kā* (का) is added to the possessor, and for a Feminine Object, suffix *kī* (की) is added.

EXAMPLES :

1. Meenal's brother. *Mīnal kā bhaī.* मीनल का भाई। Gītā's sister. *Gītā kī bahin.* गीता की बहिन।
2. This is Rola's car. *yah Rolā ki cār hai.* यह रोला की कार है।
3. Those are Anitā's books. *ve Anitā kī kitābe̐ hai̐.* वे अनिता की किताबें हैं।
4. Where are Tarā's cats? *Tārā kī billiyā̐ kahā̐ hai̐?* तारा की बिल्लियाँ कहाँ हैं?
5. That is Savitā's coffee. *vah Savitā kī kāfī hai.* वह सविता की काफी है।

6. He is Dīpak's Brother. *vah Dīpak kā bhāī hai.* वह दीपक का भाई है।

7. I eat *burfī* made of milk. *maĩ dūdh kī burfī khātā hū̃.* मैं दूध की बर्फी खाता हूँ।

8. This is Monika's house. *yaha Monikā kā ghar hai.* यह मोनिका का घर है।

NOTE : For first person ('my' and 'our'), suffixes *rā, rī* रा, री *are used in place of the suffixes kā, kī* का, की।

EXAMPLES :

Our house. *hamārā ghar.* हमारा घर। My mother. *merī mā̃* मेरी माँ। My dogs. *mere kutte.* मेरे कुत्ते। Our dogs. *hamāre kutte.* हमारे कुत्ते। Our dog. *hamārā kuttā.* हमारा कुत्ता। Our cat. *hamārī billī.* हमारी बिल्ली। Our cats. *hamārī billiyā̃.* हमारी बिल्लियाँ। My cats. *merī billiyā̃.* मेरी बिल्लियाँ।

(15.5) Use of suffixes *ke sāth* (के साथ), *ke pās* (के पास), *ke liye* (के लिये)

ke sāth (के साथ) = together with; *ke pās* (के पास) = near, have; *ke liye* (के लिये) = for

(A) *ke sāth* के साथ = with, together with :

(1) I am going with Sunīl. *maĩ Sunīl ke sāth jā rahā/rahī hū̃* मैं सुनील के साथ जा रहा/रही हूँ।

(2) I am drinking milk with you. *maĩ āp ke sāth dūdh pī rahā hū̃.* मैं आपके साथ दूध पी रहा हूँ।

(3) Jim will go to Washington with Suman. *Jim Suman ke sāth Washington ko jāegā.* जिम सुमन के साथ वाशिंगटन को जाएगा।

(B) *ke pās* के पास = with, near, have, has, had :

(1) The book is with Rājā. *kitāb Rājā ke pās hai.* किताब राजा के पास है।

(2) Ramesh has ten Rupees. *Ramesh ke pās das rupaye haĩ.* रमेश के पास दस रुपये हैं।

(3) Śrī Laṅkā is near India. *Śrī Lakṅkā Bhārat ke pās hai.* श्रीलंका भारत के पास है।

(15.6) Use of suffixes *kījiye* (कीजिये) *and chāhiye* (चाहिये)

***kījiye* (कीजिये) = please do. *chāhiye* (चाहिये) = require, want, need**

(1) In Hindī, a request is made to other person by adding suffix इए, or इये (*ie, iye*) to the verb.

(2) The suffix इए, इये (*ie, iye*) includes the expression of 'please' in it, and thus, you do not have to add please (*kṛpayā* कृपया) in each sentence. Even the 'orders' should be respectful.

NOTE : However, in informal Hindī, *'o'* (ओ) is used in place of this *'iye'* (इये) suffix.

eg. *jāiye* (जाइये) = *jāo* (जाओ).

EXCEPTION : For the verbs that already end in vowel *ī* (ई) :

The की, दी, पी and ली are the interrogative forms of the **irregular** verbs कर (do), दे (give), पी (drink), ले (take). For the these verbs, (do √*kī,* give √*dī,* drink √*pī,* take √*lī*) की (do), दी (give), पी (drink), ली (take) - suffix जिए or जीये is attached in place of the suffix इए or इये। e.g. *kījiye* (please do), *dījiye* (please give), *pījiye* (please drink), *lījiye* (please take) = कीजिये (please do), दीजिये (please give), पीजिये (please drink), लीजिये (please take).

Some people casually use the informal 'order' suffix *o* (ओ) in place of *iye* (इये). e.g. आओ for आइये, जाओ for जाइये, खाओ for खाइये, लाओ for लाइये, पीओ for पीजिये ...etc.

EXERCISE 34 :

Translate the Hindī sentences into English (Answers are provided for your help)

1. INVITATION : (Please) come to our house. *hamāre ghar āīye.* हमारे घर आइये।

2. SUGGESTION : (Please) sit here. *yahā̃ baiṭhiye.* यहाँ बैठिये।

3. ORDER : Do not come here. *yahā̃ mat āīye.* यहाँ मत आइये। (do not, don't = मत *mat*)

4. REQUEST : (Please) have tea. *kṛpayā chāy lījiye.* कृपया चाय लीजिये, पीजिये।

6. CONSOLATION : (Please) do not cry. *mat roīye.* मत रोइये।

7. INSTRUCTION : (Please) do work properly. *kām ṭhīk se kījiye.* काम ठीक से कीजिये।

NOTE : In the Charts of Cases on the following seven pages :

1N◦ = **Nominative** case, the DOER of the action (the subject)

2A◦ = **Accusative** case, the OBJECT of the action

3I◦ = **Instrumental** case, the INSTRUMENT with/by which action is done

4D◦ = **Dative** case, FOR WHOM the action is performed

5A◦ = **Ablative** case, the place FROM WHERE the action starts

6P◦ = **Possessive** case, the RELATIONSHIP OF the object in a sentence

7L◦ = **Locative** case. the LOCATION of the object.

TABLE 19 - CHART OF SUFFIXES FOR MASCULINE NOUNS

THE Hindī Chart (The English Chart is on the Next Page)

NOTES : (i) ए *(e)* is added to m◦ singular nouns ending in आ *(ā)* and (ii) ओं *(ō̃)* is added to all **plural** nouns m◦ and f◦, before attaching any suffix.

Words ending in →		m◦ (i) a child, (i) अ (बालक)	m◦ (ii) a boy, (ii) आ (लड़का)	m◦ (iii) a saint, (iii) इ (योगी)	m◦ (iv) a saint (iv) उ (साधु)
with suffix ने	singular→	बालक ने	लड़के ने	योगी ने	साधु ने
1N◦ (Perfect, transitive)	plural→	बालकों ने	लड़कों ने	यागियों ने	साधुओं ने
2 A◦ to को	singular→	बालक को	लड़के को	योगी को	साधु को
	plural→	बालकों को	लड़कों को	योगियों को	साधुओं को
3 I◦ with, by से	singular→	बालक से	लड़के से	योगी से	साधु से
	plural→	बालकों से	लड़कों से	योगियों से	साधुओं से
4 D◦ for के लिये	singular→	बालक के लिये	लड़के के लिये	योगी के लिये	साधु के लिये
	plural→	बालकों के लिये	लड़कों के लिये	योगियों के लिये	साधुओं के लिये
5 A◦ from से	singular→	बालक से	लड़के से	योगी से	साधु से
	plural→	बालकों से	लड़कों से	योगियों से	साधुओं से
6 P◦ of का	singular→	बालक का	लड़के का	योगी का	साधु का
	plural→	बालकों का	लड़कों का	योगियों का	साधुओं का
7 L◦ in में	singular→	बालक में	लड़के में	योगी में	साधु में
	plural→	बालकों में	लड़कों में	योगियों में	साधुओं में
on, at पर	singular→	बालक पर	लड़के पर	योगी पर	साधु पर
	plural→	बालकों पर	लड़कों पर	योगियों पर	साधुओं पर

TABLE 20 - CHART OF CASES, MASCULINE NOUNS

The English Chart (The Hindī Chart is on the Previous Page)

NOTES : (i) ए *(e)* is added to m◦ singular nouns ending in आ *(ā)* and (ii) ओं *(õ)* is added to all **plural** nouns m◦ and f◦, before attaching any suffix.

			m◦ a child,	m◦ a boy,	m◦ a saint,	m◦ a saint
Word ending in →			(i) *a (bālak)*	(ii) *ā (laḍkā)*	(iii) *ī (yogī)*	(iv) *u (sādhu)*
with suffix	*ne*	singular→	*bālak ne*	*laḍke ne*	*yogī ne*	*sādhu ne*
1N◦ (Perfect, transitive)		plural→	*bālakõ ne*	*laḍkõ ne*	*yogiyõ ne*	*sādhuõ ne*
2 A◦	to *ko*	singular→	*bālak ko*	*laḍke ko*	*yogī ko*	*sādhu ko*
		plural→	*bālakõ ko*	*laḍkõ ko*	*yogiyõ ko*	*sādhuõ ko*
3 I◦	with, by *se*	singular→	*bālak se*	*laḍke se*	*yogī se*	*sādhu se*
		plural→	*bālakõ se*	*laḍkõ se*	*yogiyõ se*	*sādhuõ se*
4 D◦	for *ke liye*	singular→	*bālak ke liye*	*laḍke ke liye*	*yogī ke liye*	*sādhu ke liye*
		plural→	*bālakõ ke liye*	*laḍkõ ke liye*	*yogiyõ ke liye*	*sādhuõ ke liye*
5 A◦	from *se*	singular→	*bālak se*	*laḍke se*	*yogī se*	*sādhu se*
		plural→	*bālakõ se*	*laḍkõ se*	*yogiyõ se*	*sādhuõ se*
6 P◦	of *kā*	singular→	*bālak kā*	*laḍke kā*	*yogī kā*	*sādhu kā*
		plural→	*bālakõ kā*	*laḍkõ kā*	*yogiyõ kā*	*sādhuõ kā*
7 L◦	in *mẽ*	singular→	*bālak mẽ*	*laḍke mẽ*	*yogī mẽ*	*sādhu mẽ*
		plural→	*bālakõ mẽ*	*laḍkõ mẽ*	*yogiyõ mẽ*	*sādhuõ mẽ*
	on, at *par*	singular→	*bālak par*	*laḍke par*	*yogī par*	*sādhu par*
		plural→	*bālakõ par*	*laḍkõ par*	*yogiyõ par*	*sādhuõ par*

TABLE 21 - CHART OF CASES : FEMININE NOUNS

The Hindī Chart (The English Chart is on the Next Page)

NOTES : (i) To make plural of a femimine noun ending in a consonant , add एं *(ẽ)* to it.

(ii) ओं *(õ)* is added to all **plural** nouns (m∘ and f∘), before attaching any suffix.

Words ending in →		f∘ a book, (i) अ (किताब)	f∘ a girl, (ii) आ (बालिका)	f∘ a girl, (iii) ई (लड़की)	f∘ a thing (iv) उ (वस्तु)
with suffix ने 1N∘ (Perfect, transitive)	singular→	किताब ने	बालिका ने	लड़की ने	वस्तु ने
	plural→	किताबों ने	बालिकाओं ने	लड़कियों ने	वस्तुओं ने
2 A∘ to को	singular→	किताब को	बालिका को	लड़की को	वस्तु को
	plural→	किताबों को	बालिकाओं को	लड़कियों को	वस्तुओं को
3 I∘ with, by से	singular→	किताब से	बालिका से	लड़की से	वस्तु से
	plural→	किताबों से	बालिकाओं से	लड़कियों से	वस्तुओं से
4 D∘ for के लिये	singular→	किताब के लिये	बालिका के लिये	लड़की के लिये	वस्तु के लिये
	plural→	किताबों के लिये	बालिकाओं के लिये	लड़कियों के लिये	वस्तुओं के लिये
5 A∘ from से	singular→	किताब से	बालिका से	लड़की से	वस्तु से
	plural→	किताबों से	बालिकाओं से	लड़कियों से	वस्तुओं से
6 P∘ of का	singular→	किताब का	बालिका का	लड़की का	वस्तु का
	plural→	किताबों का	बालिकाओं का	लड़कियों का	वस्तुओं का
7 L∘ in में	singular→	किताब में	बालिका में	लड़की में	वस्तु में
	plural→	किताबों में	बालिकाओं में	लड़कियों में	वस्तुओं में
on, at पर	singular→	किताब पर	बालिका पर	लड़की पर	वस्तु पर
	plural→	किताबों पर	बालिकाओं पर	लड़कियों पर	वस्तुओं पर

TABLE 22 - CHART OF CASES : FEMININE NOUNS

The English Chart (Hindī Chart is on the Previous Page)

NOTES : (i) To make plural of a femimine noun ending in a consonant , add एँ (e̐) to it.

(ii) ओं (o̐) is added to all **plural** nouns m∘ and f∘, before attaching any suffix.

			f∘ a book,	f∘ a girl,	f∘ a girl,	f∘ a thing
Word ending in →			(i) *a (kitāb)*	(ii) *ā (bālikā)*	*ī (laḍkī)*	*u (vastu)*
with suffix	*ne*	singular→	*kitāb ne*	*bālikā ne*	*laḍkī ne*	*vastu ne*
1N∘ (Perfect, transitive)		plural→	*kitābo̐ ne*	*bālikao̐ ne*	*laḍkiyo̐ ne*	*vastuo̐ ne*
2 A∘	to *ko*	singular→	*kitāb ko*	*bālikā ko*	*laḍkī ko*	*vastu ko*
		plural→	*kitābo̐ ko*	*bālikāo̐ ko*	*laḍkiyo̐ ko*	*vastuo̐ ko*
3 I∘	with, by *se*	singular→	*kitāb se*	*bālikā se*	*laḍkī se*	*vastu se*
		plural→	*kitābo̐ se*	*bālikāo̐ se*	*laḍkiyo̐ se*	*vastuo̐ se*
4 D∘	for *ke liye*	singular→	*kitāb ke liye*	*bālikā ke liye*	*laḍkī ke liye*	*vastu ke liye*
		plural→	*kitābo̐ ke liye*	*bālikāo̐ ke liye*	*laḍkiyo̐ ke liye*	*vastuo̐ ke liye*
5 A∘	from *se*	singular→	*kitāb se*	*bālikā se*	*laḍkī se*	*vastu se*
		plural→	*kitābo̐ se*	*bālikāo̐ se*	*laḍkiyo̐ se*	*vastuo̐ se*
6 P∘	of *kā*	singular→	*kitāb kā*	*bālikā kā*	*laḍkī kā*	*vastu kā*
		plural→	*kitābo̐ kā*	*bālikāo̐ kā*	*laḍkiyo̐ kā*	*vastuo̐ kā*
7 L∘	in *me̐*	singular→	*kitāb me̐*	*bālikā me̐*	*laḍkī me̐*	*vastu me̐*
		plural→	*kitābo̐ me̐*	*bālikāo̐ me̐*	*laḍkiyo̐ me̐*	*vastuo̐ me̐*
	on, at *par*	singular→	*kitāb par*	*bālikā par*	*laḍkī par*	*vastu par*
		plural→	*kitābo̐ par*	*bālikāo̐ par*	*laḍkiyo̐ par*	*vastuo̐ par*

LESSON 15

THE PRONOUNS

DEFINITIONS :

(1)The word used in place of a noun (in order to avoid its repetition) is called a *Pronoun.*

(2) If a pronoun qualifies a noun, then the pronoun is called a *Pronominal or Possessive Adjective.*

EXPLANATION :

(i) See this sentence :

Rām is going to Rām's school to see Rām's teacher and to return Rām's teacher Rām's teacher's books.

राम राम के शिक्षक को मिलने और राम के शिक्षक की पुस्तकें राम के गुरुजी को लौटाने राम के विद्यालय को जा रहा है।

It sounds improper and confusing.

(ii) Now see this one

(Same sentence can be re-written properly with the use of pronouns) :

Rām is going to his school to see his teacher and to return him his books. *(Rām apane gurujī ko milane aur un kī pustakẽ un ko lauṭāne apane vidyālay jā rahā hai)*

राम अपने शिक्षक को मिलने और उनकी पुस्तकें उनको लौटाने अपने विद्यालय जा रहा है।

It reads improper.

REMEMBER (change in pronoun forms, see Tables 23-24) **: See Table 9**

I = *maĩ* मैं। He, she, that = *vah* वह। It, this = *yah* यह। They, those = *ve* वे। These = *ye* ये।

When any suffix is attached to these pronouns, they change to : *maĩ* मैं changes to → ***muz* मुझ। *vah* वह** changes to → ***us* उस। *yah* यह** changes to → ***is* इस। *ve* वे** changes to → ***un* उन। *ye* ये** changes to → ***in* इन।**

15.1 THE PERSONAL PRONOUNS

DEFINITION :

A word used in place of the name of a person is a Personal Pronoun (a thing, is Impersonal Pronoun) .

e.g.	I,	we,	you,	he, she,	they,	it, this,	these,	they and those.
	maĩ,	*ham,*	*āp*	*vah,*	*ve,*	*yah,*	*ye,*	*ve*
	मैं,	हम,	आप,	वह,	वे,	यह,	ये,	वे।

NOTES :

1. As you see in Table 23-24, by attaching the case suffixes, the pronuns (i) he, she वह (*vah*) change to him, her उस (*us*); (ii) they, and those वे (*ve*) change to them; (iii) I and we change to my मेरा (*merā*), and our हमारा (*hamārā*).
2. (i) He, she, that = वह *vah;* (ii) This, it = यह *yah;* (iii) They, those = वे *ve;* (iv) These = ये *ye.*
3. For saying : he, she, that, वह (*vah*) as well as for saying they and those वे (*ve*) - some people say वो (*vo*) .

15.2 THE INTERROGATIVE PRONOUNS

The pronoun that is employed for asking a question is an Interrogative Pronoun.

(1) कौन (*kaun?* who) :

Who sleeps here? *(yahā̃ kaun sotā hai?)* यहाँ कौन सोता है?

(2) क्यों (*kyõ?* why) :

Why do you sleep here? आप यहाँ क्यों सोते हैं?

(3) क्या (*kyā?* what) :

What are you doing here now? *(āp ab yahā̃ kyā kar rahe haĩ?)* आप अब यहाँ क्या कर रहे हैं?

What is your name? *āpkā nām kyā hai?* आप का नाम क्या है?

(4) कब (*kab?* When) :

When will you come? *(āp kab āyeṅge?)* आप कब आयेंगे?

(5) कहाँ (*kahā̃?* where) :

Where does he live? *(vah kahā̃ rahatā hai?)* वह कहाँ रहता है?

TABLE 23 : CHART FOR THE PRONOUNS

The Hindī Chart (English Chart is on the Next Page)

REMEMBER : (i) I = मैं। He, she, that = वह। It, this = यह। They, those = वे। These = ये।

(ii) When any suffix is attached to these pronouns : मैं changes to **मुझ। वह** changes to **उस। यह** changes to **इस। वे** changes to **उन। ये** changes to **इन।**

		I, we, us	You	He, she, him, her, that they, them, those	It, these
1st., 2nd., 3rd. Person →		मैं, हम	आप	वह, वे	यह, ये
with suffix ने	singular→	मैंने	आपने	उसने	इसने
1N◦ (Perfect, transitive)	plural→	हमने	आपने	उन्हों ने	इन्हों ने
2 A◦ to को	singular→	मुझको, मुझे	आपको	उसको, उसे	इसको, इसे
to	plural→	हमको, हमें	आपको	उनको, उन्हें	इनको, इन्हें
3 I◦ with, by से	singular→	मुझसे	आपसे	उससे	इससे
	plural→	हमसे	आपसे	उनसे	इनसे
4 D◦ for के लिये	singular→	मेरे लिये	आपके लिये	उसके लिये	इसके लिये
	plural→	हमारे लिये	आपके लिये	उनके लिये	इनके लिये
5 A◦ from से	singular→	मुझसे, मेरेसे	आपसे	उससे	इससे
	plural→	हमसे	आपसे	उनसे	इनसे
6 P◦ of का, रा –	singular→	मेरा–मेरी	आपका–की	उसका–की	इसका–की
	plural→	हमारा–री	आपका–की	उनका–की	इनका–की
7 L◦ in में	singular→	मुझमें	आपमें	उसमें	इसमें
	plural→	हममें	आपमें	उनमें	इनमें
in पर	singular→	मुझ पर	आप पर	उस पर	इस पर
	plural→	हम पर	आप पर	उन पर	इन पर

TABLE 24 : CHART FOR THE PRONOUNS

The English Chart (Hindī Chart is on the Previous Page)

REMEMBER : (i) I = *maĩ;* He, she, that = *vah;* It, this = *yah;* They, those = *ve;* These = *ye.*

(ii) When any suffix is attached to these pronouns : *maĩ* changes to ***muz; vah*** changes to ***us; yah*** changes to ***is; ve*** changes to ***un; ye*** changes to ***in.***

			I, we, us	You	He, she, him, her, that / they, them, those	It, these
1st., 2nd., 3rd. Person →			*maĩ, ham*	*āp*	*vah, ve*	*yah, ye*
with suffix	*ne*	singular→	*maĩ ne*	*āp ne*	*us ne*	*is ne*
1N◦ (Perfect, transitive)		plural→	*ham ne*	*āp ne*	*unhõ ne*	*inhõ ne*
2 A◦	to *ko*	singular→	*mujh ko, mujhe*	*āp ko*	*us ko, use*	*isko, ise*
		plural→	*hamẽ*	*āp ko*	*un ko, unhẽ*	*inko, inhẽ*
3 I◦	with, by *se*	singular→	*mujh se*	*āp se*	*us se*	*is se*
		plural→	*ham se*	*āp se*	*un se*	*in se*
4 D◦	for *ke liye*	singular→	*mere liye*	*āpke liye*	*us ke liye*	*is ke liye*
		plural→	*hamāre liye*	*āpke liye*	*un ke liye*	*in ke liye*
5 A◦	from *se*	singular→	*mujh se*	*āp se*	*us se*	*is se*
		plural→	*ham se*	*āp se*	*un se*	*in se*
6 P◦	of *kā, rā*	singular→	*merā-meri*	*āpkā-kī*	*uskā-kī*	*iskā-kī*
		plural→	*hamārā-rī*	*āpkā-kī*	*unkā-kī*	*inkā-kī*
7 L◦	in *mẽ*	singular→	*mujh mẽ*	*āp mẽ*	*us mẽ*	*un mẽ*
		plural→	*ham mẽ*	*āp mẽ*	*un mẽ*	*in mẽ*
	on, at *par*	singular→	*mujh par*	*āp par*	*us par*	*is par*
		plural→	*ham par*	*āp par*	*un par*	*in par*

USE OF PRONOUNS AND POSSESSIVE ADJECTIVES

Review of what we learned so far, the 'cumulative learning'

EXERCISE 35 : Translate the English sentences into Hindī (Answers are provided for help)

1ST PERSON : I, We

1. I, We (*maĩ, ham*) मैं, हम।

2. I am. (*maĩ hũ*) मैं हूँ।

3. We are friends. (*ham dost haĩ*) हम दोस्त हैं।

4. Give me one thing. (*mujhe ek chīj dījiye*) मुझे एक चीज दीजिये।

5. Tell us one thing. (*hamẽ ek bāt batāiye*) हमें एक बात बताइये।

6. It will not be done by me. (*yah mujh se nahĩ hogā*) यह मुझसे नहीं होगा।

7. It will be done by us. (*yah ham se hogā*) यह हमसे होगा।

8. This is for me. (*yah mere liye hai*) यह मेरे लिये है।

9. Bring water for us. (*hamāre liye pānī lāiye*) हमारे लिये पानी लाइये।

10. He took money from me. (*us ne mujh se paisā liyā*) उसने मुझसे पैसा लिया।

11. That is far from us. (*vah ham se dūr hai*) वह हमसे दूर है।

12. He is my brother. (*vah merā bhāī hai*) वह मेरा भाई है।

13. Our books. (*hamārī kitābẽ*) हमारी किताबें।

14. Please belive in me (Hindi = on me). (*mujh par bharosā kījiye*) मुझ पर भरोसा कीजिये।

15. He depends on us. (*vah ham par nirbhar hai*) वह हम पर निर्भर है।

16. My dog. (*merā kuttā*) मेरा कुत्ता।

17. My dogs. (*mere kutte*) मेरे कुत्ते।

18. Our dog. (*hamārā kuttā*) हमारा कुत्ता।

19. Our dogs. (*hamāre kutte*) हमारे कुत्ते।

20. My car. (*merī gāḍī*) मेरी गाड़ी।

21. My cars. (*merī gāḍiyā̃*) मेरी गाड़ियाँ।

22. Our car. (*hamārī gāḍī*) हमारी गाड़ी।

23. Our cars. (*hamārī gāḍiyā̃*) हमारी गाड़ियाँ।

2ND PERSON : You

1. You, *āp* आप।
2. You are. *(āp hai͂)* आप हैं।
3. You are friends. *(āp dost hai͂)* आप दोस्त हैं।
4. I will give you one thing. *(mai͂ āp ko ek chīj dū͂gā-dū͂gī)* मैं आपको एक चीज दूँगा/दूँगी।
5. I will tell you (all) one thing. *(mai͂ āp ko ek bāt batāū͂gā-batāū͂gī)* मैं आपको (आप लोगों को) एक बात बताऊँगा/बताऊँगी।
6. It will not be done by you. *(yah āp se nahī͂ hogā)* यह आपसे नहीं होगा।
7. It will be done by you all. *(yah āp logo͂ se hogā)* यह आप लोगों से होगा।
8. This is for you. *(yah āp ke liye hai)* यह आपके लिये है।
9. I will bring water for you all. *(mai͂ āp logo͂ ke liye pānī lāū͂gā-lāū͂gī)* मैं आप लोगों के लिये पानी लाऊँगा/लाऊँगी।
10. He took money from you. *(us ne āp se paise liye)* उसने आपसे पैसे लिये (पैसा लिया।
11. That is far from you all. *(vah āp logo͂ se dūr hai)* वह आप लोगों से दूर है।
12. He is your brother. *(vah āp kā bhāī hai)* वह आपका भाई है।
13. Your books. *(āp kī kitābe͂)* आपकी किताबें।
14. I believe in you. *(mai͂ āp par bharosā kartā hū͂)* मैं आप पर भरोसा करता हूँ।
15. He depends on you. *(vah āp par nirbhar hai)* वह आप पर निर्भर है।
16. Your dog. *(āp kā kuttā)* आपका कुत्ता।
17. Your dogs. *(āp ke kutte)* आपके कुत्ते।
18. Your car. *(āp kī gāḍī)* आपकी गाड़ी।
19. Your cars. *(āp kī gāḍiyā͂)* आपकी गड़ियाँ।

3RD PERSON : He, she, it, they, these, those

1. He, she, it, they, these *vah, vah, yah, ve, ye.* वह, वह, यह, वे, ये।
2. He-she is. *(vah hai)* वह है। Those are friends. *(ve dost hai͂)* वे दोस्त हैं।
3. They are friends. *(ve dost hai͂)* वे दोस्त हैं। These are friends. *(ye dost hai͂)* ये दोस्त हैं।
4. Give him-her one thing. *(us ko ek chij dījiye)* उसको एक चीज दीजिये।
5. Tell them one thing. *(un ko ek bāt batāiye)* उनको/उन्हें एक बात बताइये।
6. It will not be done by him-her. *(yah us se nahī͂ hogā)* यह उससे नहीं होगा।

7. It will be done by them. *(yah un se hogā)* यह उनसे होगा।

8. This is for her-him. *(yah us ke liye hai)* यह उसके लिये है।

9. Bring water for them. *(un ke liye pānī lāiye)* उनके लिये पानी लाइये।

10. He took it from him-her. (us ne us se liyā) उसने उससे लिया।

11. That is far from them. *(vah un se dūr hai)* वह उनसे दूर है।

12. He is his-her brother. *(vah us kā bhāī hai)* वह उसका भाई है।

13. Their books. *(un kī kitābeँ)* उनकी किताबें।

14. Belive in him-her. *(us par bharosā kījiye)* उस पर भरोसा कीजिये।

15. He depends on them. *(vah un par bharosā kartā hai)* वह उन पर भरोसा करता है।

16. His dog. *(us kā kuttā)* उसका कुत्ता।

17. His dogs. *(us ke kutte)* उसके कुत्ते।

18. Her dog. *(us kā kuttā)* उसका कुत्ता।

19. Her dogs. *(us ke kutte)* उसके कुत्ते।

20. Their dog. *(un kā kuttā)* उनका कुत्ता।

21. Their dogs. *(un ke kutte)* उनके कुत्ते।

22. His car. *(us kī gāḍī)* उसकी गाड़ी।

23. Her car. *(us kī gāḍī)* उसकी गाड़ी।

24. His cars. *(us kī gāḍiyāँ)* उसकी गाड़ियाँ।

25. Her cars. *(us kī gāḍiyāँ)* उसकी गाड़ियाँ।

26. Their car. *(un kī gāḍī)* उनकी गाड़ी।

27. Their cars. *(un kī gāḍiyāँ)* उनकी गाड़ियाँ।

28. My house *(merā ghar)* मेरा घर। My houses *(mere ghar)* मेरे घर। My book *(merī kitāb)* मेरी किताब। My books *(merī kitābeँ)* मेरी किताबें। My dog *(merā kuttā)* मेरा कुत्ता। My dogs *(mere kutte)* मेरे कुत्ते। My car *(merī gāḍī)* मेरी गाड़ी। My cars *(merī gāḍiyāँ)* मेरी गाड़ियाँ।

29. Our house *(hamārā ghar)* हमारा घर। Our houses *(hamāre ghar)* हमारे घर। Our book *(hamārī kitāb)* हमारी किताब। Our books *(hamārī kitābeँ)* हमारी किताबें। Our dog *(hamārā kuttā)* हमारा कुत्ता। Our dogs *(hamāre kutte)* हमारे कुत्ते। Our car *(hamārī gāḍī)* हमारी गाड़ी। Our cars *(hamārī gāḍiyāँ)* हमारी गाड़ियाँ। These houses *(ye ghar)* ये घर। Those houses *(ve ghar)* वे घर।

30. Your house *(āp kā ghar)* आपका घर। Your houses *(āp ke ghar)* आपके घर। Your book *(āp kī kitāb)* आपकी किताब। Your books *(āp kī kitābeँ)* आपकी किताबें। Your dog *(āp kā kuttā)* आपका कुत्ता। Your dogs *(āp ke kutte)* आपके कुत्ते। Your car *(āp kī gāḍī)* आपकी गाड़ी। Your cars *(āp kī gāḍiyāँ)* आपकी गाड़ियाँ। Your cat (f◦) *(āp kī billī)* आपकी बिल्ली।

31. His-her house *(us kā ghar)* उसका घर। His-her houses *(us ke ghar)* उसके घर। His-her book *(us kī kitāb)* उसकी किताब। His-her books *(us kī kitābe̐)* उसकी किताबें। His-her dog *(us kā kuttā)* उसका कुत्ता। His-her dogs *(us ke kutte)* उसके कुत्ते। His-her car *(us kī gāḍī)* उसकी गाड़ी। His-her cars *(us kī gāḍiyā̐)* उसकी गाड़ियाँ। This car *yah gāḍī* यह गाड़ी। These cars *ye gāḍiyā̐* ये गाड़ियाँ।

32. Their house *(un kā ghar)* उनका घर। Their houses *(un ke ghar)* उनका घर। Their book *(un kī kitāb)* उनकी किताब। Their books *(un kī kitābe̐)* उनकी किताबें। Their dog *(un kā kuttā)* उनका कुत्ता। Their dogs *(un ke kutte)* उनके कुत्ते। Their car *(un kī gāḍī)* उनकी गाड़ी। Their cars *(un kī gāḍiyā̐)* उनकी गाड़ियाँ। This book *(yah kitāb)* यह किताब। That book *(vah kitāb)* वह किताब।

33. My book *(merī kitāb)* मेरी किताब। My books *(merī kitābe̐)* मेरी किताबें। Your book *(āp kī kitab)* आपकी किताब। Your books *(āp kī kitābe̐)* आपकी किताबें। His book *(us kī kitāb)* उसकी किताब। His books *(us kī kitābe̐)* उसकी किताबें। Her book *(us kī kitāb)* उसकी किताब। Her books *(us kī kitābe̐)* उसकी किताबें। Their book *(un kī kitāb)* उनकी किताब। Their books *(un kī kitābe̐)* उनकी किताबें। These books *(ye kitābe̐)* ये किताबें। Those books *(ve kitābe̐)* वे किताबें।

NEW EXPRESSIONS TO LEARN :

(1) Across = *us pār* (उस पार)
(2) After = *bād me̐* (बाद में)
(3) Again = *fir, punaḥ* (फिर, पुनः)
(4) Again and again = *bārambār* (बारंबार)
(5) Although = *yadyapi* (यद्यपि)
(6) If = *yadi* (यदि)
(7) Then = *fir, bād me̐* (फिर, बाद में)
(8) Before = *pahale* (पहले)
(9) Between = *bīch me̐* (बीच में)
(10) Beyond = *us pār* (उस पार)
(11) There = *vahā̐* (वहाँ)
(12) Here = *yahā̐* (यहाँ)
(13) On this side = *idhar* (इधर)
(14) On that side = *udhar* (उधर)
(15) Where? = *kahā̐?* (कहाँ?)
(16) On which side? = *kidhar?* (किधर?)
(17) Where = *jahā̐* (जहाँ)
(18) On which side = *jidhar* (जिधर)
(19) Near = *pās, ke pās* (पास, के पास)
(20) With = *sāth, ke sāth* (साथ, के साथ)
(21) For = *ke liye* (के लिये)
(22) Inside = *andar, bhītar* (अंदर, भीतर),
(23) Out side = *bāhar* (बाहर)
(24) On, Over = *ūpar, par* (ऊपर, पर)

TABLE 25 : SIMILARITY BETWEEN VARIOUS PRONOUNS

He	*vah*	वह
She	*vah*	वह
That	*vah*	वह
This	*yah*	यह
This	*yah*	यह
That	*vah*	वह
Who?	*kaun*	कौन?
Who	*jo*	जो
Here	*yahā̐*	यहाँ
There	*vahā̐*	वहाँ
Where?	*kahā̐*	कहाँ?
Where	*jahā̐*	जहाँ
On this side	*idhar*	इधर
On that side	*udhar*	उधर
On which side?	*kidhar*	किधर?
On which side	*jidhar*	जिधर
Now	*ab*	अब
Then	*tab*	तब
When?	*kab*	कब?
When	*jab*	जब
Like this	*aisā*	ऐसा
Like that	*vaisā*	वैसा
Like what, how?	*kaisā*	कैसा?
Like which, as	*jaisā*	जैसा
Like this	*is tarah*	इस तरह
Like that	*us tarah*	उस तरह
Like what?	*kis tarah*	किस तरह?
Like which	*jis tarah*	जिस तरह
Like these	*aise*	ऐसे
Like those	*vaise*	वैसे
Like what, how?	*kaise*	कैसे?
Like which	*jaise*	जैसे
This much	*itnā*	इतना
That much	*utanā*	उतना
How much?	*kitnā*	कितना
As much	*jitnā*	जितना
This much (f◦)	*itnī*	इतनी
That much	*utnī*	उतनी
How much?	*kitnī*	कितनी
As much	*jitnī*	जितनी
These many	*itne*	इतने
That many	*utne*	उतने
How many?	*kitne*	कितने?
As many	*jitne*	जितने

This person (did)	*is ne*	इसने
He, she (did)	*us ne*	उसने
Who (did ?)	*kis ne*	किसने
Who (did)	*jis ne*	जिसने
To this	*is ko*	इसको
To that	*us ko*	उसको
To him	*us ko*	उसको
To her	*us ko*	उसको
To these	*in ko*	इनको
To those	*un ko*	उनको
To them	*un ko*	उनको
To whom?	*kis ko*	किसको
With this	*is se*	इससे
With that	*us se*	उससे
With what?	*kis se*	किससे?
With which	*jis se*	जिससे
For this	*is liye*	इस लिये
For that	*us liye*	उस लिये
For what?	*kis liye*	किस लिये?
For which	*jis liye*	जिस लिये
From this	*is se*	इससे
From that	*us se*	उससे
From what?	*kis se*	किससे
From which	*jis se*	जिससे

Of this	*is kā*	इसका
Of that	*us kā*	उसका
Of what?	*kis kā*	किसका?
Of which	*jis kā*	जिसका
Of this	*is kī*	इसकी
Of that	*us kī*	उसकी
Of what?	*kis kī*	किसकी?
Of which	*jis kī*	जिसकी
Of this	*is ke*	इसके
Of that	*us ke*	उसके
Of what?	*kis ke*	किसके?
Of which	*jis ke*	जिसके
In this	*is me̐*	इसमें
In that	*us me̐*	उसमें
In what?	*kis me̐*	किसमें?
In which	*jis me̐*	जिसमें
On this	*is par*	इस पर
On that	*us par*	उस पर
On what?	*kis par*	किस पर
On which	*jis par*	जिस पर
Why?	*kyo̐*	क्यों?
so	*yo̐*	यों
thus	*tyo̐*	त्यों
as	*jyo̐*	ज्यों

TABLE 26 : RATNAKAR'S CHART OF VERB APPLICATIONS

Say = verb stem *kah* कह. to say = *kahnā* कहना). Only the verb stems are used in tenses.

Verb stem	say	*(kah)*	कह
Verbal noun (infinitive)	to say	*(kahanā)*	कहना
He does	He says	*(vah kahatā hai)*	वह कहता है
She does	She says	*(vah kahatī hai)*	वह कहती है
They do	They say	*(ve kahate haĩ)*	वे कहते हैं
I did (m∘ object)	I said a verse	*(maĩ ne shlok kahā)*	मैंने श्लोक कहा
(m∘ pl∘ object)	I said verses	*(maĩ ne shloks kahe)*	मैंने श्लोक कहे
(f∘ object)	I said a poem	*(maĩ ne kavitā kahī)*	मैंने कविता कही
(f∘ pl∘ object)	I said poems	*(maĩ ne kavitāẽ kahī̃)*	मैंने कविताएँ कहीं
I will (m∘ subject)	I will say	*(maĩ kahū̃gā)*	मैं कहूँगा
I will (f∘ subject)	I will say	*(maĩ kahū̃gī)*	मैं कहूँगी
He will	He will say	*(vah kahegā)*	वह कहेगा
She will	She will say	*(vah kahegī)*	वह कहेगी
They will (m∘)	They will say	*(ve kahenge)*	वे कहेंगे
(f∘ subject)	They will say	*(ve kahengī)*	वे कहेंगी
Perfect (m∘ subject)	He has already said	*(vah kaha chukā hai)*	वह कह चुका है
Perfect (f∘ subject)	She has already said	*(vah kah chukī hai)*	वह कह चुकी है
Participle	Having said I came	*(maĩ kah kar āyā)*	मैं कहकर आया
Gerund	While saying	*(kahate hue)*	कहते हुए
Adjective, doer (m∘)	He is a speaker	*(vah kahane wālā hai)*	वह कहनेवाला है
Adjective, doer (f∘)	She is a speaker	*(vah kahane wālī hai)*	वह कहनेवाली है
for	FOR saying,	*(kahane ke liye)*	कहने के लिये
in	IN saying	*(kahane mẽ)*	कहने में
Interrogative	May I say?	*(kyā maĩ kahū̃?)*	क्या मैं कहूँ?
Imperative (respect)	Please say!	*(kṛpayā kahiye!)*	कहिए! कृपया कहिए!
(Imperative *tū-tum*)	Say!	*(kah! kaho!)*	कह! कहो!

15.3 VERB APPLICATIONS
What we have learned so far, the cumulative learning

e.g. verb stem *gir* (गिर) - fall, verb stem *likh* (लिख) - write

(A) <u>INTRANSITIVE</u> verb, to fall = *gir* गिर, verbal noun = falling *(giranā)* गिरना।

(B) <u>TRANSITIVE</u> verb, to write = *likh* लिख, verbal noun = writing *(likhnā)* लिखना।

(1) **SIMPLE PRESENT** ACTIONS : (all Even Numbered sentences are Transitive)

1. I fall, I do fall (m∘ and f∘ subject). (m∘ *maĩ girtā hũ̄*, f∘ *maĩ girtī hũ̄*) m∘ मैं गिरता हूँ, f∘ मैं गिरती हूँ।
2. I write, I do write (m∘ and f∘ subject). *(maĩ likhtā hũ̄, maĩ likhtī hũ̄)* मैं लिखता हूँ, मैं लिखती हूँ।
3. We fall (m∘ and f∘ subject). *(ham girte haĩ, ham girtī̃ haĩ)* हम गिरते हैं, हम गिरतीं हैं।
4. We write (m∘ and f∘ subject). *(ham likhte haĩ, ham likhtī̃ haĩ)* हम लिखते हैं, हम लिखतीं हैं।
5. You fall (m∘ and f∘ subject). *(āp girte haĩ, āp girtī̃ haĩ)* आप गिरते हैं, आप गिरतीं हैं।
6. You write (m∘ and f∘ subject). *(āp likhte haĩ, āp likhtī̃ haĩ)* आप लिखते हैं, आप लिखतीं हैं।
7. He falls. *(vah girtā hai)* वह गिरता है। 8. He writes. *(vah likhtā hai)* वह लिखता है।
9. She falls. *(vah girtī hai)* वह गिरती है। 10. She writes. *(vah likhtī hai)* वह लिखती है।
11. They fall (m∘ and f∘ subject). *(ve girte haĩ, ve girtī̃ haĩ)* वे गिरते हैं, वे गिरतीं हैं।
12. They write (m∘ and f∘ subject). *(ve likhte haĩ, ve likhtī̃ haĩ)* वे लिखते हैं, वे लिखतीं हैं।

(2) **PRESENT CONTINUOUS** ACTIONS : (all Even Numbered sentences are Transitive)

1. I am falling (m∘ and f∘). *(maĩ gir rahā hũ̄, maĩ gir rahī hũ̄)* मैं गिर रहा हूँ, मैं गिर रही हूँ।
2. I am writing (m∘ and f∘). *(maĩ likh rahā hũ̄, maĩ likh rahī hũ̄)* मैं लिख रहा हूँ, मैं लिख रही हूँ।
3. We are falling (m∘ and f∘). *(ham gir rahe haĩ, ham gir rahī̃ haĩ)* हम गिर रहे हैं, हम गिर रहीं हैं।
4. We are writing (m∘ f∘). *(ham likh rahe haĩ, ham likh rahī̃ haĩ)* हम लिख रहे हैं, हम लिख रहीं हैं।
5. You are falling (m∘ f∘). *(āp gir rahe haĩ, āp gir rahī̃ haĩ)* आप गिर रहे हैं, आप गिर रहीं हैं।
6. You are writing (m∘ f∘). *(āp likh rahe haĩ, āp likh rahī̃ haĩ)* आप लिख रहे हैं, आप लिख रहीं हैं।
7. He is falling. *(vah gir rahā hai)* वह गिर रहा है।
8. He is writing. *(vah likh rahā hai)* वह लिख रहा है।
9. She is falling. *(vah gir rahī hai)* वह गिर रही है।
10. She is writing. *(vah likh rahī hai)* वह लिख रही है।

11. They are falling (m◦ f◦). (*ve gir rahe haĩ, ve gir rahī̃ haĩ*) वे गिर रहे हैं, वे गिर रहीं हैं।

12. They are writing (m◦ f◦). *(ve likh rahe haĩ, ve likh rahī̃ haĩ*) वे लिख रहे हैं, वे लिख रहीं हैं।

(3) <u>PRESENT PERFECT</u> ACTIONS : (all Even Numbered sentences are Transitive)

1. I have fallen (m◦ f◦). *(maĩ girā hũ, maĩ girī hũ)* मैं गिरा हूँ, मैं गिरी हूँ।

2. I have written (m◦ f◦). *(maĩ ne likhā hai, maĩ ne likhe haĩ, maĩ ne likhī hai, maĩ ne likhī̃ haĩ)* मैंने लिखा है, मैंने लिखे हैं, मैंने लिखी है, मैंने लिखीं हैं।

3. We have fallen (m◦ f◦). *(ham gire haĩ, ham girī̃ haĩ)* हम गिरे हैं, हम गिरीं हैं।

4. We have written (m◦ f◦). *(ham ne likhā hai, ham ne likhe haĩ, ham ne likhī hai, ham ne likhī̃ haĩ)* हमने लिखा हैं, हमने लिखे हैं, हमने लिखी है, हमने लिखीं हैं।

5. You have fallen (m◦ f◦). *(āp gire haĩ, āp girī̃ haĩ)* आप गिरे हैं, आप गिरीं हैं।

6. You have written (m◦ f◦). *(āp ne likhā hai, āp ne likhe hai, āp ne likhī hai, āp ne likhī̃ haĩ)* आपने लिखा हैं, आपने लिखे है, आपने लिखी है, आपने लिखीं हैं।

7. He has fallen. *(vah girā hai),* वह गिरा है।

8. He has written. *(us ne likhā hai, us ne likhe hai, us ne likhī hai, us ne likhī̃ haĩ)* उसने लिखा है, उसने लिखे हैं, उसने लिखी है, उसने लिखीं हैं।

9. She has fallen. *(vah girī hai)* वह गिरी है।

10. She has written. *(us ne likhā hai, us ne likhe hai, us ne likhī hai, us ne likhī̃ haĩ)* उसने लिखा है, उसने लिखे हैं, उसने लिखी है, उसने लिखीं हैं।

11. They have fallen (m◦ f◦). *(ve gire haĩ, ve girī̃ haĩ)* वे गिरे हैं, वे गिरीं हैं।

12. They have written (m◦ f◦). *(unhõ ne likhā hai, unhõ ne likhe hai, unhõ ne likhī hai, unhõ ne likhī̃ haĩ)* उन्होंने लिखा है, उन्होंने लिखे हैं, उन्होंने लिखी है, उन्होंने लिखीं हैं।

(4) SIMPLE PAST or <u>PAST INDEFINITE PERFECT</u> ACTIONS : (all Even ones are Transitive)

1. I fell, I did fall (m◦ f◦). *(maĩ girā, maĩ girī)* मैं गिरा, मैं गिरी।

2. I wrote, I did write (m◦ f◦). *(maĩ ne likhā, maĩ ne likhe, maĩ ne likhī, maĩ ne likhī̃)* मैंने लिखा, मैंने लिखे, मैंने लिखी, मैंने लिखीं।

3. We fell (m◦ f◦). *(ham gire, ham girī̃)* हम गिरे, हम गिरीं।

4. We wrote (m◦ f◦). *(ham ne likhā, ham ne likhe, ham ne likhī, ham ne likhī̃)* हमने लिखा, हमने लिखे, हमने लिखी, हमने लिखीं।

5. You fell (m॰ f॰). *(āp gire, āp girī̃)* आप गिरे, आप गिरीं।

6. You wrote (m॰ f॰). *(āp ne likhā, āp ne likhe, āp ne likhī, āp ne likhī̃)* आप ने लिखा, आपने लिखे, आपने लिखी, आपने लिखीं।

7. He fell. *(vah girā)* वह गिरा।

8. He wrote. *(us ne likhā, us ne likhe, us ne likhī, us ne likhī̃)* उसने लिखा, उसने लिखे, उसने लिखी, उसने लिखीं।

9. She fell. *(vah girī)* वह गिरी।

10. She wrote. *(us ne likhā, us ne likhe, us ne likhī, us ne likhī̃)* उसने लिखा, उसने लिखे, उसने लिखी, उसने लिखीं।

11. They fell (m॰ f॰). *(ve gire, ve girī̃)* वे गिरे, वे गिरीं।

12. They wrote (m॰ f॰). *(unhõ ne likhā, unhõ ne likhe, unhõ ne likhī, unhõ ne likhī̃)* उन्होंने लिखा, उन्होंने लिखे, उन्होंने लिखी, उन्होंने लिखीं।

(5) **PAST CONTINUOUS** ACTIONS : (all Even Numbered sentences are Transitive)

1. I was falling (m॰ f॰). *(maĩ gir rahā thā, maĩ gir rahī thī)* मैं गिर रहा था, मैं गिर रही थी।

2. I was writing (m॰ f॰). *(maĩ likh rahā thā, maĩ likh rahī thī)* मैं लिख रहा था, मैं लिख रही थी।

3. We were falling (m॰ f॰). *(ham gir rahe the, ham gir rahī̃ thī̃)* हम गिर रहे थे, हम गिर रहीं थीं।

4. We were writing (m॰ f॰). *(ham likh rahe the, ham likh rahī̃ thī̃)* हम लिख रहे थे, हम लिख रहीं थीं।

5. You were falling (m॰ f॰). *(āp gir rahe the, āp gir rahī̃ thī̃)* आप गिर रहे थे, आप गिर रहीं थीं।

6. You were writing (m॰ f॰). *(āp likh rahe the, āp likh rahī̃ thī̃)* आप लिख रहे थे, आप लिख रहीं थीं।

7. He was falling. *(vah gir rahā thā)* वह गिर रहा था।

8. He was writing. *(vah likh rahā thā)* वह लिख रहा था।

9. She was falling. *(vah gir rahī thī)* वह गिर रही थी।

10. She was writing. *(vah likh rahī thī)* वह लिख रही थी।

11. They were falling (m॰ f॰). *(ve gir rahe the, ve gir rahī̃ thī̃)* वे गिर रहे थे, वे गिर रहीं थीं।

12. They were writing (m॰ f॰). *(ve likh rahe the, ve likh rahī̃ thī̃)* वे लिख रहे थे, वे लिख रहीं थीं।

(6) PAST PERFECT ACTIONS : (all Even Numbered sentences are Transitive)

1. I had fallen (m॰ f॰). *(maĩ girā thā, maĩ girī thī)* मैं गिरा था, मैं गिरी थी।

2. I had written (m॰ f॰). *(maĩ ne likhā thā, maĩ ne likhe the, maĩ ne likhī thī, maĩ ne likhī̃ thī̃)* मैंने

लिखा था, मैंने लिखे थे, मैंने लिखी थी, मैंने लिखीं थीं।

3. We had fallen (m◦ f◦). *(ham gire the, ham girī̐ thī̐)* हम गिरे थे, हम गिरीं थीं।

4. We had written (m◦ f◦). *(ham ne likhā thā, ham ne likhe the, ham ne likhī thī, ham ne likhī̐ thī̐)* हमने लिखा था, हमने लिखे थे, हमने लिखी थी, हमने लिखीं थीं।

5. You had fallen (m◦ f◦). *(āp gire the, āp girī̐ thī̐)* आप गिरे थे, आप गिरीं थीं।

6. You had written (m◦ f◦). *(āp ne likhā thā, āp ne likhe the, āp ne likhī thī, āp ne likhī̐ thī̐)* आप ने लिखा था, आपने लिखे थे, आपने लिखी थी, आपने लिखीं थीं।

7. He had fallen. *(vah girā thā)* वह गिरा था।

8. He had written. *(us ne likhā thā, us ne likhe the, us ne likhī thī, us ne likhī̐ thī̐)* उसने लिखा था, उसने लिखे थे, उसने लिखी थी, उसने लिखीं थीं।

9. She had fallen. *(vah girī thī)* वह गिरी थी।

10. She had written. *(us ne likhā thā, us ne likhe the, us ne likhī thī, us ne likhī̐ thī̐)* उसने लिखा था, उसने लिखे थे, उसने लिखी थी, उसने लिखीं थीं।

11. They had fallen (m◦ f◦). *(ve gire the, ve girī̐ thī̐)* वे गिरे थे, वे गिरीं थीं।

12. They had written (m◦ f◦). *(unho̐ ne likhā thā, unho̐ ne likhe the, unho̐ ne likhī thī, unho̐ ne likhī̐ thī̐)* उन्होंने लिखा था, उन्होंने लिखे थे, उन्होंने लिखी थी, उन्होंने लिखीं थीं।

(7) <u>SIMPLE FUTURE</u> ACTIONS : (all Even Numbered sentences are Transitive)

1. I will fall (m◦ f◦). *(maĩ girūngā, maĩ girū̐ngī)* मैं गिरूँगा, मैं गिरूँगी।

2. I will write (m◦ f◦). *(maĩ likhūngā, maĩ likhū̐ngī)* मैं लिखूँगा, मैं लिखूँगी।

3. We will fall (m◦ f◦). *(ham gireṅge, ham gireṅgī)* हम गिरेंगे, हम गिरेंगी।

4. We will write (m◦ f◦). *(ham likheṅge, ham likheṅgī)* हम लिखेंगे, हम लिखेंगी।

5. You will fall (m◦ f◦). *(āp gireṅge, āp gireṅgī)* आप गिरेंगे, आप गिरेंगी।

6. You will write (m◦ f◦). *(āp likheṅge, āp likheṅgī)* आप लिखेंगे, आप लिखेंगी।

7. He will fall. *(vah giregā)* वह गिरेगा।

8. He will write. *(vah likhegā)* वह लिखेगा।

9. She will fall. *(vah giregī)* वह गिरेगी।

10. She will write. *(vah likhegī)* वह लिखेगी।

11. They will fall (m◦ f◦). *(ve gireṅge, ve gireṅgī)* वे गिरेंगे, वे गिरेंगी।

12. They will write (m◦ f◦). *(ve likheṅge, ve likheṅgī)* वे लिखेंगे, वे लिखेंगी।

(8) <u>**POTENTIAL**</u> MOOD (may, should) : (all Even Numbered sentences are Transitive)

1. I may fall (m◦ f◦). *(maĩ girū̃, maĩ shāyad girū̃)* मैं गिरूँ। मैं शायद गिरूँ।

2. I may write (m◦ f◦). *(maĩ likhū̃)* मैं लिखूँ।

3. We may fall (m◦ f◦). *(ham girẽ)* हम गिरें।

4. We may write (m◦ f◦). *(ham likhẽ)* हम लिखें।

5. You may fall (m◦ f◦). *(āp girẽ)* आप गिरें।

6. You may write (m◦ f◦). *(āp likhẽ)* आप लिखें।

7. He may fall. *(vah gire)* वह गिरे।

8. He may write. *(vah likhe)* वह लिखे।

9. She may fall. *(vah gire)* वह गिरे।

10. She may write. *(vah likhe)* वह लिखे।

11. They may fall (m◦ f◦). *(ve girẽ)* वे गिरें।

12. They may write (m◦ f◦). *(ve likhẽ)* वे लिखें।

(9) <u>**INTERROGATIVE**</u> MOOD

1. May I fall (m◦ f◦)? *(kyā maĩ girū̃? maĩ girū̃ kyā?)* क्या मैं गिरूँ? मैं गिरूँ क्या?

2. May I write (m◦ f◦)? *(kyā maĩ likhū̃?)* क्या मैं लिखूँ? मैं लिखूँ क्या ?

3. May we fall (m◦ f◦)? *(kyā ham gireṅ?)* क्या हम गिरें?

4. May we write (m◦ f◦)? *(kyā ham likheṅ?)* क्या हम लिखें?

5. May he fall? *(kyā vah gire?)* क्या वह गिरे?

6. May he write? *(kyā vah likhe?)* क्या वह लिखे?

7. May she fall? *(kyā vah gire?)* क्या वह गिरे?

8. May she write? *(kyā vah likhe?)* क्या वह लिखे?

9. May they fall (m◦ f◦)? *(kyā ve gireṅ?)* क्या वे गिरें?

10. May they write (m◦ f◦)? *(kyā ve likheṅ?)* क्या वे लिखें? वे लिखें क्या?

(10) <u>**CAUSATIVE**</u> PRESENT ACTIONS : (all Even Numbered sentences are Transitive)

(to fall = *gir;* to cause to fall = to write *likh;* to cause to write = *likhā*)

1. I have caused to fall = I have dropped (m◦ and f◦ <u>object-objects</u>). *(maĩ ne girāy hai, maĩ ne girāye haĩ, maĩ ne girāyī hai, maĩ ne girāyī̃ haĩ)* मैंने गिराया है, मैंने गिराये हैं, मैंने गिरायी है, मैंने गिरायीं हैं।

2. I have caused to write (m◦ and f◦ <u>object-objects</u>). *(maĩ ne likhāyā hai, maĩ ne likhāye haĩ, maĩ ne likhāyī̃ haĩ, maĩ ne likhāyī̃ haĩ)* मैंने लिखाया है, मैंने लिखाए हैं, मैंने लिखाई है, मैंने लिखाईं हैं।

3. We have caused to fall (m◦ and f◦ <u>object-objects</u>). *(ham ne girāyā hai, ham ne girāye haĩ, ham ne girāyī hai, ham ne girāyī̃ haĩ)* हमने गिराया है, हमने गिराये हैं, हमने गिरायी है, हमने गिरायीं हैं।

4. We have caused to write (m◦ and f◦ <u>object-objects</u>). *(ham ne likhāyā hai, ham ne likhāye haĩ,* *ham ne likhāyī hai, ham ne likhāyī̃ haĩ)* हमने लिखाया है, हमने लिखाए हैं, हमने लिखाई है, हमने लिखाईं हैं।

5. You have caused to fall (m◦ and f◦ object-objects). *(āp ne girāyā hai, āp ne girāye haĩ, āp ne girāyī hai, āp ne likhāyī̃ haĩ)* आपने गिराया है, आपने गिराये हैं, आपने गिरायी है, आपने गिरायीं हैं।

6. You have caused to write (m◦ and f◦ object-objects). *(āp ne likhāyā hai, āp ne likhāye haĩ, āp ne likhāyī hai, āp ne likhāyī̃ haĩ.* आपने लिखाया है, आपने लिखाए हैं, आपने लिखाई है, आपने लिखाईं हैं।

7. He has caused to fall (m◦ and f◦ object-objects). *(us ne girāyā hai, us ne girāye haĩ, us ne girāyī hai, us ne girāyī̃ haĩ)* उसने गिराया है, उसने गिराये हैं, उसने गिरायी है, उसने गिरायीं हैं।

8. He has caused to write (m◦ and f◦ object-objects). *(us ne likhāyā hai, us ne likhāye haĩ, us ne likhāyī hai, us ne likhāī̃ haĩ)* उसने लिखाया है, उसने लिखाए हैं, उसने लिखाई है, उसने लिखाईं हैं।

9. She has caused to fall (m◦ and f◦ object-objects). *(us ne girāyā hai, us ne girāye haĩ, us ne girāyī hai, us ne girāyī̃ haĩ)* उसने गिराया है, उसने गिराये हैं, उसने गिरायी है, उसने गिरायीं हैं।

10. She has caused to write (m◦ and f◦ object-objects). *(us ne likhāyā hai, us ne likhāye haĩ, us ne likhāyī hai, us ne likhāyī̃ haĩ)* उसने लिखाया है, उसने लिखाए हैं, उसने लिखाई है, उसने लिखाईं हैं।

11. They have caused to fall (m◦ f◦ object-objects). *(unhõ ne girāyā hai, unhõ ne girāye haĩ, unhõ ne girāyī hai, unhõ ne girāyī̃ haĩ)* उन्हों ने गिराया है, उन्हों ने गिराये हैं, उन्हों ने गिरायी है, उन्हों ने गिरायीं हैं।

12. They have caused to write (m◦ and f◦ object-objects). *(unhõ ne likhāyā hai, unhõ ne likhāye haĩ, unhõ ne likhāyī hai, unhõ ne likhāyī̃ haĩ)* उन्हों ने लिखाया है, उन्हों ने लिखाए हैं, उन्हों ने लिखाई है, उन्हों ने लिखाईं हैं।

(11) **ASSERTIVE** PRESENT ACTIONS : (all Even Numbered sentences are Transitive)

1. I can fall (m◦ f◦ subject). *(maĩ gir sakatā hũ, maĩ gir sakatī hũ)* मैं गिर सकता हूँ, मैं गिर सकती हूँ।
2. I can write (m◦ f◦). *(maĩ likh sakatā hũ, maĩ likh sakatī hũ)* मैं लिख सकता हूँ, मैं लिख सकती हूँ।
3. We can fall (m◦ f◦). *(ham gir sakate haĩ, ham gir sakatī̃ haĩ)* हम गिर सकते हैं, हम गिर सकतीं हैं।
4. We can write (m◦ f◦). *(ham likh sakate haĩ, ham likh sakatī̃ haĩ)* हम लिख सकते हैं, हम लिख सकतीं हैं।
5. You can fall (m◦ f◦). *(āp gir sakate haĩ, āp gir sakatī̃ haĩ)* आप गिर सकते हैं, आप गिर सकतीं हैं।
6. You can write (m◦ f◦). *(āp likh sakate haĩ, āp likh sakatī̃ haĩ)* आप लिख सकते हैं, आप लिख सकतीं हैं।
7. He can fall. *(vah gir sakatā hai)* वह गिर सकता है।
8. He can write. *(vah likh sakatā hai)* वह लिख सकता है।
9. She can fall. *(vah gir sakatī hai)* वह गिर सकती है।
10. She can write subject. *(vah likh sakatī hai)* वह लिख सकती है।

11. They can fall (m◦ f◦). *(ve gir sakate haĩ, ve gir sakatī̃ haĩ)* वे गिर सकते हैं, वे गिर सकतीं हैं।

12. They can write (m◦ f◦). *(ve likh sakate haĩ, ve likh sakatī̃ haĩ)* वे लिख सकते हैं, वे लिख सकतीं हैं।

13. Someone can fall (m◦ f◦). *(koī gir sakatā hai, koī gir sakatī hai)* कोई गिर सकता है, कोई गिर सकती है।

14. Someone can write (m◦ f◦ subject). *(koī likh sakatā hai)* कोई लिख सकता है।

15. Anybody can fall (m◦ f◦ subject). *(koī bhī gir sakatā hai)* कोई भी गिर सकता है।

16. Anybody can write (m◦ f◦ subject). *(koī bhī likh sakatā hai)* कोई भी लिख सकता है।)

17. Anything can fall (m◦ f◦ subject). *(kuchh bhī gir sakatā hai, koī bhī chīj gir sakatī hai)* कुछ भी गिर सकता है, कोई भी चीज गिर सकती है।)

18. Nothing can fall (m◦ f◦). *(kuchh bhī nahī̃ gir sakatā)* कुछ भी नहीं गिर सकता।

(12) **DESIDERATIVE** MOOD (expressing a desire or wish to do)

1. I want to fall. *maĩ giranā chāhatā hū̃, maĩ giranā chāhatī hū̃.* मैं गिरना चाहता हूँ, मैं गिरना चाहती हूँ।

2. I want to write (m◦ f◦). *(maĩ likhnā chāhatā hū̃, maĩ likhnā chāhattī hū̃)* मैं लिखना चाहता हूँ, मैं लिखना चाहती हूँ।

3. We want to fall (m◦ f◦). *(ham giranā chāhate haĩ, ham giranā chāhatī̃ haĩ)* हम गिरना चाहते हैं, हम गिरना चाहतीं हैं।

4. We want to write (m◦ f◦). *(ham likhnā chāhate haĩ, ham likhnā chāhatī̃ haĩ)* हम लिखना चाहते हैं, हम लिखना चाहतीं हैं।

5. You want to fall (m◦ f◦). *(āp giranā chāhate haĩ, āp giranā chāhatī̃ haĩ)* आप गिरना चाहते हैं, आप गिरना चाहतीं हैं।

6. You want to write (m◦ f◦). *(āp likhnā chāhate haĩ, āp likhnā chāhatī̃ haĩ)* आप लिखना चाहते हैं, आप लिखना चाहतीं हैं।

7. He wants to fall. *(vah giranā chāhatā hai)* वह गिरना चाहता है।

8. He wants to write. *(vah likhnā chāhatā hai)* वह लिखना चाहता है।

9. She wants to fall. *(vah giranā chāhatī hai)* वह गिरना चाहती है।

10. She wants to write. *(vah likhnā chāhatī hai)* वह लिखना चाहती है।

11. They want to fall (m◦ f◦). *ve giranā chāhate-chāhatī̃ haĩ.* वे गिरना चाहते-चाहतीं हैं।

12. They want to write (m◦ f◦). *(ve likhnā chāhate haĩ, ve likhnā chāhatī̃ haĩ)* वे लिखना चाहते हैं, वे लिखना चाहतीं हैं। ... and so on.

EXERCISE 36 : **Identify and learn more about the following pictures and write a two lines in English-Hindi or in Hindi on each object.**

EXERCISE 37 : Read the following Sanskrit Verses (shlokas) and try to remember as many as possible :

भाषासु मुख्या मधुरा दिव्या गीर्वाणभारती ।
तस्माद्धि मधुरं काव्यं तस्मादपि सुभाषितम् ।। 1

Among all languages Sanskrit language is the best and sweetest language. Within that too even sweeter is the poetry and within that, the most sweet is a Subhāṣita.

पृथिव्यां त्रीणि रत्नानि जलमन्नं सुभाषितम् ।
मूढैः पाषाणखण्डेषु रत्नसंज्ञा विधीयते ।। 2

There are three jewels on the earth - water, food and *subhāṣita*; but the stones are jewels for the ignorant people.

काव्यशास्त्रविनोदेन कालो गच्छति धीमताम् ।
व्यसनेन तु मूर्खाणां निद्रया कलहेन वा ।। 3

Wise people spend their time with the amusement in the science of poetry; but the fools with devotion to addiction, slumber and fighting. प्रश्नः अस्ति- The qustion is :

कं पृच्छामः सुराः स्वर्गे निवसामो वयं भुवि ।
किं वा काव्यरसः स्वादु किं वा स्वादीयसी सुधा ।। 4

Whom shall we ask, if the necter of poetry or the *amṛta* is sweeter? The Gods (who drink the juice called *amṛta*) live in the heavens and we (who drink the nectar of poetry) live on the earth. उत्तरं स्यात्- The answer may be :

द्राक्षा म्लानमुखी जाता शर्करा च अश्मतां गता ।
सुभाषितस्य अग्रे सुधा भीता दिवं गता ।। 5

Sour with the sweetness of the *Subhāṣita,* the grapes have gone sour and wilted, the sugar became tasteless and froze and the *amṛta* got scared and ran away to the heavens.

कविः करोति काव्यानि रसं जानाति पण्डितः ।
तरुः सृजति पुष्पाणि वायुः वहति सौरभम् ।। 6

The poet makes poetry, and its sweetness is relished by the wise; (just as,) while the trees grow blossoms, the fragrance is carried away by the wind.

संसारवृक्षस्य द्वे फले हि अमृतोपमे ।
सुभाषितरसस्वादः संलापः सज्जनैः सह ।। 7

The tree of the worldly-life has two sweet fruits, the first is *subhāṣita* and the other is dialogue with the wise people.

LESSON 16

THE ADJECTIVES and ADVERBS

The word that describes, qualifies or adds something to a noun is an ADJECTIVE.

1. Good boy *(achchhā laḍkā)* अच्छा लड़का **2.** Good boys *(achchhe laḍke)* अच्छे लड़के

3. Good girl *(achchhī laḍkī)* अच्छी लड़की **4.** Good girls *(achchhī laḍkiyā̃)* अच्छी लड़कियाँ

The word that qualifies a verb or an adjective, is an ADVERB.

1. Eat slowly. *(dhīre khāiye)* धीरे खाइये। **2.** Walk fast. *(tej chaliye)* तेज चलिये।

3. Very good. *(bahut achchhā)* बहुत अच्छा। **4.** It is heavy. *(yah bhārī hai)* यह भारी है।

16.1 THE ADJECTIVES

RULE : In Hindī, the adjectives have same gender and number as the nouns they qualify.

	Singular	Plural
MASCULINE	*maĩ achchhā laḍkā hū̃*	*ham achchhe laḍke haĩ*
	āp achchhe laḍke haĩ	*āp achchhe laḍke haĩ*
	vah achchhā laḍkā hai	*ve achchhe laḍke haĩ*
FEMININE	*maĩ achchhī laḍkī hū̃*	*ham achchhī laḍkiyā̃ haĩ*
	āp achchhī laḍkī haĩ	*āp achchhī laḍkiyā̃ haĩ*
	vah achchhī laḍkī hai	*ve achchhī laḍkiyā̃ haĩ*
MASCULINE	मैं अच्छा लड़का हूँ।	हम अच्छे लड़के हैं।
	आप अच्छे लड़के हैं।	आप अच्छे लड़के हैं।
	वह अच्छा लड़का है।	वे अच्छे लड़के हैं।
FEMININE	मैं अच्छी लड़की हूँ।	हम अच्छी लड़कियाँ हैं।
	आप अच्छी लड़की हैं।	आप अच्छी लड़कियाँ हैं।
	वह अच्छी लड़की है।	वे अच्छी लड़कियाँ हैं।

EXERCISE 38 : Translate the English sentences into Hindī (Answers are given for help)

1. Rānī does good work. *(Rānī achchhā kām kartī hai)* रानी अच्छा काम करती है।

2. The oranges are sweet. *(santare mīṭhe haĩ)* संतरे मीठे हैं। (Sweet = m॰ *mīṭhā*)

3. We saw a yellow rose. *(ham ne pīlā gulāb dekhā)* हमने पीला गुलाब देखा। (Yellow = m∘ *pīlā*)

4. Eat with right hand. *(dāhine hāth se khāiye)* दाहिने हाथ से खाइये। (Right = m∘ *dāhinā*)

5. He has one Dollar/Rupee. *(us ke pāsa ek Dollar/ rupayā hai)* उसके पास एक डालर/रुपया है।

6. Sunīl is tall boy. *(Sunīl lambā laḍkā hai)* सुनील लंबा लड़का है। (Tall, long = m∘ *lambā*)

7. The clothes are wet. *(kapaḍe gīle haĩ)* कपड़े गीले हैं। (Wet = m∘ *gīlā*)

8. My shirt is blue. *(merī kamīj nīlī hai)* मेरी कमीज नीली है। (Blue = m∘ *nīlā*)

9. You are tired. *āp thake haĩ. (√thak)* आप थके हैं। (Tired = m∘ *thakā*)

10. Here the water is deep. *(yahā̃ pānī gaharā hai)* यहाँ पानी गहरा है। (deep = m∘ *gaharā*)

11. It is true. *(yah sach hai)* यह सच है। (True = *sach*)

12. The window is open. *(khiḍakī khulī hai -(√khul)* खिड़की खुली है। (Open = m∘ *khulā*)

13. This job is small. *(yah kām chhoṭā hai)* यह काम छोटा है। (Small = m∘ *choṭā*)

14. I brought fresh fruits. *(maĩ tāze fal lāyā)* मैं ताजे फल लाया। (Fresh = m∘ *tāzā*)

15. He took a longer route. *(us ne lambā rāstā liyā)* उसने लंबा रास्ता लिया। (long = m∘ *lambā*)

NEW ADJECTIVES TO LEARN

(1) Good *achchhā* (अच्छा)	(2) Bad *burā* (बुरा)	(3) Sweet *mīṭhā* (मीठा)
(4) Sour *khaṭṭā* (खट्टा)	(5) Hot *garam* (गरम)	(6) Cold *ṭhanḍā* (ठंडा)
(7) Heavy *bhārī* (भारी)	(8) Light *halakā* (हलका)	(9) Fat *moṭa* (मोटा)
(10) Thin *patalā* (पतला)	(11) Beautiful *sundar* (सुंदर)	(12) Dirty *gandā* (गंदा)
(13) Young *jawān* (जवान)	(14) Old *būḍhā* (बूढ़ा)	(15) Open *khulā* (खुला)
(16) Closed *band* (बंद)	(17) Smart *hoshiyār* (होशियार)	(18) Lazy *ālasī* (आलसी)
(19) Easy *āsān* (आसान)	(20) Hard *kaṭhin* (कठिन)	(21) Little *chhoṭā* (छोटा)
(22) More *jyādā* (ज्यादा)	(23) Large, big *baḍā* (बड़ा)	(24) Less *kam* (कम) (adv∘)
(25) True *sachchā* (सच्चा)	(26) Tall, long *lambā* (लंबा)	(27) False *jhūṭhā* (झूठा)
(28) All *sab* (सब)	(29) Happy *khush* (खुश)	(30) Sad *dukhī* (दुःखी)
(31) Hard *kaḍā* (कड़ा)	(32) Soft *komal* (कोमल)	(33) Wise *gyānī* (ज्ञानी)
(34) Poor *garīb* (गरीब)	(35) Foolish *mūrkha* (मूर्ख)	(36) Rich *amīr* (अमीर)
(37) Short *chhoṭā* (छोटा)	(38) Quick, *chañchal* (चंचल)	(39) Slow *mand* (मंद)
(40) Strong *balavān* (बलवान्)	(41) Weak *kamjor* (कमजोर)	(42) Dishonest *beīmān* (बेईमान)

NOTE : See next page for more adjectives.

All names of Numerals and Colours are adjectives.

For numerals, please see Lesson 7, *Introduction to Numerals.*

COLOURS : (m◦)

Red (*lāl*) लाल Green (*harā*) हरा Blue (*nīlā*) नीला Yellow (*pīlā*) पीला

Black (*kālā*) काला White (*safed*) सफेद Purple (*Jamunī*) जामुनी Orange (*nārangī*) नारंगी

Dark (*gaḍhā*) गाढ़ा Light (*phīkā*) फीका

EXERCISE 39 : Translate the English sentences into Hindī (Answers are given for help)

(1) Two red flowers. *(do lāl phūl)* दो लाल फूल।

(2) This car is blue. *(yah gāḍī nīlī hai)* यह गाड़ी नीली है।

(3) There are yellow flowers on this tree. *(is peḍ par pīle phūl haĩ)* इस पेड़ पर पीले फूल हैं।

(4) Please give me ten Rupees. *(mujhe das rupaye dījiye)* मुझे दस रुपये दीजिये।

(5) One sari is dark black and other sari is light green. *(ek sāḍī gāḍhī kālī hai aur dūsarī sāḍī phīkī harī hai)* एक साड़ी गाढ़ी काली है और दूसरी साड़ी फीकी हरी है।

16.2 THE ADVERBS

DEFINITION : The word that qualifies a verb or an adjective is an Adverb.

RULE : Adverbs do not have any gender, number, person, tense or case. They do not change with the verb or adjective they qualify, therefore, they are called INDECLINABLES.

EXERCISE 40 : Translate the English sentences into Hindī (Answers are given for help)

1. Rānī walks fast. *(Rānī tej chaltī hai)* रानी तेज चलती है।
2. He always helps. *(vah hameshā madad kartā hai)* वह हमेशा मदद करता है।
3. Please move backward. *(kṛpayā pīchhe haṭiye)* कृपया पीछे हटिये।
4. I came before he did. *(maĩ us se pahale āyā)* मैं उससे पहले आया।
5. He wants money right now. *(us ko paise abhī chāhiye)* उसको पैसे अभी चाहिये।
6. Sunīl came here twice. *(Sunīl yahā̃ do bār āyā)* सुनील यहाँ दो बार आया।

7. She knows me well. *(vah mujhe achchhī tarah se jānatī hai)* वह मुझे अच्छी तरह से जानती है।

8. This is better than that one. *(yah us se behatar hai)* यह उससे बेहतर है।

9. Kindly give me ten dollars. *(kṛpayā mujhe das dālar dījiye)* कृपया मुझे दस डॉलर दीजिये।

10. Otherwise I will go. *(varanā maĩ chal jāũngā)* वरना मैं चला जाऊँगा।

11. Where is your friend? *(āp kā dost kahā̃ hai?)* आपका दोस्त कहाँ है?

12. When did you hear this? *(āp ne yah kab sunā?)* आपने यह कब सुना?

13. Why are you sad? *(āp udās kyõ haĩ)* आप उदास क्यों हैं?

14. How was this written? *(yah kaise likhā thā?)* यह कैसे लिखा था?

15. Please speak slowly *(kṛpayā dhīre boliye)* कृपया धीरे बोलिये।

16. Tell me again. *(mujhe fir se kahiye)* मुझे फिर से कहिये।

17. Sunil will not come now. *(Sunīl ab nahī̃ āyegā)* सुनील अब नहीं आएगा।

18. I like it very much. *(maĩ ise bahut chāhatā hũ, mujhe yah bahut achchhā lagatā hai)* मैं इसे बहुत चाहता हूँ, मुझे यह बहुत अच्छा लगता है।

19. It is not very bad. *(yah bahut burā nahī̃ hai)* यह बहुत बुरा नहीं है।

20. He stood at once. *(vah ekadam khaḍā huā)* वह एकदम खड़ा हुआ।

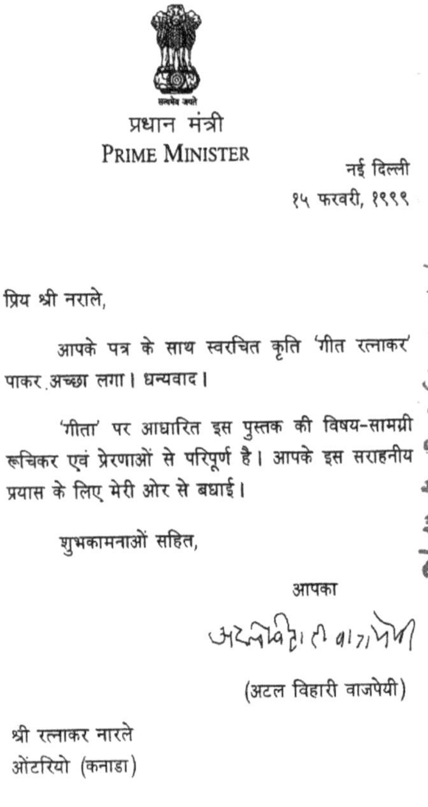
सत्यमेव जयते
प्रधान मंत्री
PRIME MINISTER

नई दिल्ली
१५ फरवरी, १९९९

प्रिय श्री नराले,

आपके पत्र के साथ स्वरचित कृति 'गीत रत्नाकर' पाकर अच्छा लगा। धन्यवाद।

'गीता' पर आधारित इस पुस्तक की विषय-सामग्री रूचिकर एवं प्रेरणाओं से परिपूर्ण है। आपके इस सराहनीय प्रयास के लिए मेरी ओर से बधाई।

शुभकामनाओं सहित,

आपका

(अटल विहारी वाजपेयी)

श्री रत्नाकर नारले
ओंटरियो (कनाडा)

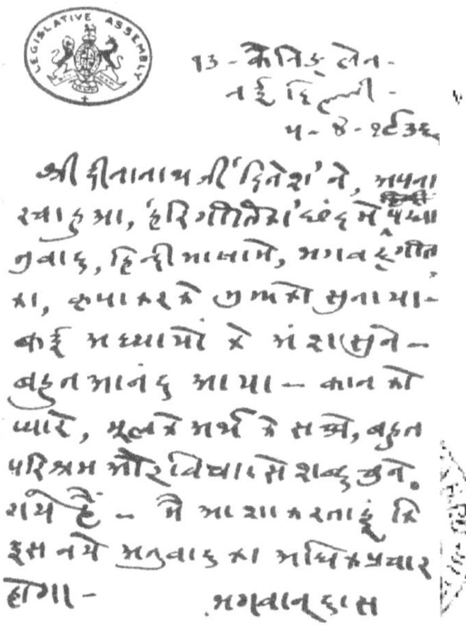
13 - कैनिंग लेन -
नई दिल्ली -

श्री दीनानाथ जी 'दिनेश' ने, अपना रचा हुआ, 'हरिगीतिका' छंद में गीता अनुवाद, हिन्दी भाषा में, भगवद्गीता का, कृपा करके उन्होंने सुनाया - कई अध्यायों के अंश सुने - बहुत आनंद आया - कान को प्यारे, मूल के मर्म के सच्चे, बहुत परिश्रम और विद्या से शब्द चुने गये हैं - मैं आशा करता हूं कि इस नये अनुवाद का अधिक प्रचार होगा -
भगवान दास

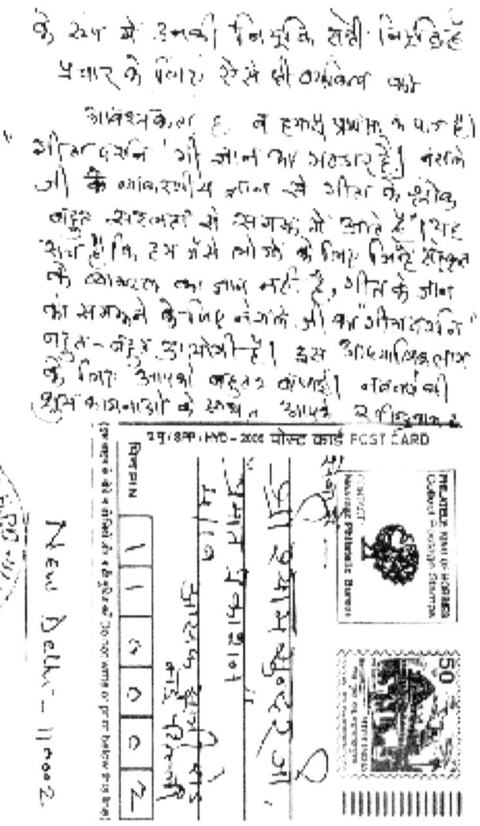

EXERCISE 41 : **Identify the and learn more about following pictures. Write 2 to 4 lines in English, English-Hindi or Hindi on any two objects.**

EXERCISE 42 : Read the sanskrit shlokas given below.

Try to remember them.

अविचार्य न वक्तव्यं वक्तव्यं सुविचारितम् ।
किञ्च तत्रैव वक्तव्यं यत्रोक्तं सफलं भवेत् ।। 1

उपकारोऽपि नीचानामपकारो हि जायते ।
पयः पानं भुजङ्गानां केवलं विषवर्धनम् ।। 2

क्षमाशस्त्रं करे यस्य दुर्जनः किं करिष्यति ।
अतृणे पतितो वह्निः स्वयमेवोपशाम्यति ।। 3

यदशक्यं न तच्छक्यं तच्छक्यं शक्यमेव तत् ।
न जले शकटं याति न च नौर्गच्छति स्थले ।। 4

अकृत्वा परसन्तापमगत्वा खलमन्दिरम् ।
अनुत्सृज्य सतां वर्त्म यत्स्वल्पमपि तद्बहु ।। 5

कुसुमं वर्णसम्पन्नं गन्धहीनं न शोभते ।
न शोभते क्रियाहीनं मधुरं वचनं तथा ।। 6

उद्यमेन हि सिध्यन्ति कार्याणि न मनोरथैः ।
न हि सुप्तस्य सिंहस्य प्रविशन्ति मुखे मृगाः ।। 7

उद्यमः साहसं धैर्यं बुद्धिः शक्तिः पराक्रमः ।
षडेते यत्र वर्तन्ते तत्र दैवं प्रसीदति ।। 8

गच्छन्पिपीलिका याति योजनानां शतान्यपि ।
अगच्छन् वैनतेयोऽपि पदमेकं न गच्छति ।। 9

स्वगृहे पूज्यते मूर्खः स्वग्रामे पूज्यते प्रभुः ।
स्वदेशे पूज्यते राजा विद्वान्सर्वत्र पूज्यते ।। 10

सर्पदुर्जनयोर्मध्ये वरं सर्पो न दुर्जनः ।
सर्पो दंशति कालेन दुर्जनस्तु पदे पदे ।। 11

रविश्चन्द्रो घना वृक्षाः नदी गावश्च सज्जनाः ।
एते परोपकाराय भुवि दैवेन निर्मिताः ।। 12

छायामन्यस्य कुर्वन्ति तिष्ठन्ति स्वयमातपे ।
फलान्यपि परार्थाय वृक्षाः सत्पुरुषा इव ।। 13

यो ध्रुवाणि परित्यज्य अध्रुवं परिसेवते ।
ध्रुवाणि तस्य नश्यन्ति अध्रुवं नष्टमेव च ।। 14

यस्मिन्देशे न सन्मानो न वृत्तिर्न च बान्धवाः ।
न च विद्यागमोऽप्यस्ति वासं तत्र न कारयेत् ।। 15

न देवो विद्यते काष्ठे न पाषाणे न मृन्मये ।
भावे हि विद्यते देवस्तस्माद्भावो हि कारणम् ।। 16

LESSON 17

THE CONJUNCTIONS, INTERJECTIONS AND OTHER EXPRESSIONS

17.1 THE CONJUNCTIONS

DEFINITONN :

Conjunctions are the words like : and, or, but, for, if, that, where, either, neither, nor, still, till, only, else, after, before, etc. which make a connection between two parts of a sentence.

EXERCISE 43 : First study the following sentences and then, as an exercise, translate the English sentences into Hindī (Answers are given for your help)

1. Rāmū AND Sunīl are friends. *(Rāmū aur Sunīl dost haĩ)* रामू और सुनील दोस्त हैं।
2. Bring mango AND a knife. *(ām aur chākū lāiye)* आम और चाकू लाइये।
3. He eats rice AND dāl. *(vah dāl va dāl khātā hai)* वह दाल व रोटी खाता है।
4. I can read AND write Hindī. *(maĩ Hindī paḍh evam likh sakatā hũ)* मैं हिंदी पढ़ एवं लिख सकता हूँ।
5. He can speak AS WELL AS write Sanskrit. *(vah sanskṛt bol tathā likh sakatā hai)* वह संस्कृत बोल तथा लिख सकता है।
6. Give me an apple OR a banana. *(mujhe seb yā kelā dījiye)* मुझे सेब या केला दीजिये।
7. Speak in Hindī OR in English language. *(Hindī athavā aṅgrezī bhāṣā mẽ boliye)* हिंदी अथवा अंग्रेजी भाषा में बोलिये।
8. EITHER pay me money OR give me the books. *(mujhe yā to paise dījiye athavā kitābẽ dījiye)* मुझे या तो पैसे दीजिये अथवा किताबें दीजिये।
9. It is NEITHER good, NOR beautiful. *(na to yah achchhā hai na hī sundar hai)* न तो यह अच्छा है न ही सुंदर है।
10. WHETHER you like it OR NOT, it will happen. *(āp kī ichhā ho yā nahĩ ho, yah hogā hī)* आपकी इच्छा हो या नहीं हो, यह होगा ही।
11. I had no idea THAT he was in America. *(maĩ nahĩ jānatā thā ki vah amerikā mẽ thā)* मैं नहीं जानता था कि वह अमेरिका में था।
12. He told me THAT it is not right. *(us ne mujh se kahā, ki yah ṭhīk nahĩ hai)* उसने मुझसे कहा,

कि यह ठीक नहीं है।

13. He said that he would not go. *(us ne kahā ki vah nahīn jāyegā)* उसने कहा कि वह नहीं जाएगा।

14. He said, 'I will not go.' *(us ne kahā, 'maĩ nahī̃ jāū̃ngā')* उसने कहा, 'मैं नहीं जाऊँगा।'

15. Sit down OR ELSE go. *(nīche baiṭhiye anyathā jāiye)* नीचे बैठिए अन्यथा जाइये।

16. Give me money, OTHERWISE I am going. *(mujhe paise dījiye varanā maĩ jā rahā-rahī hū̃)* मुझे पैसे दीजिये वरना मैं जा रहा/रही हूँ।

17. We are not rich BUT our heart is big. *(ham amīr nahī̃ haĩ magar hamārā dil baḍā hai)* हम अमीर नहीं हैं, मगर हमारा दिल बड़ा है।

18. I told him, BUT he did not stop. *(maĩ ne us se kahā, lekin vah nahī̃ rukā)* मैंने उससे कहा, लेकिन वह नहीं रुका। (*ruk* रुक = stop)

19. He is uneducated, BUT intelligent. *(vah anapaḍha hai, par buddhimān hai)* वह अनपढ़ है, पर बुद्धिमान् है।

20. She is trailing, BUT will win. *(vah pīchhe hai, lekin jītegī)* वह पीछे है, लेकिन जीतेगी।

21. I have eaten, BUT I am still hungry. *(maĩ ne khānā khāyā hai, kintu maĩ abhī bhī bhūkhā hū̃)* मैंने खाना खाया है, किंतु मैं अभी भी भूखा हूँ।

22. He has severe pain, YET he is quiet. *(us ko kāfī dukh hai, magar vah shānt hai)* उसको काफी दुःख है, मगर वह शांत है।

23. ALTHOUGH he did not ask, I gave him money. *(yadyapi us ne nahī̃ mānge, tathāpi maĩ ne us ko paise diye)* यद्यपि उसने नहीं माँगे, तथापि मैंने उसको पैसे दिये।

24. THOUGH he wanted to, he could not go out. *(hālānki vah chāhatā thā, par vah bāhar nahī̃ jā sakā)* हालाँकि वहं चाहता था, पर वह बाहर नहीं जा सका।

25. He slept enough, STILL he is tired. *(vah kāfī soyā fir bhī thakā hai)* वह काफी सोया फिर भी थका है।

26. Notice was given IN ORDER THAT everyone may be aware. *(notice diyā gayā thā, tā ki sab ko patā ho)* नोटिस दिया गया था, ताकि सबको पता हो।

27. AS SOON AS the bell rang, I went inside. *(jyõ hī ghaṇṭī bajī, maĩ andar gayā-gayī)* ज्योंही घंटी बजी, मैं अंदर गया/गयी।

28. He is walking AS THOUGH he is lame. *(vah aise chal rahā hai jaise lãngaḍā ho)* वह ऐसे चल रहा जैसे लँगड़ा हो।

29. I need ONLY five Rupees. *(mujhu kewal pāñch rupaye chāhiye)* मुझे केवल पाँच रुपये चाहिये।

30. I do not need ONLY money. *(mujhe sirf paise hī nahī̃ chāhiye)* मुझे सिर्फ पैसे ही नहीं चाहिये।

31. Something certainly fell down, FOR I heard the noise. *(kuchh to avashya nīche girā, kyo̐ki mai̐ ne āwāj sunī)* कुछ तो अवश्य नीचे गिरा, क्योंकि मैंने आवाज सुनी।

32. He sat down BECAUSE he was tired. *(vah nīche baiṭhā kyo̐ki vah thakā thā)* वह नीचे बैठा क्योंकि वह थका था।

33. AFTER rain, the sun shone again. *(varṣā ke bād sūraj fir nikalā)* वर्षा के बाद सूरज फिर निकला।

34. WHEN I was young, I used to work very hard. *(jab mai̐ jawān thā-thī, (tab) bahut kām kartā thā, kartī thī)* जब मैं जवान था/थी (तब) बहुत काम करता था (करती थी)।

35. His watch is WHERE he kept it. *(us kī ghaḍī vahī̐ hai jahā̐ us ne rakhī thī)* उसकी घड़ी वहीं है जहाँ उसने रखी थी।

36. Let us give charity, WHILE we have money. *(jab tak apane pās paisā hai, ham dān de̐)* जब तक अपने पास पैसा है, हम दान दें।

37. WHENEVER I see him, he is happy. *(jab bhī mai̐ us ko dekhatā hū̐, vah khush hotā hai)* जब भी मैं उसको देखता हूँ, वह खुश होता है।

38. WHEREVER the rain falls, the water goes to the ocean only. *(jahā̐ kahī̐ bhī varṣā hotī hai, pānī sāgar kī or hī jātā hai)* जहाँ कहीं भी वर्षा होती है, पानी सागर की ओर ही जाता है।

39. He said yes, THEREFORE, I went there. *(us ne hā̐ kahā, is liye mai̐ vahā̐ gayā-gayī)* उसने हाँ कहा, इसलिये मैं वहाँ गया/गई।

17.2 USE OF THE SUFFIX - **कर** *kar*

Attachment of the powerful suffix ***kar* कर** (-ing) gives a meaning of (a gerund) 'having done,' 'did and then,' 'after doing' ...etc.

e.g. I eat *(mai̐ khātā hū̐)* मैं खाता हूँ। I eat after taking a bath (having taken a bath, I take bath and then) *(mai̐ nahā kar khātā hū̐)* मैं नहा **कर** खाता हूँ।

EXERCISE 44 : Translate the English sentences into Hindī (Answers are given for your help)

1. Go and give him the money. *(jā kar us ko paise dījiye)* जा **कर** उसको पैसे दीजिये।

2. Do not drive drunk (after drinking). *(pī kar gāḍī mat chalāiye)* पी **कर** गाड़ी मत चलाइये।

3. Seeing the tiger, I got scared. *(sher ko dekh kar maĩ dar gayā)* शेर को देख **कर** मैं डर गया।

4. I pray Sarasvatī and then I study. *(sarasvatī ko pūj kar maĩ paḍhatā hū̃)* सरस्वती को पूज **कर** मै पढ़ता हूँ।

5. Sit and then drink the milk. *(baiṭh kar dūdh pījiye).* बैठ **कर** दूध पीजिये।

17.2 USE OF THE SUFFIX - चाहिये *chāhiye*

चाहिये *(chāhiye)* is used for expressing a need, want or a desire. चाहिये is always attached to an object noun that is in the Dative (4th) case.

To impart a meaning of 'ought to,' the verb stem (eg. जा) must be first converted into a verbal noun *(jānā)* जाना by attaching the suffix *nā* (ना). Then add *chāhiye* (चाहिये) to it. e.g. (i) verb stem जा = go. (ii) verb stem √जा + suffix ना = verbal noun जाना to go (iii) verbal noun जाना + suffix चाहिये = adjective◦ 'ought to go,' मुझे जाना चाहिये = I ought to go.

1. I want. *(mujhe chāhiye)* मुझे चाहिये।
2. I want tea. *(mujhe chāy chāhiye)* मुझे चाय चाहिये।
3. Do you want tea? *(kyā āpako chāy chāhiye?)* क्या आपको चाय चाहिये?
4. She would want tea. *(use chāy chāhiye hogī)* उसे चाय चाहिये होगी।
5. What does she want. *(use kyā chāhiye?)* उसे क्या चाहिये?
6. I should go. *(mujhe jānā chāhiye)* मुझे जाना चाहिये।
7. I should sleep now. *(mujhe ab sonā chāhiye)* मुझे अब सोना चाहिये।
8. She should not go. *(use nahī̃ jānā chāhiye)* उसे नहीं जाना चाहिये।
9. They should work. *(unhẽ kam̃ karnā chāhiye)* उन्हें काम करना चाहिये।
10. You should come too. *(āp kop bhī ānā chāhiye)* आपको भी आना चाहिये।

GOOD NEWS

Even if you JUST READ **each and every** word of this book, patiently and thoughtfully, you will be able to understand Hindī.

EXERCISE 45 : Read the following Sanskrit sayings. Learn them and remember them well.

(1) **सत्यमेव जयते नानृतम्** । *satyameva jayate nānṛtam.* (सत्यम् एव जयते, न अनृतम्)

Only the truth wins, not the false.

(2) **परोपकारार्थम् इदं शरीरम्** । *paropakārārtham idaṁ sharīram.* The body is for service to others.

(3) **लोभः पापस्य कारणम्** । *lobhaḥ pāpasya kāraṇam.* Greed is the root of sins.

(4) **जननी जन्मभूमिश्च स्वर्गादपि गरीयसी** । *jananī janmabhūmishcha svargādapi garīyasī.* (जननी जन्म-भूमिः च स्वर्गात् अपि गरीयसी) The Mother and the Mother-earth are superior to heaven.

(5) **शीलं परं भूषणम्** । *shīlaṁ paraṁ bhūṣaṇam.* Character is the best adornment.

(6) **अति सर्वत्र वर्जयेत्** । *ati sarvatra varjayet.* Too much should always be avoided.

(7) **न गृहं गृहिणीहीनं गृहिणी गृहम् उच्यते** । *na gṛhaṁ gṛhiṇī-hīnaṁ, gṛhiṇī gṛhaṁ uchyate.*

It is not a home without a lady, with a lady a house is called a home.

(8) **दीर्घसूत्री विनश्यति** । *dīrghasūtrī vinashyati.* The procastinator perishes.

(9) **अक्रोधेन जयेत् क्रोधम्** । *akrodhena jayet krodham.* Violence should be defeated with peace.

(10) **अहिंसा परमो धर्मः** । *ahiṁsā paramo dharmaḥ.* Non-violence is the greatest righteousness.

(11) **अकरणान्मन्दकरणं श्रेयः** । *akaraṇānmandakaraṇaṁ shreyaḥ.* (अकरणात् मन्दकरणं श्रेयः) ।

Better late than never.

(12) **अनर्थः संघचारिणः** । *anarthaḥ saṅgha-chāriṇaḥ.* Calamities occur in groups.

(13) **मूर्खस्य नास्त्यौषधम्** । *mūrkhasya nāsi-auṣadham.* (मूर्खस्य नास्ति औषधम्)

You can not cure fools. Brains are not injected.

(14) **वरमद्य कपोतो न श्वो मयूरः** । *varamadya kapoto na shvo mayūraḥ.* (वरम् अद्य कपोतः न श्वः मयूरः)

A pigeon today is better than a peacock tomorrow.

(15) **कोऽतिभारः समर्थानां किं दूरं व्यवसायिनाम् ।**
को विदेशः सविद्यानां कः परः प्रियवादिनाम् ।।120।।

(कः अति-भारः समर्थानाम्? किं दूरं व्यवसायिनाम्? कः विदेशः स-विद्यानाम्? कः परः प्रिय-वादिनाम्?)

For able people what is too difficult? (Nothing). For industrious people what is inaccessible? (None). For the learned people where is there foreign land? (Nowhere). For agreeable people who is a foreigner? (Nobody).

(16) **तावद्भयस्य भेतव्यं यावद्भयमनागतम् । आगतं तु भयं वीक्ष्य नरः कुर्याद्यथोचितम् ।।121।।**

One should fear, as long as there is no calamity. But, seeing the calamity a person should act appropriately)

(18) **अक्रोधेन जयेत्क्रुद्धमसाधुं साधुना जयेत् । जयेत्कदर्यं दानेन जयेत्सत्येन चानृतम् ।।123।।**

Violence should be won with non-violence; the unrighteous should be won being righteous, a miser should be won over with charity; the false should be won with truth)

EXERCISE 46 : **Learn about the following Mudrās and write a paragraph (in any language) on any one Mudrā (मुद्रा).**

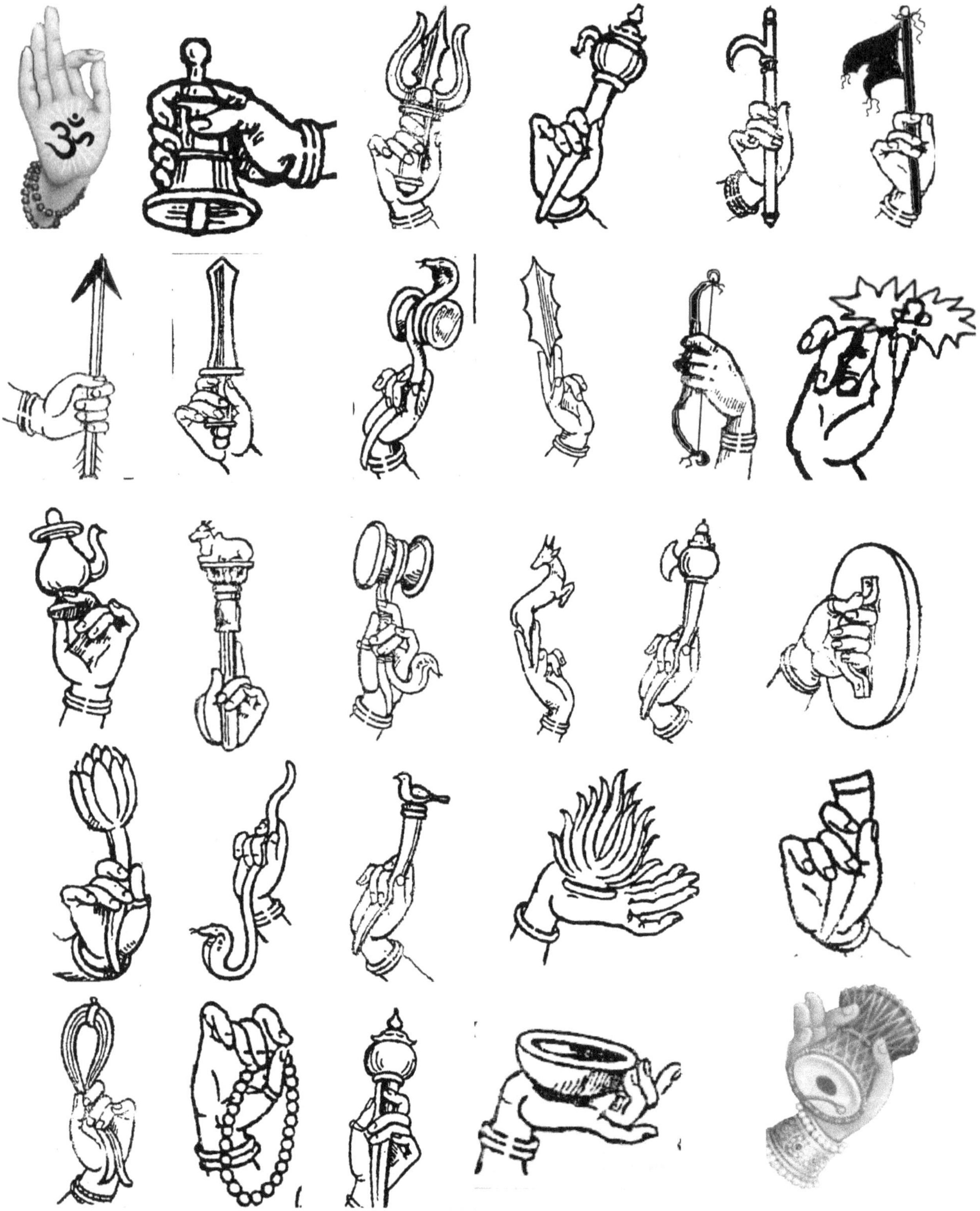

LESSON 18

GENERAL KNOWLEDGE

18.1 NAMES OF THE SEVEN DAYS OF THE WEEK

(1) Sunday	*ravivār*	रविवार	(2) Monday	*somavār*	सोमवार
(3) Tuesday	*mangalavār*	मंगलवार	(4) Wednesday	*budhavār*	बुधवार
(5) Thursday	*guruvār*	गुरुवार	(6) Friday	*shukravār*	शुक्रवार
(7) Saturday	*shanivār*	शनिवार			

18.2 NAMES OF THE TWELVE MONTHS OF THE YEAR

(1) March-April	*chaitra*	चैत्र	(2) April-May	*vaishākh*	वैशाख
(3) May-June	*jyeṣṭha*	ज्येष्ठ	(4) June-july	*āṣāḍh*	आषाढ़
(5) July-August	*shrāvaṇ*	श्रावण	(6) August-September	*bhādrapad*	भाद्रपद
(7) September-October	*āshvin*	आश्विन	(8) October-November	*kārtik*	कार्तिक
(9) November-December	*mārgashīrṣ*	मार्गशीर्ष	(10) December-January	*pauṣ*	पौष
(11) January-February	*māgh*	माघ	(12) February-March	*phālgun*	फाल्गुन

18.3 NAMES OF THE SIX SEASONS OF THE YEAR

(1) Spring	*vasant*	वसंत	(2) Summer	*grīṣma*	ग्रीष्म
(3) Rainy season	*varṣā*	वर्षा	(4) Autumn	*sharad*	शरद्
(5) Winter(Nov-Jan)	*hemant*	हेमंत	(6) Winter(Jan-Mar)	*shishir*	शिशिर

18.4 NAMES OF THE DIRECTIONS

East	*pūrab, pūrva*	पूरब, पूर्व	West	*pashchim*	पश्चिम
North	*uttar*	उत्तर	South	*dakṣiṇ*	दक्षिण
North east	*īshān*	ईशान	South east	*vāyavya*	वायव्य
South west	*āgney*	आग्नेय	North west	*nairṛtya*	नैऋत्य

18.5 THE RELATIONSHIPS

Bride	*vadhū, dūlhan*	वधू , दूल्हन	Brother	*bhāī, bhaiyā*	भाई, भैया
Brother elder	*agraj*	अग्रज	Brother younger	*anuj*	अनुज
Brother' son	*bhatījā*	भतीजा	Brother's daughter	*bhatījī*	भतीजी
Brother's wife	bhābhī	भाभी	Child	*bachchā*	बच्चा
Daughter	*beṭī*	बेटी	Daughter-in-law	*bahū*	बहू
Family	*parivār*	परिवार	Father-in-law	*shvashura*	श्वशुर
Father's elder brother	*tāyā*	ताया	Father's younger brother	chāchā	चाचा
Father's father	*dādā*	दादा	Father's mother	*dādī*	दादी
Father's sister	*būā*	बूआ	Friend	*mitra, dost*	मित्र, दोस्त
Husband	*pati*	पति	Husband's brother	*devar*	देवर
Husband's sister	*nanand*	ननन्द	Lover	*premī, premikā*	प्रेमी, प्रेमिका
Mother	*mā̐*	माँ	Mother-in-law	*sās*	सास
Mother's brother	*māmā*	मामा	Mother's brother's wife	*māmī*	मामी
Mother's father	*nānā*	नाना	Mother's mother	*nānī*	नानी
Mother's sister	*mausī*	मौसी	Neighbor	*paḍosī*	पड़ोसी
Parents	*mātā-pitā*	माता–पिता	Relative	*bandhu*	बंधु
Sister	*bahin*	बहिन	Sister, elder	*dīdī*	दीदी
Sister, younger	*anujā*	अनुजा	Sister's daughter	*bhā̐ñjī*	भाँजी
Sister's husband	*jījā*	जीजा	Sister's son	*bhā̐ñjā*	भाँजा
Son	*beṭā*	बेटा	Son-in-law	*dāmād*	दामाद
Son's daughter	*potī*	पोती	Son's son	*pautra*	पौत्र
Stranger	*paradeshī*	परदेशी	Step xx	*sautelā-*	सौतेला–
Wife	*patnī*	पत्नी	Wife's brother	*sālā*	साला
Wife's sister	*sālī*	साली	Girl friend	*premika*	प्रेमिका
			Boy friend	*premī*	प्रेमी

EXERCISE 47 : **Identify and study the following pictures. Arrange the pictures names (from नमस्ते to रंगोली) in Hindi Alphabetical order.**

LESSON 19

19.1 GENERAL DIALOGUES : **Common Pre-made 'Pet-Sentences'**

Having learned previous 18 lessons, now you can make these and similar sentence. For you, these are not pet-sentences anymore. If you have done prevoius lessons, treat this lesson as an Exercise where the answers are provided. If this is where you are starting the book, then memorize the sentences and hope you will be able to speak Hiondī.

(1) Hello! *(namaste!)* नमस्ते। What is your name? *(āpakā nām kyā hai?)* आपका नाम क्या है?

(2) My name is *(merā nām -------------------- hai)* मेरा नाम -------------------- है।

(3) How are you. How do you do? *(āp kaise hai̐? kyā hāl hai?)* आप कैसे हैं? क्या हाल है?

(4) I am fine. I am alright. *(mai̐ ṭhīk hū̐)* मैं ठीक हूँ। Thank you. *dhanyavād!* धन्यवाद! You are welcome. *āp kā svāgat hai.* आपका स्वागत है।

(5) Where do you live? *(āp kahā̐ rahate hai̐?)* आप कहाँ रहते हैं?

(6) I live in Kanpur. *(mai̐ Kānpur me̐ rahatā hū̐)* मैं कानपुर में रहता हूँ।

(7) Where is your house? *(āpa kā ghar kahā̐ hai?)* आपका घर कहाँ है?

(8) What is your address? *(āp kā patā kyā hai?)* आपका पता क्या है?

(9) Who is he-she? *(yah kaun hai?)* यह कौन है?

(10) What is his-her name? *(in kā nām kyā hai?)* इनका क्या नाम है?

(11) He-She is my friend *(yah merā dost, merī sahelī hai)* यह मेरा दोस्त (मेरी सहेली) है।

(12) His-her name is *(is kā nām -------------------- hai)* इसका नाम -------------------- है।

(13) Will you take tea? *(kyā āp chāy leṅge?)* क्या आप चाय लेंगे?

(14) No, thanks! *(ji nahī̐, dhanyavād! shukriyā!)* जी नहीं, धन्यवाद! जी नहीं शुक्रिया!

(15) I do not drink tea. *(mai̐ chāy nahī̐ pītā/pītī)* मैं चाय नहीं पीता/पीती।

(16) Do you smoke? *(kyā āp dhūmrapān karte hai̐? kyā āp sigareṭ pīte hai̐?)* क्या आप धूम्रपान करते हैं? क्या आप सिगरेट पीते हैं?

(17) I do not smoke. *(mai̐ sigareṭ nahī̐ pītā)* मैं सिगरेट नहीं पीता।

(18) Are you a vegetarian? *(kyā āp shākāhārī hai̐?)* क्या आप शाकाहारी हैं?

(19) I have heard that he is sick. *(mai̐ ne sunā hai ki vah bīmār hai)* मैंने सुना है कि वह बीमार है।

(20) Is it true? *(kyā yah sacha hai?)* क्या यह सच है?

(21) You are right. *(āp sahī hai̐)* आप सही हैं।

(22) I know it. *(mai̐ yah jānatā hū̐)* मैं यह जनता हूँ।

(23) Do not tell this to anyone. *(yah bāt kisī ko mat batāiye)* यह बात किसी को मत बताइये।

(24) I promise you. *(maĩ āp se vādā kartā hū̃)* मैं आप से वादा करता हूँ।

(25) Your poem is very nice. *(āp ki kavitā bahut achchhī hai)* आपकी कविता बहुत अच्छी है।

(26) You are making noise. *(āp shor kar rahe haĩ)* आप शोर कर रहे हैं।

(27) Excuse me. Pardon me. *(mujhe māf-kṣamā kījiye)* मुझे माफ कीजिये। मुझे क्षमा कीजिये।

(28) She refused it. *(us ne asvīkār kiyā)* उसने अस्वीकार किया।

(29) I said no. I refused it. *(maĩ ne inkār kiyā)* मैंने इन्कार किया।

(30) I am sorry. *(mujhe afsos hai)* मुझे अफसोस है।

(31) That was my mistake. *(vah merī galatī thī)* वह मेरी गलती थी।

(32) Who was that person? *(vah kaun thā)* वह कौन था?

(33) What are you doing? *(āp kyā kar rahe haĩ?)* आप क्या कर रहे हैं?

(34) What is the matter? *(kyā bāt hai?)* क्या बात है?

(35) What do you have? *(āp ke pās kyā hai?)* आपके पास क्या है?

(36) What do you mean? *(āp kā matalab kyā hai?)* आपका मतलब क्या है?

(37) What does it mean? *(is ka matlab kyā hai?)* इसका मतलब क्या है? (meaning = मतलब *matlab*)

(38) How do you say "water" in Hindi? *(Hindī mẽ "water" ko kyā kahte haĩ?)* हिंदी में "water" को क्या कहते हैं?

(39) In Hindī water is called pānī. *(Hindī mẽ water ko pānī kahte haĩ)* हिंदी में "water" को पानी कहते हैं ।

(40) How do you say "xx" in Hindi? *(Hindī mẽ "xx" kaise kahte haĩ?)* हिंदी में "xx" कैसे कहते हैं?

(41) Are you coming with us? *(kyā āp hamāre sāth ā rahe haĩ?)* क्या आप हमारे साथ आ रहे हैं?

(42) It is very nice. *(yah bahut baḍhiyā hai, yah bahut achchhā hai)* यह बहुत बढ़िया है, यह बहुत अच्छा है। What a coincidence! *(kyā ittafāk hai!)* क्या इत्तफाक है!

(43) Should I close it? Should I open it? *(kyā maĩ yah band karū̃? kyā maĩ yah kholū̃?)* क्या मैं यह बंद करूँ? क्या मैं यह खोलूँ? Please warn me. *mujhe chetāvanī dījiye.* मुझे चेतावनी दीजिये।

(44) Wait for me. *(mere liye rukiye, merā intajār kījiye)* मेरे लिये रुकिए, मेरा इंतजार कीजिये।

(45) Do you trust him? I trust him fully *(kyā āp us par bharosā karte haĩ? merā us par pūrā bharosā hai)* क्या आप उस पर भरोसा करते हैं? मेरा उस पर पूरा भरोसा है।)

(46) That is completely wrong. This is very correct. *(vah pūrī tarah se galat hai. Yah bilkul ṭhīk hai)* वह पूरी तरह से गलत है। यह बिल्कुल ठीक है।)

(47) I think so too. *(maĩ bhī yahī sochatā hūn)* मैं भी यही सोचता हूँ।

(48) Is it possible. *(kyā yah sambhav hai)* क्या यह संभव है? क्या यह हो सकता है?

(49) He is not well. *(us kī tabīyat ṭhīk nahĩ hai)* उसकी तबीयत ठीक नहीं है।

(50) Let him go. *(use jāne dījiye)* उसे जाने दीजिये।

(51) I must go now. *(mujhe ab jānā chāhiye)* मुझे अब जाना चाहिये।

(52) I am in a rush. *(maĩ jaldī mẽ hū̃)* मैं जल्दी में हूँ।

(53) You are lucky. *(āp bhāgyavān haĩ)* आप भाग्यवान् हैं।

(54) He surprised me. *(us ne mujhe acharaj mẽ ḍālā)* उसने मुझे अचरज में डाला।

(55) He fooled me. *(us ne mujhe bevakūf banāyā)* उसने मुझे बेवकूफ बनाया।

(56) What a shame? *(kitanī sharma kī bāt hai)* कितनी शर्म की बात है!

(57) I am angry. *(maĩ nārāj hū̃)* मैं नाराज हूँ।

(58) What could be the reason? *(kyā kāraṇ ho sakatā hai?)* क्या कारण हो सकता है?

(59) Please, be patient. *(kṛpayā dhīraj rakhiye)* कृपया धीरज रखिये।

(60) Please do not do it again. *(kṛpayā yah fir se mat kījiye)* कृपया यह फिर से मत कीजिये।

(61) Try to improve it. *(ise sudhārane kī koshisha kījiye)* इसे सुधारने की कोशिश कीजिये।

(62) It is very hard for me. *(yah mere liye bahut mushkil hai)* यह मेरे लिये बहुत मुश्किल है।

(63) Don't try to be more smart. *(jyādā hoshiyār banane kī koshish mat kījiye)* ज्यादा होशियार बनने की कोशिश मत कीजिये। I remember. *(muze yād hai)* मुझे याद है।

(64) Let us go for a walk. *(chaliye ṭahalane ke liye chalte haĩ, chaliye sair ke liye chalte haĩ)* चलिये टहलने के लिये चलते हैं, चलिये सैर के लिये चलते हैं।

(65) Please, walk a bit faster. *(kṛpayā jarā tej chaliye)* जरा तेज चलिये।

(66) It is thundering, let us go back. *(bijalī chamak rahī hai, chaliye vāpas chalte haĩ)* बिजली चमक रही है, चलिये वापस चलते हैं।

(67) May be a storm is coming. *(shāyad tūfān āne wālā hai)* शायद तूफान आनेवाला है?

(68) How does it work? *(yah kaise kām kartā hai?)* यह कैसे काम करता है?

(69) We should be careful. *(hamẽ sāvadhān rahanā chahiye)* हमें सावधान रहना चाहिये।

(70) I forgot to tell you one thing. *(maĩ āp se ek bāt kahanā bhūl gayā)* मैं आपसे एक बात कहना भूल गया। I forgot to bring one thing. *(maĩ ek chīj lānā bhūl gayā)* मैं एक चीज लाना भूल गया।

(71) What is the use of waiting here? *(yahā̃ intajār karne se kyā lābh?)* यहाँ इंतजार करने से क्या लाभ? The child is crying constantly. *bachchā roe jā rahā hai.* बच्चा रोए जा रहा है।

(72) Do not worry, I will take care of that. *(chintā mat kījiye, maĩ vah dekh lūṅgā)* चिंता मत कीजिये, मैं वह देख लूँगा। Have a nice journey! *(yātrā sukhamaya ho!)* यात्रा सुखमय हो।

(73) What is the news? *(kyā khabar hai? kyā samaāchār hai?)* क्या खबर है? क्या समाचार है?

(74) Everything is OK. *(sab kuchh ṭhīk hai)* सब कुछ ठीक है।

(75) We will wait for you. *(ham āp kī rāha dekheṅge)* हम आपकी राह देखेंगे।

(76) Why are you late? *(āp ko der kyõ huī?)* आपको देर क्यों हुई?

(77) Did you get my letter? *(kyā āp ko merā patra milā? āp ko merī chiṭṭhī milī kyā?)* क्या आपको मेरा पत्र मिला? आपको मेरी चिट्ठी मिली क्या? Be happy! *(khush rahiye!)* खुश रहिये!

(78) Diwali is tomorrow. *(kal diwālī hai)* कल दिवाली है ।

(79) I will go to Temple. *(maĩ mandir jāūnga/jāūngī)* मैं मंदिर जाऊँगा/जाऊँगी ।

(80) How quickly time passes! *(samay kitnā jaldī bītatā hai!)* समय कितना जल्दी बीतता है!

(81) I will return quickly. *(maĩ jaldī lauṭūngā)* मैं जल्दी लौटूँगा।

(82) Brother! Move a bit forward. *(Bhaī sāhab! jarā āge baḍhīye)* भाई साहब! जरा आगे बढ़िये।

(83) Could you help me? *(kyā āp merī madad kar sakate haĩ?)* क्या आप मेरी मदद कर सकते हैं? Please do me a favour. *(merā ek kām kījiye)* मेरा एक काम कीजिये।

(84) How is your health? *(āp ka svāsthya kaisā hai? āp kī tabaīyat kaisī hai?)* आपका स्वास्थ्य कैसा है? आपकी तबीयत कैसी है?

(85) How did your bone break? *(āp kī haḍḍī kaise ṭūṭī?)* आपकी हड्डी कैसे टूटी?

(86) Come in. *(andar āiye)* अंदर आइये। Welcome. *susvāgatam.* सुस्वागतम्.

(87) Wish you a happy Diwālī. *(diwālī kī shubh kāmanāẽ)* दिवाली/दीपावली की शुभ कामनाएँ।

(88) OK! We will meet again. *(achchhā ji! ham fir mileṅge)* अच्छा जी! हम फिर मिलेंगे।

(89) Say our hello to everyone. *(sab ko hamārī namaste kahanā)* सबको हमारी नमस्ते कहना।

(90) OK! Sir (Madam). *(ṭhīk hai shrīmān! ṭhīk hai shrīmatī jī!)* ठीक है श्रीमान्! ठीक है श्रीमतीजी!

(91) Hi *(namaste ji!)* नमस्ते जी। Happy Birthday! *(janmadin mubārak!)* जन्मदिन मुबारक!

(92) Good morning. *(suprabhāt)* सुप्रभात। Good night *(shubha rātri)* शुभ रात्रि।

(93) How is your father? *(āpke pitājī kaise haĩ)* आपके पिताजी कैसे हैं?

(94) He is fine. *(ve kushal haĩ)* वे कुशल हैं।

(95) Is everything well at home? *(kyā ghar par sab ṭhīk-ṭhāk hai?)* क्या घर पर सब ठीक ठाक है? Everything is fine. *(sab kushal hai)* सब कुशल है।

(96) Where are you coming from? *(āp kahā̃ se ā rahe haĩ?)* आप कहाँ से आ रहे हैं?

(97) I am coming from office. *(maĩ daftar se ā rahā hũ)* मैं दफ्तर से आ रहा हूँ।

(98) Please come in and have a seat. *(kṛpayā andar ā kar baiṭhiye)* कृपया अंदर आकर बैठिये।

(99) What was he saying? *(vah kyā kah rahā thā?)* वह क्या कह रहा था?

(100) He said that I do not want anything. *(vah kah rahā thā ki mujhe kuchh nahĩ chāhiye)* वह कह रहा था कि मुझे कुछ नहीं चाहिये।

(101) What is your opinion? *(āp kī kyā rāy hai?)* आप की क्या राय है?

(102) Let us see what happens. *(dekhate haĩ kyā hotā hai)* देखते हैं क्या होता है।

(103) I will try my best. *(maĩ pūrī koshīsh karūṅgā, karūṅgī)* मैं पूरी कोशिश करूँगा, करूँगी।

(104) It will never happen. *(yah kabhī nahĩ hogā).* यह कभी नहीं होगा। It can not happen. *(yah nahĩ ho sakatā)* यह नहीं हो सकता।

(105) It is not possible. *(yah sambhav nahĩ hai)* यह संभव नहीं है। यह असंभव है।

(106) There is no doubt about it. *(is mẽ koī sandeh nahĩ hai)* इसमें कोई संदेह नहीं है।

(107) I did not know it. *(maĩ yah nahĩ jānatā thā)* मैं यह नहीं जानता था।

(108) How should I say it to you? *(maĩ āp se yah kaise kahũ?)* मैं आपसे यह कैसे कहूँ?

(109) Do you have time? *(kyā āp ke pās samay hai?)* क्या आपके पास समय है?

(110) What is your program tomorrow? *(kal āp kā kyā kāryakram hai?)* कल आपका क्या कार्यक्रम है? I am not sure. *(muze pakkā patā nahĩ hai)* मुझे पक्का पता नहीं है।

(111) I will go once again. *(maĩ ek bār fir jaūṅgā-jāūṅgī)* मैं एक बार फिर जाऊँगा, जाऊँगी।

(112) It happens sometimes. *(kabhī-kabhī aisā hotā hai)* कभी-कभी ऐसा होता है।

(113) Who does not want it? *(yah kaun nahĩ chāhatā hai?)* यह कौन नहीं चाहता है?

(114) I have no objection. *(mujhe āpatti nahĩ hai)* मुझे आपत्ति नहीं है।

(115) I will do it, even if it is difficult. *(yah mushkil hai fir bhī maĩ karūṅgā)* यह मुश्किल है फिर भी मैं करूँगा। It does not matter. *(koī bāt nahĩ)* कोई बात नहीं।

(116) Please do not worry. *(kṛpayā āp chintā mat kījiye.* कृपया आप चिंता मत कीजिये।

(117) Please listen to me. *(kṛpayā merī bāt suniye)* कृपया मेरी बात सुनिये।

(118) What does it mean? *(is kā matalab kyā hai)* इसका मतलब क्या है?

(119) What is the reason for this? *(is kā kāraṇ kyā hai?)* इसका कारण क्या है?

(120) Why did it happen? *(yah kyõ huā?)* यह क्यों हुआ? How did it happen? *(yah kaise huā?)* यह कैसे हुआ? You have no right. *āp ko koī hak nahĩ hai.* आपको कोई हक नहीं है।

(121) Is it true? *(yah sach hai yā nahĩ?)* क्या यह सच है? यह सच है या नहीं?

(122) That I also know. *(vah to maĩ bhī jānatā hũ)* वह तो मैं भी जानता हूँ।

(123) Why did you not say so before? *(yah āp ne pahale kyõ nahĩ kahā?)* यह आपने पहले क्यों नहीं कहा? Say it again. *(fir se kahiye)* फिर से कहिये।

(124) Where were you that time? *(tab āp kahā̃ the?)* तब आप कहाँ थे?

(125) It is not my fault. *(yah merā doṣ nahĩ hai)* यह मेरा दोष नहीं है। It is my mistake. *(yah merī galatī hai)* यह मेरी गलती है।

(126) I have no idea. *(mujhe patā nahĩ)* मुझे पता नहीं।

(127) Please do not get serious like this. *(aise gambhīr mat hoīye)* ऐसे गंभीर मत होइये।

(128) It is only a rumour. *(yah kewal afwāh, uḍatī khabar hai)* यह तो केवल अफवाह (उड़ती खबर) है। I think so. *(merā yah khyāl hai)* मेरा यह ख्याल है।

(129) You are right. *(āp kī bāt sahī hai)* आपकी बात सही है।

(130) At that time I could not think of anything. *(us samay maĩ kuchh soch nahĩ sakā-sakī)* उस समय मैं कुछ सोच नहीं सका/सकी।

(131) It should not have happened. *(yah nahĩ honā chāhiye thā)* यह नहीं होना चाहिये था।

(132) I do not have your address. *(mere pās āp kā patā nahĩ hai)* मेरे पास आपका पता नहीं है।

(133) I was thinking of you yesterday. *(kal maĩ āp ko yād kar rahā thā)* कल मैं आपको याद कर रहा था। I am alone. *(maĩ akelā hũ)* मैं अकेला हूँ।

(134) There was an accident on the way, that is why I became late. *(rāste mẽ durghaṭanā huī thī, is liye muze āne mẽ derī huī)* रास्ते में एक दुर्घटना हुई थी, इसलिये मुझे आने में देरी हुई।

(135) Have you finished your housework? *(kyā āp ne ghar kā kām kiyā hai?)* क्या आपने घर का काम किया है?

(136) I have to work too. *(mujhe bhī kām karanā hai)* मुझे भी काम करना है।

(137) I have to go to the office too. *(mujhe kāryālay bhī jānā hai)* मुझे दफ्तर भी जाना है।

(138) I will talk to you about this. *(maĩ āp se is bāre mẽ fir bāt karūṅgā)* मैं आपसे इस बारे में बात करूँगा। Still there is plenty of time. *(abhī bhī kāfī samaya hai)* अभी भी काफी समय है।

(139) Did you call me yesterday? *(kyā āp ne mujhe kal bulāya?* क्या आपने मुझे कल बुलाया?

(140) Were there any calls for me. *(kyā mere liye koī phon āyā thā?)* क्या मेरे लिये कोई फोन आया था? My sympothy! *(merī sahānubhuti!)* मेरी सहानुभुति।

(141) See me next week. *(mujh se agale hafte miliye)* मुझसे अगले हफ्ते मिलिये।

(142) We should sit and think about it. *(hamẽ baiṭh kar is bāre mẽ sochnā chāhiye)* हमें बैठकर

इस बारे में सोचना चाहिये। He will not refrain. *vaha bāz nahī̃ āegā.* वह बाज नहीं आएगा।

(143) Today I am not feeling well. (*āj maĩ ṭhīk mahasūs nahī̃ kar rahā hū̃)* आज मैं ठीक महसूस नहीं कर रहा हूँ।

(144) I am sick. *(maĩ bīmār hū̃)* मैं बीमार हूँ।

(145) Yesterday it snowed all night. *(kal rāt bhar barf girī)* कल रात भर बर्फ गिरी।

(146) And today it is very foggy. *(aur āj bahut dhũndhalā hai)* और आज बहुत धुँधला है।

(147) Drive carefully. *(sāvadhānī se gāḍī chalāiye)* सावधानी से गाड़ी चलाइये।

(148) It is slippery outside. *(bāhar fisalan hai)* बाहर फिसलन है।

(149) It snowed almost four inches. *(lagabhag chār inch barf girī)* लगभग चार इंच बर्फ गिरी।

(150) Many roads are not cleared yet. *(kaī saḍakẽ abhī tak sāf nahī̃ huī haĩ)* कई सड़कें अभी तक साफ नहीं हुई हैं।

(151) Tomorrow it is going to be warm. *(kal garam hone wālā hai)* कल गरम होनेवाला है।

(152) Tomorrow we will wash our car. *(kal ham apanī gaḍī dhoeṅge)* कल हम अपनी गाड़ी धोएँगे। He is a government servant. *vah sarakārī naukar hai.* वह सरकारी नौकर है।

(153) I organized my room. *(maĩ ne apanā kamrā ṭhīk kiyā)* मैंने अपना कमरा ठीक किया।

(154) I sleep near the window. *(maĩ khiḍakī ke pās sotā hū̃)* मैं खिड़की के पास सोता हूँ।

(155) I will keep the door open. *(maĩ daravājā khulā rakhū̃gā)* मैं दरवाजा खुला रखूँगा।

(156) I read Hindī everyday. *(maĩ roj Hindī paḍhatā hū̃)* मैं रोज हिंदी पढ़ता हूँ।

(157) Our neighbor is a good person. *(hamārā paḍosī achchhā hai)* हमारा पड़ोसी अच्छा है।

(158) They know Hindī, they can speak Hindī. *(ve Hindī jānate haĩ, ve Hindī bol sakate haĩ)* वे हिंदी जानते हैं, वे हिंदी बोल सकते हैं।

(159) They have learned Hindī. *(unhõ ne Hindī sīkhī hai)* उन्होंने हिंदी सीखी है।

(160) They want to learn Hindī. *(ve Hindī sīkhanā chāhate haĩ)* वे हिंदी सीखना चाहते हैं।

(161) Do you want to learn Hindī? *(kyā āp Hindī sīkhanā chāhate haĩ?)* क्या आप हिंदी सीखना चाहते हैं? Congratulations! *(badhāī! badhāī ho!)* बधाई! बधाई हो। बधाइयाँ हों।

(162) We can most certainly learn Hindī with this book. *(ham is kitāb-pustak se Hindī avashya sīkh sakate haĩ)* हम इस किताब/पुस्तक से हिंदी अवश्य सीख सकते हैं।

(163) How do we go from here to there? *(yahā̃ se vahā̃ kaise jāte haĩ?* यहाँ से वहाँ कैसे जाते हैं?

(164) How will I come to your house from my home? *(maĩ apne ghar se āpke ghar kaise āū̃gā?* मैं अपने घर से आपके घर कैसे आऊँगां?

19.1 EATING OUT
बाहर खाना। *bāhar khānā*

1. Can you recommend us a good restaurant? *(kyā āp hamẽ koī achchhā sā restarā̃-bhojanālaya batā sakate haĩ?)* क्या आप हमें कोई अच्छा सा रेस्तराँ (भोजनालय) बता सकते हैं?
2. Is there any vegetarian (or non-vegetarian, Chinese, Italian) restaurant near here? *(yahā̃ najadīk koī shākāhārī-māṁsāhārī-chīnī-italian- restarā̃ hai?)* यहाँ नजदीक में कोई शाकाहारी (मांसाहारी, चीनी, इटालियन) रेस्तराँ है?
3. How do we get there? *(vahā̃ kaise pahuñchate haĩ?)* वहाँ कैसे पहुँचते हैं?
5. Hello, I would like to reserve a table for tomorrow 7pm for four please *(Hello! maĩ kal shām sāt baje ke liye, chār logõ ke liye mej ārakṣit karanā) chāhatā hū̃* हेलो जी! मैं कल शाम सात बजे के लिए चार लोगों के लिए मेज आरक्षित करना चाहता हूँ।
6. Where would you like to sit? *(āp kahā̃ baiṭhanā chāhẽge?)* आप कहाँ बैठना चाहेंगे? Over there, in non-smoking section *(vahā̃, dhūmrapān niṣedha bhāga mẽ)* वहाँ, धूम्रपान निषेध भाग में।
7. May I take your order please? *(kyā maĩ āp kā order le sakatā hū̃?)* क्या मैं आपका आदेश ले सकता हूँ?
8. What would you like to drink? *(āp kyā pīnā chāhẽge?)* आप क्या पीना चाहेंगे?
9. Enjoy your meals. *(bhojan kā ānand lījiye)* भोजन का आनंद लीजिए।
10. Thank you! *(dhanyavād!)*धन्यवाद!

19.2 STAYING OUT
बाहर रहना *bāhar rahanā*

1. Which is a decent motel in Kingstone? *(Kĩgstone mẽ achchhā motel kaun sā hai?)* किंगस्टन में अच्छा मोटल कौन सा कौन सा है?
2. How far is it from downtown? *(vah shahar se kitanā dūr hai?)* वह शहर से कितना दूर है?
3. How much is the rent for one night for a room? *(ek rāt ke liye kamare kā kirāyā kitanā hai?)* एक रात के लिए कमरे का किराया कितना है?
4. Do you have a cheaper room? *(kyā āp ke pās aur sastā kamarā hai?)* क्या आपके पास और सस्ता कमरा है?
5. Will there be a TV, fan and phone in the room? *(kyā kamare mẽ TV, pã̄khā aur phone hogā?)*

क्या कमरे में टीवी, पंखा और फोन होगा?

6. Can I first see the room please? *(kyā maĩ pahale kamarā dekh sakatā hū̃?)* क्या मैं पहले कमरा देख सकता हूँ? That's fine. *(ṭhīk hai)* ठीक है।

19.3 TRAVEL BY RAILWAY
रेल की यात्रा *rel kī yātrā*

1. Is there any train going to Banāras from here? *(yahā̃ se Banāras ke liye koī relagāḍī hai?)* यहाँ से बनारस के लिए कोई रेलगाड़ी है?
2. How long does it take to reach Banāras? *(Banāras pahuchane mẽ kitanā samay lagatā hai?)* बनारस पहुँचने में कितना समय लगता है?
3. Can I leave my car at the station? *(kyā maĩ apanī kār station par chhoḍ sakatā hū̃?)* क्या मैं अपनी कार-गाड़ी स्टेशन पर (रेल अड्डे पर) छोड़ सकता हूँ?
4. How much baggage can we carry? *(ham kitanā sāmān le sakate haĩ)* हम कितना सामान ले सकते हैं।
5. What is the price (how much does it cost) for a round trip? *(donõ or kī yātrā kā kirāyā kitanā hai?)* दोनों ओर की यात्रा का किराया कितना है?
6. Is there any discount for senior citizens (children, students)? *(kyā bujurg logõ, bachchõ, chhātrõ ke liye koī chhūṭ hai?)* क्या बुजुर्ग लोगों, बच्चों, छात्रों के लिए कोई छूट है?
7. Can I get a window seat please? *(kyā mujhe khiḍakī wālī kurasī mil sakatī hai?)* क्या मुझे खिड़कीवाली कुरसी मिल सकती है?
8. Is this an express train (bus)? *(kyā yah dṛtagāmī gāḍī hai?)* क्या यह द्रुतगामी गाड़ी है?
9. What is the eating arrangement on the train? *(gāḍī mẽ khāne kī kyā vyavasthā hai?)* गाड़ी में खाने की क्या व्यवस्था है?
10. When does the last train (bus) leave? *(ākhirī gāḍī kab jātī hai?)* आखिरी गाड़ी कब जाती है?

19.4 CAR RENTAL
गाड़ी किराए से *gāḍī kirāye se*

1. Where will I get a car on rent? *(Mujhe kirāye par gāḍī kahā̃ milegī?)* मुझे किराए पर गाड़ी कहाँ मिलेगी?
2. I would like to rent a small car. *(Maĩ ek chhoṭī gāḍī kirāye par lenā chāhatā hū̃)* मैं एक छोटी गाड़ी किराए पर लेना चाहता हूँ।
3. Is it air conditioned? *(kyā yah vātānukūlit hai?)* क्या यह वातानुकूलित है?
4. I need it for a day. *(mujhe yah ek din ke liye chāhiye)* मुझे यह एक दिन के लिए चाहिए।
5. What sort of fuel does it take? *(yah kaunasā ī̃dhan letī hai?)* यह कौन सा ईंधन लेती है?
6. Do I need a separate insurance? *(kyā mujhe alag se bīmā lenā hoga?)* क्या मुझे अलग से बीमा लेना होगा?
7. Can I return the car in New York? *(kyā maĩ gāḍī ko New York maĩ vāpas kar sakatā hū̃?)* क्या मैं गाड़ी को न्यूयॉर्क में वापस कर सकता हूँ?
8. Please give me the address for that place. *(Kṛpayā mujhe us jagah kā patā dījiye)* कृपया मुझे उस जगह का पता दीजिए।
9. Thank you Sir! *(dhanyavād sāhab!)* धन्यवाद साहब।
10. See you again. *(fir milẽge)* फिर मिलेंगे।

19.5 AT THE GAS STATION
पेट्रोल पंप पर *peṭrol pamp par*

1. Fill it up, please *(Kṛpayā pūrī ṭankī bhar dījiye)* कृपया पूरी टंकी भर दीजिए।
2. Please check the oil too. *(aur tel bhī dekh lījiyae)* और तेल भी देख लीजिए।
3. No, Thanks. I do not want car wash today. *(Jī nahī̃, dhanyavād! āj gāḍī nahī̃ dhulawānī hai)* जी नहीं, धन्यवाद। आज गाड़ी नहीं धुलवानी है।
4. Please clean the car windows also. *(kṛpayā āp gāḍī ke shīshe bhī sāf kar dījiye)* कृपया आप गाड़ी के शीशे भी साफ कर दीजिए।
5. Also give us a case of Coca Cola also. *(Kokā Kolā kī ek peṭī bhī hamẽ dījiye)* कोका कोला की एक पेटी भी हमें दीजिए।

6. Please sigh here. *(kṛpayā yahā̃ hastākṣar dījiye)* कृपया यहाँ हस्ताक्षर दीजिए। Here is your receipt and your Visa card *(yah rahī āpakī rasīd aur yah rahā āpakā VISA card.* यह रही आपकी रसीद और यह रहा आपका वीजा कार्ड।

7. Should I keep the Coke at the back? *(kyā maĩ Coke pīchhe rakh dū̃?)* क्या मैं कोक पीछे रख दूँ? Yes, please. *(jī hā̃)* जी, हाँ।

8. Thank you! *dhanyavād! (shukriyā!)* धन्यवाद! (शुक्रिया!)

9. Please dirve carefully. *(kṛpayā gāḍī sāvadhānī se chalāẽ)* कृपया गाड़ी सावधानी से चलाएँ।

SHORT ESSAYS लघु निबंध

19.6 THE HORSE
अश्व

अश्व को घोड़ा भी कहते हैं। यह एक विनीत पशु है। *(ashva ko ghoḍā bhī kahate haĩ. yah ek vinīta pashu hai)* Horse is also called *ghoḍā*. Horse is a disciplined animal. यह गाय की तरह एक उपयोगी जानवर है। *(yah gāy kī tarah ek upayogī jānavar hai)* He is a useful animal like a cow. गाय और घोड़े में क्या भेद होता है? *(gāy aur ghoḍe mẽ kyā bhed hotā hai?)* What is the difference between a cow and a horse. घोड़े के दो सींग नहीं होते हैं। *(ghoḍe ke do sĩg nahī̃ hote haĩ)* Horse does not have two horns. उसकी गरदन पर लंबे एवं घने बाल होते हैं। *(us kī garadan par lambe evaṁ ghane bāl hote haĩ)* His neck has a hairy mane. गाय के खुर दो हिस्सों में बँटे होते हैं, घोड़े के खुर उस तरह नहीं होते हैं। *(gāy ke khur do hissõ mẽ ba̐ṭe hote haĩ, ghoḍe ke khur us tarah nahī̃ hote haĩ)* Cow's hoof is divided into two halves, but not the horse's. इस कारण अश्व तेज भाग सकता है। *(is kāraṇ ashva tej bhāg sakatā hai)* Therefore, the horse runs faster. वह बलवान् भी होता है। *(vah balavān bhī hotā hai)* He is strong too.

अश्व चतुर पशु होता है। *(ashva chatur pashu hotā hai)* The horse is a smart animal. लोग उसपर सवारी (आरोहण) करते हैं। *(log us par savārī karate haĩ)* People ride him. वे उसकी पीठ पर बैठकर यात्रा करते हैं। *(ve us kī pīṭh par baiṭh kar yātrā karate haĩ)* They travel sitting on his back. वह मनुष्य का एक अच्छा मित्र होता है। *(vah manuṣya kā ek achchhā mitra hotā hai)* He is a good friend of human beings. प्राचीन काल में राजा लोग इसे युद्ध के काम में लाते थे। *(prāchīn kāl mẽ rājā log ise yuddha ke kām mẽ lāte the)* In old days kings were using horse in the battles. किसी कवि ने कहा है : *(kisī kavi ne kahā hai)* A poet has said :

"अश्व जिसका विजय उसकी, जिसका अश्व धरती उसकी।
अश्व जिसका यश उसका, जिसका अश्व सोना उसका।"

'ashva jis kā vijay us kī, jis kā ashva dharatī us kī,
ashva jis kā yasha us kā, jis kā ashva sonā us kā.

Victory is his who has horse,
who has horse on land he has hold,
Success is his who has horse,
who has horse his is gold.

EXERCISE 48 : Fill in the blanks :

(1) अश्व को ------------ भी कहते हैं।

(2) घोड़े के दो सींग ------------ होते हैं।

(3) लोग उसकी ------------ पर बैठ कर यात्रा करते हैं।

19.7 THE SUN
सूर्य

सूर्य गगन का एक अलंकार है। उसका उदय पूर्व की दिशा में होता है। उस समय उसका प्रकाश लाल एवं कोमल होता है। उभरता हुआ सूर्य अंधकार को नष्ट करता है, प्राणियों को जगाता है और फूलों को खिलाता है। धीरे-धीरे बढ़ता हुआ सूर्य जब आकाश के मध्य में आता है तब मध्याह्न होता है। मध्याह्न में धूप तीखी होती है। यहाँ से सूर्य क्रमश: पश्चिम दिशा की ओर नीचे उतरता हुआ दिखाई देता है। और अंत में सूर्य पश्चिम दिशा में डूब जाता है।

The sun is an adornment of the sky. It rises in the East. At this time its light is red and soft. The rising sun destroys the darkness, wakes the animals up and blooms the flowers. Marching up gradually when the sun reaches at the center of the sky then becomes noon. At noon the sunlight is hard. From here, the sun gradually comes down to the West, and eventually the sun sets in the West.

सूर्य स्वयं ही प्रकाशमान होता है। सूर्य का प्रकाश पूरी सृष्टि को प्रकाशित करता है। सूर्य जगत् को उष्णता देता है। सूर्य के समान अन्य कुछ भी तेजस्वी नहीं होता है।

The sun shines by itself. The sunlight shines entire universe. The sun gives warmth to the world. There is nothing as brilliant as the sun.

EXERCISE 49 :

(A) Fill in the blanks:

(1) सूर्य ------------------ का एक अलंकार है।

(2) सूर्य का उदय पूर्व की ------------------ में होता है।

(3) सूर्य ------------------ ही प्रकाशमान होता है।

(B) Translate into Hindī:

(1) This world is born from the sun. ------------ I

(2) Sun light reaches earth in nine minutes. ------------ I

(3) Sun is the cause of rain and wind. ------------ I

(4) Sun is very large. ------------ I

(5) Sun is very far from here. ------------ I

(C) Translate into English:

(1) धरती सूर्य की बेटी है। ------------

(2) सूर्य जब दिखाई नहीं देता तब चाँद दिखाई देता है ------।

19.8 THE Hindī WORLD
हिंदी जगत्

हिंदी केवल भारत की ही भाषा नहीं है। *(Hindī kewal Bhārat kī hī bhāṣā nahī̃ hai)* Hindī is not the language of India only. हिंदी विश्व में सभी देशों में कमोबेश बोली जाती है। *(Hindī vishva mẽ sabhī deshõ mẽ kamobesh bolī jātī hai)* Hindī is spoken more or less in the entire world. गुयाना, ट्रिनिडाड, सूरीनाम और फीजी में तो हिंदी का विशेष महत्त्व है। *(Guyanā, Trinidād, Sūrīnam aur Fijī mẽ to Hindī kā visheṣ mahattva hai)* In Guyana, Trinidad, Surinam and Fiji the Hindī language has special importance. इसलिए इन चारों देशों के बारे में हमें जानकारी होनी आवश्यक है। *(is liye in chārõ deshon ke bāre mẽ hamẽ jānakārī honī āvashyak hai)* Therefore, it is important that we know about these countries.

कोलंबस जब अमेरिका पहुँचे तो उन्होंने समझा कि वे इंडिया पहुँचे हैं। उनके कहने पर ही वहाँ के पूर्व लोगों

को 'इंडियन' नाम मिला। *(Kolambas jab Amerikā pahuñche to unhoँ ne samajhā ki ve India pahuñche haiँ. un ke kahane par hī vahāँ ke pūrva logoँ ko 'Indian' nām milā)* When Columbus reached America, he thought that it was India, from his dicsovery the original people of America became known as 'Indians.'

कोलंबस के बाद सन् 1500 में वेस्पुची वेस्ट इंडीज पहुँचे तब उन्होंने भी समझा कि वे एशिया के पूर्वी किनारे से इंडिया की ओर जा रहे हैं। *(Kolambas ke bād san 1500 meँ vespuchī west inḍīj pahuñche tab unhoँ ne bhī samajhā ki ve eshiyā ke pūrvī kināre se India kī or jā rahe haiँ)* After Columbus, Vespucci travelled to West Indies in 1500 AD. He thought that he was at the east coast of Asia and he was going towards India. उन्होंने गुयाना और वेस्ट इंडीज के लोगों को हिंदुस्तानी समझा। *(unhoँ ne Guyānā aur West Inḍīj ke logoँ ko hindustānī samajhā)* They thought the people of Guyana and West Indies were Indian people.

वेस्ट इंडीज अटलांटिक महासागर में डूबी हुई कैरिबियन एंडीज पर्वत शृंखला की ऊपर उठी हुई चोटियाँ हैं। *(West Inḍīj aṭalānṭik mahāsāgar meँ dūbī huī Caribbean Andese parvat shrankhalā kī ūpar uṭhī huī choṭiyāँ haiँ)* The West Indies are the peaks of semi-submerged chaiँ of Caribbean Andese mountain. एक समय वे दक्षिण और उत्तरी अमेरिका को जोड़ती थीं। *(ek samay ve dakṣiṇa aur uttarī amerikā ko joḍatī thīँ)* at one time they connected the South America to the North America. इनमें क्यूबा से लेकर बहामास, जमैका, हैटी, डोमिनिकन रिपब्लिक, परटोरिको और ट्रिनिडाड तक सभी देश आते हैं। *(in meँ Cūbā se le kar Bahāmās, Jamaicā, Haiti, Dominican Republic, Puerto Rico aur Trinidād tak sabhī desha āte haiँ)* In it comes all countries from Cuba, Bahamas, Jamaica, Haiti, Dominican republic, Puerto Rico to Trinidad. गुयाना और सूरीनाम दक्षिण अमेरिका में आते हैं। *(Guyānā aur Sūrīnām dakṣiṇ amerikā meँ āte haiँ)* Guyana and Surinam are in the South America.

फिजी देश ऑस्ट्रेलिया के पूर्व में और न्यूजीलैंड के उत्तर में है। *(Fijī desh Australlia ke pūrva meँ aur New Zealand ke uttar meँ hai)* Fiji is on the east of Australia and North of New Zealand.

फीजी की मुख्य भाषा अंग्रेजी है और दूसरी भाषा हिंदी है। *(fījī kī mukhya bhāṣā angrezī aur dūsarī bhāṣā hindī hai)* In fiji the maiँ language is English and the second language is Hindī .

19.9 THE GOLDEN RULE
सुवर्ण सिद्धांत

(1) दूसरों के साथ वह नहीं करना चाहिए, जो यदि आपके साथ किया जाय तो आपको दुःख हो। यही धर्म का सुवर्ण सिद्धांत है।

Do naught unto others which would cause pain if done to you. This is the Golden Rule of the righteousness.

(Mahābhārat : Hinduism)

(2) आप चाहते हैं कि लोग जो भी व्यवहार आपके साथ करें, वही लोगों के साथ आप करें।

All things, therefore, whatsoever ye would
that men should do to you.

(Bible : Christianity)

(3) दूसरों के प्रति वही बरताव अच्छा है जो हमें उस चीज से दूर रखे। जो चीज स्वयं हमारे लिए उचित न हो।

That nature alone is not good which refrains one from doing unto others whatsoever is not good for itself. *(Dadistan : Zoroastrianism)*

(4) जो व्यवहार आपके लिए दुःखदायक है, वह आप अपने साथियों के साथ न करें।

What ia hateful to you, do not to your fellowmen. *(Talmud : Judaism)*

(5) दूसरों के साथ वह काम न करें जो स्वत: के लिए दु:ख दायक लगता हो।

Act not with others in ways
that you yourself would find hurtful.

(Udana : Buddhism)

(6) दूसरों के साथ वह न करें जो आप चाहते हैं कि वे आपके साथ न करें।

Do not unto others
that you would not have them do unto you.

(Analects : Confucianiasm)

(7) पड़ोसी के लाभ में ही अपना लाभ जानिए और पड़ोसी की हानि में अपनी हानि जानिए।

Regard your neighbour's gain as your own gain
and your neighbour's loss as your own loss.

(Tai Shan Kan : Taoism)

EXERCISE 50 : Read the following Shlokas from the <u>Gita Chapter **12**</u>. Remember them all.

12.12 श्रेयो हि ज्ञानमभ्यासाज्ज्ञानाद्ध्यानं विशिष्यते । ध्यानात्कर्मफलत्यागस्त्यागाच्छान्तिरनन्तरम् ।।

shreyo hi jñānamabhyāsājjñānāddhyānaṁ vishīṣyate,

dhyānātkarmaphalatyāgastyāgāchchhāntiranantaram̥.

12.13 अद्वेष्टा सर्वभूतानां मैत्रः करुण एव च । निर्ममो निरहङ्कारः समदुःखसुखः क्षमी ।।

adveṣṭā sarvabhūtānāṁ maitraḥ: karuṇa eva cha,

nirmamo nirahaṅkāraḥ: samaduḥ:khasukhaḥ: kṣamī;

12.14 सन्तुष्टः सततं योगी यतात्मा दृढनिश्चयः । मय्यर्पितमनोबुद्धिर्यो मद्भक्तः स मे प्रियः ।।

santuṣṭaḥ: sataṭaṁ yogī yatātmā dṛḍhanishchayaḥ:,

mayyarpitamanobuddhiryo madbhaktaḥ: sa me priyah:;

12.15 यस्मान्नोद्विजते लोको लोकान्नोद्विजते च यः । हर्षामर्षभयोद्वेगैर्मुक्तो यः स च मे प्रियः ।।

yasmannodvijate loko lokānnodvijate cha yaḥ:,

harṣāmarṣabhayodvegairmukto yaḥ: sa cha me priyaḥ:;

12.16 अनपेक्षः शुचिर्दक्ष उदासीनो गतव्यथः । सर्वारम्भपरित्यागी यो मद्भक्तः स मे प्रियः ।।

anapekṣa shuchirdakṣa udāsīno gatavyathaḥ:,

sarvārambhaparityāgī yo madbhaktaḥ: sa me priyaḥ:;

12.17 यो न हृष्यति न द्वेष्टि न शोचति न काङ्क्षति । शुभाशुभपरित्यागी भक्तिमान्यः स मे प्रियः ।।

yo na hṛṣyati na dveṣṭi na shochati na kāṅkṣati,

shubhāshubhaparityāgī bhaktimānyaḥ: sa me priyaḥ:;

12.18 समः शत्रौ च मित्रे च तथा मानापमानयोः ।
शीतोष्णसुखदुःखेषु समः सङ्गविवर्जितः ।।

samaḥ: shatrau cha mitre cha tathā mānāpamānayoḥ:,

shītoṣṇasukhaduḥ:kheṣu samaḥ: saṅgavivarjitaḥ:;

12.19 तुल्यनिन्दास्तुतिर्मौनी सन्तुष्टो येन केनचित् ।
अनिकेतः स्थिरमतिर्भक्तिमान्मे प्रियो नरः ।।

tulyanindāstutirmaunī santuṣṭo yena kenachit̥,

aniketaḥ: sthiramatirbhaktimānme priyo naraḥ:.

12.20 ये तु धर्म्यामृतमिदं यथोक्तं पर्युपासते ।
श्रद्दधाना मत्परमा भक्तास्तेऽतीव मे प्रियाः ।।

ye tu dharmyāmṛtamidaṁ yathoktaṁ paryupāsate,

shraddadhānā matparamā bhaktāste'tīva me priyaḥ:.

EXERCISE 51 : Identify the following figures. Learn the Historical and culturel aspects in each picture. Write a two lines (in any language) on each figure.

हमारे वीर हिंदु धर्म संरक्षक

Pt. M. M. Malviya, Founder of Banaras Hindu University

Guru Nanak
1469-1539

Guru Angad
1504-1552

Guru Amardas
1479-1574

Guru Ramdas
1534-1581

Guru ArjunDev
1563-1606

Guru Hargobind
1595-1664

Guru Har Rai
1630-1661

Guru Harkrishan
1565-1664

Guru Tegbahadur
1621-1675

Guru Gobindsingh
1666-1708

LESSON 20

HINGLISH FOR ENGLISH SPEAKING PEOPLE

You do not have to abandon English in order to speak Hindī. Having understood the basics given in this book, you could speak the popular HINGLISH language to a certain extent, for the purpose of carrying on a converasation with the people who understand English.

Just remember the following Five Easy Rules :

(1) Make sure you clearly know the Hindī pronouns (Table 23-24). Use them, along with their case suffixes, in Hindī only. The basic ones are : I (*maĩ*), we (ham), you (*āp*), he, she and that (*vah*), it and this (*yah*), they and those (*ve*)

(2) Make sure you clearly know the Hindī case suffixes. You must use them in Hindī only. The basic ones are : 'to' (को); 'with,' 'by' and 'from' (से); 'together with' (के साथ); 'near' (के पास); 'for' (के लिये); 'of' (m∘ का, f∘ की); 'in' (में); 'on,' 'at' (पर).

(3) For popular nouns such as boy, girl, man, water, house, book, money, tea, milk, mother, father ...etc. you must use the Hindī words. For uncommon nouns you may use English words as if they were Hindī words by attaching the Hindī case suffixes to them.

e.g. On a tractor → tractor पर; in a chamber → chamber में; to a shareholder → shareholder को; from a pump → pump से; for an interview → interview के लिये; with the partner → partner के साथ; near the axle → axle के पास ...etc.

Similarly, common adjectives and adverbs must be in Hindī. The uncommon adjectives may be English. e.g. अच्छा, गरम, बहुत, popular, serious, expensive, modern etc.

(4) Make sure you clearly know the Hindī tense mode suffixes (Table 18). You must use them in Hindī only. The basic ones are : habitual mode (ता), a continuous mode (रहा); was, had, used to (था); future actions (ऊँगा, एगा, एगी, एँगे); potential (ऊँ, ए, एँ); interrogative (क्या).

(5) You must use the Hindī words for popular verbs such as eat, drink, go, come, sleep, write, read, walk, speak, see, hear ...etc. You may convert the English verbs into Hindī verbs by attaching one of the following two Hindī suffixes. e.g. Operation किया, puncture हुआ etc.

(5A) When an action is performed by someone, add the Hindī verb √कर as a suffix to convert the English verb into a Hindī verb and then attach the required tense and mode suffixes to this modified verb. e.g.

* I upgrade the PC = मैं PC upgrade करता हूँ (कर+ता+हूँ) । * She is typing a memo = वह memo

type कर रही है। * I was shovelling snow = मैं snow shovel कर रहा था। * We will plug the battery = हम battery को plug करेंगे। * They stamped the forms = उन्होंने forms stamp किये।

(5B) When an action happens, occurs, becomes, befalls or takes place by itself, then add the Hindī verb √हो as a suffix to convert the English verb into a Hindī verb and then attach the required tense and mode suffixes to this modified verb. e.g.

* Earthquakes occur in Japan. जापान में earthquakes होते हैं (हो+ते+हैं)। * Meeting took place in two parties yesterday. कल दो पार्टियों में meeting हुई। * Rusting will take place with water. पानी से rusting होगी। * Here lunch breaks at 12 O' clock. यहाँ 12 बजे lunch break होती है।

EXAMPLES :

(1) राम IBM में programmer है। (2) आप Model Town में कहाँ रहते हैं?

(3) हम आज बहुत busy (व्यस्त) हैं। (4) कल वह कुतुब मीनार से Parachute से jump करेगा (कूदेगा)।

(5) मनोज highway पर speeding कर रहा था। (6) सोनिया जी दो cup चाय लाइये।

(7) अजीत का lawn mower पेट्रोल पर चलता है। (8) गोपाल को greeting card नहीं मिला।

(9) सीमा गाने tape कर रही है। (10) सोनू movies record कर चुका है।

(11) चाचा जी का दिल्ली में transfer हुआ है।

(12) मुझे इसकी एक Xerox copy दीजिये। मुझे इसकी दो Xerox कापियाँ दीजिये।

(13) इसका cover discard मत कीजिये। (14) दो potatoes (आलू) boil कीजिये (उबालिये)।

(15) रमेश Civil Engineer बन गया। (16) उसका भाई army में गया है। (17) यह wonderful चीज है।

(18) U.S. President हमारे प्रधानमंत्री (Prime Minister) से मिले।

(19) कल George की engagement हुई। (20) बाबूजी tour (दौरे) पर गये हुए हैं।

(21) बरफ melt हो रही है (पिघल रही है)। पानी freeze हो रहा है (जम रहा है)।

(22) यहाँ से Zoo जाने के लिये कौन सा highway (रास्ता) अच्छा होगा?

(23) अब दिल्ली में polution (प्रदूषण) कम हो रहा है। (24) आपका telephone number क्या है?

(25) कल sky diving करते हुए रमेश की हड्डी fracture हुई (टूटी)।

(26) उन्होंने company के नाम से दो million का cheque लिखा।

(27) हमने अमिताभ बच्चन का चित्र internet पर देखा।

(28) इस साल माधुरी दीक्षित को Film Fare Award मिला।

(29) आपने इस किताब की binding कहाँ से करवाई है? (30) परसों रीतेश को 102 degree बुखार था।

(31) मैं आपकी शर्टस् press करवाकर लाया हूँ।(32) इसकी तीन कॉपियाँ हमें CD या DVD पर दीजिये।

(33) यहाँ टैक्सियाँ खड़ी करना मना है, केवल कारें ही खड़ी होती हैं।

(34) आजकल pure हिंदी कोई भी नहीं बोलता, सभी लोग Hinglish बोलते हैं।

रत्नाकर के सस्वर सुस्वर भजन

(Composed by Ratnakar Narale)

1. राग : भैरवी

वन्दे मातरम् ।

(Harmonium keys)

ग-ग- ग-ग- गग-रे -मग-। म-म- मम-ग रे-मग ।
पप-प पपप- म- ग- । गग-ग रेसानि- निरेसा- ।

भजन

(वन्दे भारतमातरम्)

वामे च दक्षिणे यस्या रत्नाकरेस्ति पादयोः ।
हिमाद्रिर्मुकुटो शुभ्रो, वन्दे भारतमातरम् ।।

राधा सीता सुकन्यासु कालीन्दिर्जाह्नवी तथा ।
नर्मदा ब्रह्मपुत्री च, वन्दे भारतमातरम् ।।

रामकृष्णौ सुपुत्रेषु भीमार्जुनश्च मारुतिः ।
वाल्मीकिः पाणिनिर्व्यासो, वन्दे भारतमातरम् ।।

परस्त्री मातृवद्यत्र परकन्या स्वकन्यका ।
आत्मवच्च परा जामिः, वन्दे भारतमातरम् ।।

यत्र पत्नी महालक्ष्मीः पतिश्च परमेश्वरः ।
सुता रत्नं सुतः सिंहः, वन्दे भारतमातरम् ।।

वाङ्मये वेदवेदाङ्गे रामायणं च भारतम् ।
पञ्चतन्त्रं निघण्टुश्च, वन्दे भारतमातरम् ।।

भूमिः स्वर्णमया यत्र जलममृतवत्तथा ।
वायौ च सौरभं यस्याः, वन्दे भारतमातरम् ।।

कर्मभूमिं, धर्मभूमिं, रणभूमिं, तपोधराम् ।
पुण्यभूमिं, मातृभूमिं, वन्दे भारतमातरम् ।।

2. राग : आसावरी

मुरली वाला ।

स्थायी : (Harmonium keys)

सारेमम प–प– पमपसां ध–प– । म–मम प–प– धधमप ग–रेसा

लाल गुलाली फूल की माला, डाले गले में मुरली वाला ।

गोकुल वाला बालक ग्वाला, झूलत झूलेपर व्रजबाला ।

अन्तरा : (Harmonium keys)

म–पप धधनीध सां–सांसां रेंनीसां–। नीनीनीनी सांसांसां– नीसारेंसां ध–प–

जूहीचमेली कोमल कलिका ।
कृष्णलला के बालों में काले ।।

तिल काजल का वनमाली के ।
लाल गुलाबी गाल पेकाला ।।

संदल तिलक है मंगल लगता ।
शामलहरि के भाल पे पीला ।।

जल केलि में ललिता ललना ।
नंद का लाला खेलत लीला ।।

2. राग : बिहाग

लक्ष्मी वन्दना

स्थायी : (Harmonium keys)

सासामग प–नीसां नी–पम गमग– । नीनीपप प–गम पमंगम गरेसा– ।

जय लछमी धनदायिनी जय हो । जन गण जीवन शुभ सुख मय हो ।।

जय जननी वरदायिनी वर दे । सत् चित से मम तन मन भर दे ।।

अंतरा : (Harmonium keys)

ममगम प–नी– सांसांसांसां सारेंसां– । नीसांगरें सांनीधप गमपम गरेसा– ।

करकमलों में पदम तुहारे । लाल कमल पर पद हैं तुम्हारे ।।

केयूर कंठी मुंदरी माला । हार मुकुट नथ काजल काला ।।

धन की राशी कर में तुम्हारे। भाग जगाती है पल में हमारे।।

जय जय देवी जय जगदंबे । तेरी शरण में हैं भगतन बंदे ।।

3. राग : यमन–कल्याण

श्रीकृष्ण वन्दना

स्थायी : **नीनीपप रे–सासा गगगमं नीधप– । गपगप पधमंप नीधपप रेरेसा– ।**

जन गण वंदन करते हैं तुमको । देवकी नंदन कहते हैं तुम को ।।

अंतरा : **प–गग पपनीध सां–सांसां नीरेसांसां । नीरेंगरें सांनीधप गमंधप रेरेसा– ।**

नाथ जगत के तारक तुम हो । विघ्न विनाशक केशव जय हो ।।

ज्ञान योग के द्योतक तुम हो । विश्व विनायक यादव जय हो ।।

कर्म योग के दर्शक तुम हो । विधि के विधायक माधव जय हो ।।

भक्ति योग के दायक तुम हो । भगत सखा प्रभु नागर जय हो ।।

लोकप्रिय पुराने भजन

1. वंदे मातरम्

वन्दे मातरम् सुजलां सुफलां मलयजशीतलाम्
शस्यशामलां मातरम् ।
शुभ्रज्योत्स्नापुलकितयामिनीं फुल्लकुसुमितद्रुमदलशोभिनीं
सुहासिनीं सुमधुर भाषिणीं
सुखदां वरदां मातरम् ।। १ ।। वन्दे मातरम् ।

कोटि-कोटि-कण्ठ-कल-कल-निनाद-कराले कोटि-कोटि-भुजैर्धृत-खरकरवाले,
अबला केन मा एत बले ।
बहुबलधारिणीं नमामि तारिणीं रिपुदलवारिणीं मातरम् ।। २ ।। वन्दे मातरम् ।

तुमि विद्या, तुमि धर्म तुमि हृदि, तुमि मर्म
त्वं हि प्राणाः शरीरे बाहुते तुमि मा शक्ति,
हृदये तुमि मा भक्ति, तोमारई प्रतिमा गडि मन्दिरे-मन्दिरे
त्वं हि दुर्गा दशप्रहरणधारिणी कमला कमलदलविहारिणी वाणी विद्यादायिनी, नमामि त्वाम्
नमामि कमलां अमलां अतुलां सुजलां सुफलां मातरम् ।। ४ ।। वन्दे मातरम् ।

श्यामलां सरलां सुस्मितां भूषितां धरणीं भरणीं मातरम् ।। ५ ।। वन्दे मातरम् ।।

2. ओम् जय जगदीश हरे

जय जगदीश हरे, स्वामी जय जगदीश हरे ।
भक्त जनों के संकट, दास जनों के संकट । क्षण में दूर करे । ॐ जय जगदीश हरे ।।

जो ध्यावे फल पावे, दुख विनशे मन का, स्वामी दुख विनशे मन का ।
सम्पति घर आवे, सुख सम्पति घर आवे, कष्ट मिटे तन का, ॐ जय जगदीश हरे ।।

मात पिता तुम मेरे, शरण गहूँ मैं किसकी, स्वामी शरण गहूँ मैं किसकी ।
तुम बिन और न दूजा, प्रभु बिन और न दूजा, आस करूँ मैं जिसकी, ॐ जय जगदीश हरे ।।

तुम पूरण परमातमा, तुम अन्तरयामी, स्वामी तुम अन्तरयामी ।
पारब्रह्म परमेश्वर, पारब्रह्म परमेश्वर, तुम सबके स्वामी, ॐ जय जगदीश हरे ।।

तुम करुणा के सागर, तुम पालन करता, स्वामी तुम रक्षण करता ।
मैं सेवक तुम स्वामी, मैं सेवक तुम स्वामी, कृपा करो भरता, ॐ जय जगदीश हरे ।।

तुम हो एक अगोचर, सबके प्राणपति, स्वामी सबके प्राणपति ।
किस विध मिलूँ दयामय, किस विध मिलूँ दयामय, मुझको दो सुमति, ॐ जय जगदीश हरे ।।

दीन बन्धु दुख-हरता, तुम रक्षक मेरे, स्वामी तुम रक्षक मेरे ।
करुणा हस्त बढ़ावो, अपनी शरण लगावो, द्वार पड़ूँ मैं तेरे, ॐ जय जगदीश हरे ।।

विषय विकार मिटावो, पाप हरो देवा, स्वामी पाप हरो देवा ।
श्रद्धा भक्ति बढ़ावो, श्रद्धा प्रेम बढ़ावो, सन्तन की सेवा, ॐ जय जगदीश हरे ।।

3. मंगल मूरती राम दुलारे

मंगल मूरती राम दुलारे, आन पड़ा अब तेरे द्वारे ।
हे बजरंग बली हनुमान, हे महावीर करो कल्यान ।।

तीनों लोक तेरा उजियारा, दुखियों का तूने काज सँवारा ।
हे जग वंदन केसरी नंदन, कष्ट हरो हे कृपा निधान ।। मंगल०

तेरे द्वारे जो भी आया, खाली नहीं कोई लौटाया ।
दुर्गम काज बनावन हारे, मंगल मय दीजो वरदान ।। मंगल०

तेरा सुमिरन हनुमत वीरा, नासै रोग हरै सब पीरा ।
राम लखन सीता मन बसिया , शरण पड़े की कीजै ध्यान ।। मंगल०

4. प्रभुजी तुम चंदन हम पानी

प्रभुजी, तुम चंदन हम पानी । जाकी अंग अंग बास समानी ।।

प्रभुजी, तुम घन बन हम मोरा, जैसे चितवत चंद्र-चकोरा ।

प्रभुजी, तुम दीपक हम बाती, जाकी जौत बरै दिन राती ।

प्रभुजी, तुम मोती हम धागा, जैसे सोने में मिलत सुहागा ।

प्रभुजी, तुम स्वामी हम दासा, ऐसी भक्ति करै रैदासा ।

5. तेरा राम जी करेंगे बेड़ा पार

राम नाम सोही जानि ये, रमता सकल जहान ।
घट घट में जो रम रहा, उसको राम पहचान ।।

तेरा राम जी करेंगे बेड़ा पार । उदासी मन काहे को करे ।।

नैया तेरी राम हवाले, लहर लहर हरि आपु सँभाले ।
हरि आप ही उठायें तेरा भार, उदासी मन काहे को करे रे ।।

काबू में मँझधार उसी के. हाथों में पतवार उसी के ।।
तेरी हार भी नहीं है तेरी हार, उदासी मन काहे को करे रे ।।

सहज किनारा मिल जायेगा, परम सहारा मिल जायेगा ।
डोरी सौंप के तो देख एक बार, उदासी मन काहे को करे रे ।।

6. साईं तेरी याद महा सुखदायी

साईं तेरी याद महा सुखदायी ।
एक तू ही रखवाला जग में, तू ही सदा सहाई ।।

तुमको भूला जग दुखियारा । सुमिरन बिन मन में अँधियारा ।।
तूने कृपा बरसाई । साईं तेरी याद महा सुखदायी ।

मन ही है ये तेरा द्वारा । बैठ यहाँ पे तुझको पुकारा ।।
प्रेम की ज्योत जलाई । साईं तेरी याद महा सुखदायी ।

साँची प्रीत तुम्हारी दाता । इस जग का सब झूठा नाता ।।
हूँ चरण शरणाई । साईं तेरी याद महा सुखदायी ।

7. ऐ मालिक तेरे बंदे हम

ऐ मालिक तेरे बंदे हम, ऐसे हों हमारे करम ।
नेकी पर चलें और बदी से टलें, ताकि हँसते हुए निकले दम ।।

ये अँधेरा घना छा रहा, तेरा इन्सान घबरा रहा ।
हो रहा बेखबर, कुछ न आता नज़र, सुख का सूरज छिपा जा रहा ।
है तेरी रोशनी में जो दम, जो अमावस को करदे पूनम । नेकी पर चलें ...

जब जुल्मों का हो सामना, तब तू ही हमें थामना ।
वो बुराई करें, हम भलाई करें, नहीं बदले की हो कामना ।
बढ़ उठे प्यार का हर कदम, और मिटे बैर का ये भरम । नेकी पर चलें ...

बड़ा कमज़ोर है आदमी, अभी लाखों हैं उसमें कमी ।
पर तू जो खड़ा, है दयालू बड़ा, तेरी किरपा से धरती थमी ।
दिया तूने जो हमको जनम, तू ही झेलेगा हम सबके गम । नेकी पर चलें ...

8. हे दुख भंजन

हे दुख भंजन, मारुति नंदन, सुनलो पुकार ।
पवन सुत विनती बरम्बार ।।

अष्ट सिद्धि नव निधि के दाता, दुखियों के तुम भाग्य विधाता ।
सिया राम के काज सँवारे, मेरा कर उद्धार ।।

अपरंपार है शक्ति तुम्हारी, तुम पर रीझें अवध बिहारी,
भक्ति भाव से ध्याऊँ तोहे, करो दुखों से पार ।।

जपूँ निरंतर नाम तिहारा, अब नही छोड़ूँ तेरा द्वारा,
राम भक्त मोहे शरण में लीज्यो, भवसागर से तार ।।

9. जय गणेश

जय गणेश जय गणेश जय गणेश देवा ।
माता तेरी पार्वती पिता महादेवा ।
लड्डुवन का भोग लगे सन्त करें सेवा ।

एकदंत दयावंत चार भुजा धारी ।
माथे पे सिंदूर सोहे मूसे की सवारी ।
दुखियों के दुःख हरत परमानंद देवा ।
जय गणेश जय गणेश जय गणेश देवा ।।

अंधन को आँख देत कोढ़ियन को काया ।
बांझन को पुत्र देत निर्धन को माया ।
भव से पार करे नाथ भजन करूँ तेरा ।
जय गणेश जय गणेश जय गणेश देवा ।।

जो तेरा ध्यान करे ज्ञान मिले उसको ।
छोड़ तुझे और भला ध्याऊँ मैं किसको ।
हे देव कृपा करो कष्ट हरो मेरा ।
जय गणेश जय गणेश जय गणेश देवा ।।

10. ओ दुनिया के रखवाले

ओ दुनिया के रखवाले, सुन दर्द भरे मेरे नाले ।

आश निराश के दो रंगों में दुनिया तूने सजाई,
नैया संग तूफान बनाया, मिलन के साथ जुदाई,
जा देख लिया हरजाई ।
लुट गई मेरे प्यार की नगरी, अब तो नीर बहाले ।।

चाँद को ढूँढे पागल सूरज, शाम को ढूँढे सवेरा,
मैं भी ढूँढू उस प्रीतम को, हो न सका जो मेरा,
भगवान् भला हो तेरा ।
किसमत फूटी, आस न टूटी, पाँव में पड़ गये छाले ।।

महल उदास और गलियाँ सूनी, चुप चुप हैं दीवारें,
दिल क्या उजड़ा, दुनिया उजड़ी, रूठ गयी हैं बहारें,
हम जीवन कैसे गुजारें ।
मंदिर गिरता, फिर बन जाता, दिल को कौन सँभाले ।।

11. रामायण चौपाई

मंगल भवन अमंगल हारी, द्रवहु सु दसरथ अजिर बिहारी ।
राम सिय राम, सिय राम, जै जै राम ।।

हो, होई है वही जो राम रची राखा, को करे तरफ बढ़ाये साखा ।
हो, धीरज धरम मित्र अरु नारी, आपद् काल परखिये चारी ।
हो, जेहिके जेहि पर सत्य सनेहु, सो तेहि मिलाय न कछु संदेहु ।
हो, जाकी रही भावना जैसी, रघु मूरती देखी तिन तैसी ।
हो, रघुकुल रीत सदा चली आयी, प्रान जायी पर बचनन जायी ।
गे हरि अनंत हरि कथा अनंता, कहहि सुनहि बहुविधि सब संता ।
राम सिय राम, सिय राम, जै जै राम ।।

12. श्री राम चंद्र कृपालु

श्री राम चंद्र कृपालु भजु मन, हरण भव भय दारुणम् ।
नव कंज लोचन कंज मुख, कर कंज पद कंजारुणम् ।।

कंदर्प अगणित अमित छवि, नव नील नीरद सुंदरम् ।
पत पीत मानहूँ तरित रुचि, सुचि नौमि जनक सुता वरम् ।।

भज दीन बंधु दिनेश, दानव दैत्य वंश निकंदनम् ।
रघुनंद आनंद कंद, कौशल चंद्र दशरथ नंदनम् ।।

13. वैष्णव जन तो

वैष्णव जन तो तेने कहिये जे पीड परायी जाणे रे।
पर दुःखे उपकार करे तो ये मन अभिमान न आणे रे॥

सकळ लोकमां सहुने, वंदे निंदा न करे केनी रे।
वाच काछ मन निश्चळ राखे, धन धन जननी तेनी रे॥

समदृष्टि ने तृष्णा त्यागी, परस्त्री जेने मात रे।
जिह्वा थकी असत्य न बोले, परधन नव झाले हाथ रे॥

मोह माया व्यापे नहि जेने, दृढ़ वैराग्य जेना मनमां रे।
रामनाम शुं ताळी रे लागी, सकळ तीरथ तेना तनमां रे॥

वणलोभी ने कपटरहित छे, काम क्रोध निवार्या रे।
भणे नरसैयो तेनुं दरसन करतां, कुळ एकोतेर तार्या रे॥

दिवाली का उत्सव

Diwali Festival
Rama's Return to Ayodhya

श्री राम जी सत्य और सदाचार की देवता हैं । वे आदर्श पुत्र और पति थे । रामचंद्र आदर्श राजा थे । दस दिन के घनघोर युद्ध के पश्चात श्री राम ने रावण को जीत कर सीता को मुक्त किया । वीर हनुमान और बंधु लक्ष्मण के साथ राम सीता चोदश वर्ष वनवास करके अयोध्या लौटे । तब स्वर्ग की सभी देवताओं ने राम सिया पर आनंद से पुष्प बरसाये ।

Rama is the embodiment of truth and morality, the ideal son, the ideal husband, and above all, the ideal king. After ten days of fierce war with Ravana, the victorious **Rama**, **Laxmana** and **Sita** returned to Ayodhya with Hanumana. There were joyous shouts of **Victory to Rama**, **Victory to Hanuman**. Gods from the Heaven poured flowers and garlands to celebrate and show their pleasure.

अयोध्या में, भरत कुमार श्री राम की राह देख रहे थे । अयोध्या वासी जनों ने राम के स्वागत के लिये नगरी सुशोभित की हुई थी । घर घर को साफ करके रंगित किया हुआ था । संपूर्ण नगरी रंग और सुगंध से भरी हुई थी । अयोध्या में आते ही श्री राम ने भरत को आलिंगन दिया और आँसू बहाये । जनता ने हर्ष से ताली बजाई और बधाईयाँ दीं ।

In Ayodhya, Ram's beloved brother Bharat, eagerly waited for the arrival of Rama for fourteen years. He and people of Ayodhya celebrated the return of Rama with pomp and show. The whole city was decorated with lights and flowers. Houses were decorated and lighted with lamps. Perfumes and scent filled the air. Every street was washed and cleaned, Houses were decorated with hand-painted colorful designs. Bharat and Rama hugged each other, tears flowing down their eyes.

कौसल्या माता तथा जनता ने लक्ष्मी और गणेश पूजन किया । फिर श्री राम को अवध का सदाचारी राजा बनाया । सारी जनता तथा पशु पक्षी सभी प्रसन्न थे ।

Mother Kausalya and people first performed Lakshmi and Ganesh puja. Then ceremony was performed to anoint Rama as the righteous king of Ayodhya. Everyone including animals were happy.

अखिल विश्व के हिंदु दिवाली (दीपावली) का उत्सव (त्यौहार) मनाते हैं । इस दिन लोग दिये जलाकर, नये कपड़े पहन कर, मिठाई बाँट कर और आतिशबाजी से मोद प्रकट करते हैं । यह उत्सव असत्य पर सत्य की विजय का द्योतक है ।

Hindus across the world celebrate the festival of Diwali in honour of Lord Rama by lighting up their houses. They wear new clothes, give sweets and burst crackers and fireworks. This festival symbolizes the 'victory of good over evil.'

दिवाली भजन

Diwali Bhajan by Ratnakar Narale

(चाल और संपूर्ण संगीत स्वर लिपि के लिये देखिये हमारी *"नयी संगीत रोशनी"* का गीत 81)

स्थायी

पपपप पनिधप म-मम मपमग म-प- ध- - -

सांसांसांसां सां-सांनि ध-धध धधधम -मधनिरेंसां ध-पम

प-पप पनिधप म-मम मपमग म-प- ध-पम

घर घर दीप जलाओ सखी री, आज दीवाली ।

आतशबाज़ी जलाओ रे भैया, आज दीवाली ।।

अंतरा-1

-ग-ग- गमम- मधधप पमम- -सां-धनि सां-सांध -धनिरेंसां ध-पम

पपपप पनिधप म-मम मपमग म-प- ध- - -

लक्ष्मी पूजा करो रे भैया, मृदंग ढोल बजाओ, सखी री ।।

अंतरा-2

धन देवी की आरती मंगल, कीर्तन गान सुनाओ, सखी री ।।

अंतरा-3

आज घर आयो दशरथ नंदन, अवध में आनंद छायो, सखी री ।।

अंतरा-4

बाल बालिका वनिता सुंदर, रंग रंगोली सजायो, सखी री ।।

Sthayi : ***Ghar ghar deep jalaao Sakhi ri, aaj Diwali,***
Aatashbaazi jalaao re Bhaiya, aaj Diwali.

Antara : ***1. Lakshmi pooja karo re Bhaiya, Mridang Dhol bajaao, Sakhi ri.***
2. Dhan Devi ki Aarti mangal, Keertan gaan sunaao, Sakhi ri.
3. Aaj ghar aayo Dasharath Nandan, Awadh men aanand chhaayo, Sakhi ri.
4. Baal Baalika vanita sundar, Rang rangoli sajaayo, Sakhi ri.

Sthayi : *Let's light lamps at every house. O Sakhi! Today it's Diwali.*

Antara : ***1.*** *Let's do pooja of Lakshmi. O Brother! Please play your Dholak and Mridang. O Sakhi!*
2. *Let's sing Kirtans and songs and do auspicious Aarti of Dhan Devi Mata Lakshmi. O Sakhi!*
3. *Today Dasharatha's son Rama has come home from the forest. There is joy in Ayodhya. O Sakhi!*
4. *Small girls and boys and beautiful ladies are drawing colourful Rangolis, O Sakhi!*

www.ingramcontent.com/pod-product-compliance
Lightning Source LLC
Chambersburg PA
CBHW080021110526
44587CB00021BA/3476
* 9 7 8 1 8 9 7 4 1 6 5 7 0 *